Die Besoldung der Kommunalbeamten in Preußen

unter Berücksichtigung der 24. Ergänzung zum Reichsbesoldungsgesetz und des Deutschen Beamtengesetzes

Bearbeitet von

Heinrich Schönebeck

Gerichtsassessor a. D., Referent für Beamtenrecht im Deutschen Gemeindetag

unter Mitwirkung von

Hanns Seel

Ministerialdirigent, Leiter der Unterabteilung Beamtentum im Reichs- u. Preußischen Ministerium des Innern

und

Dr. Udo Krauthausen

Ministerialrat in der Kommunalabteilung des Reichs- und Preußischen Ministeriums des Innern

1 9 3 7

Verlag von Walter de Gruyter & Co. in Berlin

Gedruckt bei Oswald Schmidt G. m. b. H. in Leipzig

Inhaltsverzeichnis

Vorwort

Auf Grund der 24. Ergänzung zum Reichsbesoldungsgesetz und des zu seiner Durchführung ergangenen Preuß. Gesetzes vom 17. Januar 1936 GS. S. 3 ist für die Besoldung der unmittelbaren preußischen Staatsbeamten seit dem 1. April 1936 das Reichsbesoldungsgesetz maßgebend. Dies hatte zur Folge, daß die Gemeinden und Gemeindeverbände von dem gleichen Zeitpunkt ab das Reichsbesoldungsgesetz entsprechend anwenden müssen. In den bisher erschienenen Kommentaren zum Reichsbesoldungsgesetz wird die Rechtslage, wie sie für Reichsbeamte besteht, eingehend dargelegt; es fehlt jedoch an einer Darstellung des Rechtszustandes, wie er sich durch die entsprechende Anwendung des Reichsbesoldungsgesetzes für Kommunalbeamte entwickelt hat. Die Verfasser haben es sich daher zur Aufgabe gesetzt, klarzustellen, zu welchen Ergebnissen die entsprechende Anwendung der wichtigsten Vorschriften des Reichsbesoldungsgesetzes auf Kommunalbeamte führt. Ihre Ausführungen werden zeigen, daß man befugt ist, von einem besonderen Besoldungsrecht der Kommunalbeamten zu sprechen.

Was die Einteilung des Buches anlangt, so werden am Anfang die im Beamtenrechtsänderungsgesetz vom 30. Juni 1933 enthaltenen Besoldungsangleichungsvorschriften im Zusammenhang mit der Preuß. Durchführungsverordnung vom 15. Juli 1933 und der preußischen Sparverordnung vom 12. September 1931 erläutert. Daran schließt sich eine Erläuterung des Reichsbesoldungsgesetzes selbst. Hierbei sind regelmäßig die für Kommunalbeamte bestehenden Besonderheiten ausführlich erläutert, während diejenigen Fragen, die sich bei der Anwendung des Gesetzes in gleicher Weise für Kommunalbeamte wie für Reichsbeamte ergeben, nur gestreift worden. Diese werden ohnehin in den großen Kommentaren zum Reichsbesoldungsgesetz behandelt; es sind aber vor allem die andern Fragen, die besonders häufig gestellt werden und deren Beantwortung dem Leser dieses Buch bringen soll.

Der Text der Reichsbesoldungsvorschriften wird jeweils im Anschluß an die einschlägigen Paragraphen des Besoldungsgesetzes abgedruckt und ihr Inhalt bei der Kommentierung der Paragraphen verwertet.

In einem Anhang sind die Texte der Preuß. Besoldungsordnung und einige wichtige Ministerialerlasse abgedruckt.

Abgesehen ist von einem Abdruck und einer Erläuterung der drei Gehaltskürzungsverordnungen; hierdurch wäre der Umfang des Buches zu sehr ausgedehnt worden. Nicht besonders erläutert sind auch die Vorschriften für die Überleitung der Kommunalbeamten aus der Preuß. Besoldungsordnung in die Reichsbesoldungsordnung; denn es kann angenommen werden, daß diese Überleitung im wesentlichen beendet ist. Das Buch sieht also seinen Hauptzweck darin, das besondere Besoldungsrecht der Kommunalbeamten so, wie es sich uns heute darstellt, zu erklären. Möge es sich als ein Hilfsmittel für die Praxis bewähren!

Die Bearbeitung wurde Ende Februar abgeschlossen.[1])

Berlin, im Februar 1937. Die Verfasser.

---

[1]) Vgl. aber die Ergänzungen in den Nachträgen I und II S. 210.

Besoldungsangleichungsvorschriften (§§ 40ff. des Beamtenrechtsänderungsgesetzes vom 30. Juni 1933) und die zu ihrer Durchführung ergangenen bzw. aufrechterhaltenen Vorschriften des preußischen Rechts[1]).

Beamtenrechtsänderungsgesetz

vom 30. Juni 1933 RGBl. I S. 433 in der Fassung des Gesetzes vom 31. Mai 1934 RGBl. I S. 471.

§ 40.

(1) Die Länder und die der Landesaufsicht nicht unterstehenden Körperschaften des öffentlichen Rechtes sind berechtigt und verpflichtet, die Bezüge ihrer Beamten herabzusetzen, soweit sie höher liegen als die Bezüge gleich zu bewertender Reichsbeamten. Zu den Reichsbeamten im Sinne dieses Kapitels gehören auch der Reichskanzler und die Reichsminister. Satz 1 findet auf Hochschullehrer keine Anwendung; für sie gelten die besonderen Vorschriften des § 44. Ebenso können in anderen Fällen, in denen die wissenschaftliche oder künstlerische Bedeutung eines Amtes eine besondere Bewertung erfordert, die Reichsregierung oder die Landesregierungen abweichende Bestimmungen treffen.

(2) Die Gemeinden, Gemeindeverbände und die sonstigen der Landesaufsicht unterstehenden Körperschaften des öffentlichen Rechtes sind berechtigt und verpflichtet, die Bezüge ihrer Beamten herabzusetzen, soweit sie höher liegen als die Bezüge gleich zu bewertender Landesbeamten.

(3) Die Vorschriften des Abs. 1 gelten auch für die Bezüge der Minister und der diesen gleichzustellenden Regierungsmitglieder.

[1]) Zur Durchführung der Besoldungsangleichungsvorschriften in den §§ 40ff. des Beamtenrechtsänderungsgesetzes vom 30. Juni 1933 erging die preußische Verordnung vom 15. Juli 1933 GS. S. 248; diese verwies auf die Erste preußische Sparverordnung vom 12. September 1931; daher werden § 40 des Beamtenrechtsänderungsgesetzes, die Verordnung vom 15. Juli 1933 und die Erste preußische Sparverordnung vom 12. September 1931 nacheinander zum Abdruck gebracht.

(4) **Die Vorschriften der Abs. 1 bis 3 gelten auch insoweit, als besondere Zusicherungen, Vereinbarungen, Vergleiche, rechtskräftige Urteile oder Schiedssprüche vorliegen.**

(5) **Die Landesregierungen oder die von ihnen beauftragten Behörden sind berechtigt und verpflichtet, die Bezüge der Beamten der Gemeinden, Gemeindeverbände und der sonstigen der Landesaufsicht unterstehenden Körperschaften des öffentlichen Rechtes herabzusetzen, soweit diese ihrer Verpflichtung aus Abs. 2 nicht bis zum 31. Juli 1933 nachgekommen sind.**

Dritte Verordnung zur Durchführung des Reichsgesetzes zur Änderung von Vorschriften auf dem Gebiete des allgemeinen Beamten-, des Besoldungs- und des Versorgungsrechts

vom 15. Juli 1933 (GS. S. 248).

Zur Durchführung des Kapitels VIII des Reichsgesetzes zur Änderung von Vorschriften auf dem Gebiete des allgemeinen Beamten-, des Besoldungs- und des Versorgungsrechts vom 30. Juni 1933 (RGBl. I S. 433) wird auf Grund des § 80 Abs. 2 dieses Gesetzes folgendes bestimmt:

§ 1.

(1) **Das Reichsgesetz zur Änderung von Vorschriften auf dem Gebiete des allgemeinen Beamten-, des Besoldungs- und des Versorgungsrechts vom 30. Juni 1933 (RGBl. I S. 433) Kapitel VIII wird durchgeführt nach den Vorschriften über die Dienst- und Versorgungsbezüge im Ersten Teile, im Kapitel II des Zweiten Teiles und im Kapitel II des Vierten Teiles der Ersten Sparverordnung vom 12. September 1931 (GS. S. 179), in §§ 30 und 31 des Zweiten Teiles der Zweiten Sparverordnung vom 23. Dezember 1931 (GS. S. 293) und in Kapitel I und II des Ersten Teiles der Verordnung zur Ergänzung der Ersten und Zweiten Sparverordnung vom 14. März 1932 (GS. S. 123). Zu den Körperschaften des öffentlichen Rechtes im Sinne dieser Vorschriften gehören auch die Anstalten und Stiftungen des öffentlichen Rechtes sowie die Verbände von Körperschaften des öffentlichen Rechtes.**

(2) **Die auf Grund der im Abs. 1 genannten Vorschriften bis zum Inkrafttreten des Reichsgesetzes bereits getroffenen Regelungen gelten als Maßnahmen zur Durchführung des Reichsgesetzes. Soweit sie den Vorschriften dieses Gesetzes nicht entsprechen, können sie geändert werden.**

§ 2.

Ausgleichszulagen gemäß § 1 des Dritten Teiles und Beschränkungen von Kürzungen der Bezüge gemäß § 6 im Kapitel II des Vier-

ten Teiles der Ersten Sparverordnung vom 12. September 1931 (GS. S. 179) fallen mit Wirkung vom 1. August 1933 fort.

§ 3.

(1) Das Schiedsgericht für die Besoldung der Kommunalbeamten wird aufgehoben; die Vorschriften im § 3 Abs. 2 bis 4 und im § 5 Abs. 3 im Kapitel II des Vierten Teiles der Ersten Sparverordnung vom 12. September 1931 (GS. S. 179) und im § 5 im Kapitel I des Ersten Teiles sowie im Kapitel XI des Zweiten Teiles der Verordnung zur Ergänzung der Ersten und Zweiten Sparverordnung vom 14. März 1932 (GS. S. 123), ferner das Gesetz über die Besetzung des Schiedsgerichts für die Besoldung der Kommunalbeamten vom 4. April 1932 (GS. S. 159) und die Verordnung über die Einrichtung einer zweiten Kammer bei dem Schiedsgerichte für die Besoldung der Kommunalbeamten vom 1. September 1932 (GS. S. 295) treten außer Kraft. Die vor dem Schiedsgerichte schwebenden Verfahren sind erledigt.

(2) Gegen die Änderung einer Besoldungsregelung durch die Aufsichtsbehörde kann das zuständige Organ der Gemeinde, des Gemeindeverbandes oder der sonstigen Körperschaft usw. des öffentlichen Rechtes binnen einer Ausschlußfrist von zwei Wochen Beschwerde erheben; für die nach Abs. 1 erledigten Verfahren beginnt die Frist mit dem Inkrafttreten dieser Verordnung. Über die Beschwerde entscheidet der Fachminister im Einvernehmen mit dem Finanzminister. Die Beschwerde hat keine aufschiebende Wirkung. Soweit der Fachminister Aufsichtsbehörde ist, entscheidet er im Einvernehmen mit dem Finanzminister endgültig.

§ 4.

Im § 1 Abs. 1 des Kapitels I im Ersten Teile der Verordnung zur Ergänzung der Ersten und Zweiten Sparverordnung vom 14. März 1932 (GS. S. 123) erhält der erste Satz folgende Fassung:

Die der Staatsaufsicht unterstehenden Körperschaften des öffentlichen Rechtes sind verpflichtet, die Dienstbezüge ihrer Beamten und derjenigen Angestellten, deren Bezüge nicht in einem Tarifvertrage geregelt sind, so festzusetzen, daß die Regelung den für die Staatsbeamten geltenden Grundsätzen entspricht und die Bezüge in keinem Falle höher liegen als die Bezüge der gleichzubewertenden Staatsbeamten.

Berlin, den 15. Juli 1933.

Der Preußische Finanzminister.

Erste Sparverordnung vom 12. September 1931

GS. S. 179
in der Fassung der Verordnung zur Abänderung und Ergänzung der Ersten Sparverordnung vom 18. Januar 1933 GesS. S. 5.

Vierter Teil.

Sonderbestimmungen für Gemeinden und Gemeindeverbände.

Kapitel II.

§ 1.

(1) **Gemeinden und Gemeindeverbände im Sinne des Gesetzes, betreffend die Anstellung und Versorgung der Kommunalbeamten, vom 30. Juli 1899 (GS. S. 141) sind verpflichtet, die Dienstbezüge ihrer hauptamtlich angestellten Beamten, das Wartegeld und Ruhegehalt dieser Beamten und die Versorgung ihrer Hinterbliebenen so zu regeln, daß die Regelung den für die Staatsbeamten geltenden Grundsätzen entspricht und die Bezüge in keinem Falle höher liegen als die Bezüge gleichzubewertender Staatsbeamten. Soweit von den obersten Landesbehörden für die Festsetzung derartiger Bezüge Richtlinien aufgestellt werden, dürfen die in diesen Richtlinien vorgesehenen Sätze nicht überschritten werden.**

(2) **Ergeben sich bei Anwendung der für die Staatsbeamten geltenden Grundsätze über die Regelung des Anwärterdienstalters oder Besoldungsdienstalters Härten, so kann das Verwaltungsorgan der Gemeinde (des Gemeindeverbandes) mit Genehmigung der Aufsichtsbehörde ausnahmsweise das Anwärterdienstalter oder Besoldungsdienstalter anderweit festsetzen. Diese Vorschrift findet auch Anwendung, soweit das Anwärterdienstalter oder das Besoldungsdienstalter eines noch im Dienst befindlichen Beamten nach dem 1. April 1920 zum Ausgleich von Härten verbessert worden ist.**

(3) **Zu den Dienstbezügen im Sinne des Abs. 1 gehören alle Geldbezüge, die die Beamten mit Rücksicht auf ihre hauptamtliche oder nebenamtliche Dienstleistung erhalten, insbesondere auch Dienstaufwandgelder sowie Gewinn- und Umsatzanteile an werbenden Betrieben.**

(4) **Die Vorschriften der Abs. 1 bis 3 finden auf die nach Gemeindebeschluß (Beschluß des Gemeindeverbandes) den Beamten gleichzuachtenden ständig Angestellten und Anwärter entsprechende Anwendung.**

§ 2.

(1) Über die Regelung der Dienstbezüge, des Wartegeldes, des Ruhegehalts und der Versorgung der Hinterbliebenen beschließt das Verwaltungsorgan der Gemeinde (des Gemeindeverbandes). Das gleiche gilt, wenn eine Änderung der genannten Bezüge und der Einreihung der Beamten in die Gruppen der Besoldungsordnung erforderlich wird, weil die entsprechenden Vorschriften für die Staatsbeamten geändert worden sind. Diese Vorschriften gelten auch für die Polizeibeamten der Gemeinden und Gemeindeverbände.

(2) Die Vorschriften des Abs. 1 finden auf den Kreisausschuß entsprechende Anwendung in den Fällen, in denen er die Dienstbezüge von Amts- und Gemeindebeamten festzusetzen hat. Aufsichtsbehörde im Sinne des § 1 Abs. 2, des § 2 Abs. 3, des § 3 Abs. 1 und des § 4 ist in diesen Fällen der Regierungspräsident.

(3) Beschlüsse über Änderungen der Bezüge bedürfen der Genehmigung der Aufsichtsbehörde. Die Genehmigung ist zu versagen, wenn die Beschlüsse den Grundsätzen des § 1 nicht entsprechen oder die Bezüge so weit herabsetzen, daß diese in einem augenfälligen Mißverhältnisse zu den Bezügen gleichzubewertender Staatsbeamten stehen würden. Die Entscheidung des Regierungspräsidenten als Aufsichtsbehörde erster und zweiter Instanz sowie die Entscheidung des Oberpräsidenten ist endgültig.

§ 3.[1]

(1) Besoldungsregelungen, die den Grundsätzen des § 1 nicht entsprechen, hat die Aufsichtsbehörde zu ändern.

(2) Gegen die Festsetzung einer Änderung durch die Aufsichtsbehörde kann das Verwaltungsorgan der Gemeinde (des Gemeindeverbandes) binnen vier Wochen die Entscheidung des beim Preußischen Oberverwaltungsgericht gemäß Artikel VI des Änderungsgesetzes vom 24. März 1931 (GS. S. 25) nach den Vorschriften des Gesetzes, betreffend Errichtung eines Landesschiedsgerichts, vom 24. März 1922 (GS. S. 76) gebildeten Schiedsgerichts anrufen.

(3) Die Anrufung des Schiedsgerichts hat keine aufschiebende Wirkung.

(4) Der Spruch des Schiedsgerichts schafft mit unmittelbarer Wirkung örtliches Besoldungsrecht.

§ 4.

(1) Das Verwaltungsorgan der Gemeinde (des Gemeindeverbandes) ist verpflichtet, unverzüglich nach Inkrafttreten dieser Verordnung zu prüfen, ob die bestehende Besoldungsregelung den Grundsätzen des § 1 entspricht. Ist dies nicht der Fall, so ist die erforderliche Änderung binnen vier Wochen nach Inkrafttreten dieser Verordnung zu beschließen und der Aufsichtsbehörde mitzuteilen. Wenn das Verwaltungsorgan eine Abänderung der bestehenden Vorschriften nicht für erforderlich hält, hat es innerhalb derselben Frist einen entsprechenden Beschluß zu fassen und der Aufsichtsbehörde mitzuteilen.

---

[1]) § 3 Abs. 2 bis 4 ist durch § 3 der Verordnung vom 15. Juli 1933 GS. S. 248 aufgehoben worden.

(2) **Die Aufsichtsbehörde hat zu prüfen, ob die Besoldungsregelung den Grundsätzen des § 1 entspricht. Ist dies der Fall, so hat sie dies festzustellen und dem Minister des Innern zu berichten. Im anderen Falle ist gemäß § 3 Abs. 1 zu verfahren.**

§ 5.[1])

(1) **In den Fällen, in denen zur Zeit des Inkrafttretens dieser Verordnung ein Verlangen der Aufsichtsbehörde gestellt oder ein Verfahren vor der Beschlußbehörde oder dem Schiedsgericht (Artikel VI des Änderungsgesetzes vom 24. März 1931 — GS. S. 25 —) eingeleitet ist, gilt das Verlangen der Aufsichtsbehörde, oder soweit bereits eine Entscheidung der Beschlußbehörde erster Instanz ergangen ist, diese Entscheidung mit Wirkung vom 1. Oktober 1931 ab als Festsetzung.**

(2) **Die vor den Beschlußbehörden bzw. dem Schiedsgerichte schwebenden Verfahren sind erledigt.**

(3) **§ 3 Abs. 2 bis 4 findet mit der Maßgabe Anwendung, daß die Frist für die Anrufung des Schiedsgerichts mit dem Tage des Inkrafttretens dieser Verordnung beginnt.**[1])

§ 6.[2])

Für diejenigen Stelleninhaber, deren Grundgehalt auf Grund der von den obersten Landesbehörden aufgestellten Richtlinien (§ 1 Abs. 1) um mehr als 20 vom Hundert gekürzt wird, bleibt die Kürzung des Grundgehalts bis zum 1. Oktober 1932 auf 20 vom Hundert beschränkt. Die restliche Kürzung ist auf die beiden folgenden Jahre gleichmäßig so zu verteilen, daß sie bis zum 1. Oktober 1934 in vollem Umfange durchgeführt ist.

§ 7.

Die Vorschriften des Gesetzes, betreffend vorläufige Regelung verschiedener Punkte des Gemeindebeamtenrechts, vom 8. Juli 1920 (GS. S. 383), des § 43 des Preußischen Besoldungsgesetzes vom 17. Dezember 1927 (GS. S. 223), des Artikels VI des Änderungsgesetzes vom 24. März 1931 (GS. S. 25) sowie die sonstigen den vorstehenden Vorschriften widersprechenden Vorschriften treten außer Kraft. Der § 2 des Polizeibeamtengesetzes vom 31. Juli 1927 (GS. S. 151) bleibt unberührt.

§ 8.

Die Vorschriften dieses Kapitels treten mit dem Tage der Verkündung der Verordnung in Kraft.

Die Rechtslage, wie sie sich auf Grund des § 40 des Beamtenrechtsänderungsgesetzes in Verbindung mit der preußischen Verordnung vom 15. Juli 1933 und dem Vierten Teil Kap. II der preußischen Sparverordnung vom 12. September 1931 ergibt, läßt sich etwa wie folgt zusammenfassen:

[1]) § 5 Abs. 3 ist durch § 3 der Verordnung vom 15. Juli 1933 GS. S. 248 aufgehoben worden.

[2]) Vgl. hierzu § 2 der Verordnung vom 15. Juli 1933 GS. S. 248.

I. Die Gemeinden und Gemeindeverbände müssen die Besoldung ihrer Beamten in formeller Beziehung durch eine örtliche Besoldungsordnung regeln. Es besteht also keine unmittelbare gesetzliche Regelung der Besoldung der Beamten der Gemeinden und Gemeindeverbände. Daß der Gesetzgeber den Erlaß örtlicher Besoldungsordnungen verlangt hat, hat seine Ursache im wesentlichen darin, daß es im Hinblick auf den Grundsatz der Selbstverwaltung, auf die Mannigfaltigkeit der Organisation der einzelnen Gemeinden und Gemeindeverbände und die damit notwendig verbundene von Ort zu Ort verschiedenartige Errichtung von Dienstposten wohl ausgeschlossen wäre, die Besoldung einheitlich in dem staatlichen Besoldungsgesetz selbst festzusetzen.

II. Die — durch die Sparverordnung begründete — Verpflichtung der Gemeinden und Gemeindeverbände besteht nur gegenüber dem Staat, nicht also gegenüber dem einzelnen Beamten. Daher kann der einzelne Beamte niemals „Ansprüche" auf Bewilligung einer bestimmten Besoldungsgruppe usw., sei es formlos, sei es im Wege der Klage,[1]) geltend machen. Der dieser Auffassung entgegenstehenden Ansicht, die das Reichsgericht, allerdings nicht in einem Besoldungs-, sondern in einem die Anrechnung von Kriegszeit auf das Ruhegehaltsdienstalter betreffenden Fall in RGZ. Bd. 151 S. 19ff. eingenommen hat, kann daher hinsichtlich der Besoldung nicht beigepflichtet werden. Wie beiläufig bemerkt wird, kann dem Urteil auch nicht hinsichtlich der pensionsrechtlichen Ausführungen beigetreten werden. Wenn es in dem Urteil (RGZ. Bd. 151 S. 29) heißt:

„Besonders kann das (nämlich die Nichtanrechnung von Kriegsjahren auf das Ruhegehaltsdienstalter gemäß § 17 des Zivilpensionsgesetzes) nicht damit gerechtfertigt werden, daß zwar die klagende Stadtgemeinde verpflichtet gewesen sei, die Anrechnung der Kriegsjahre nach § 17 Pensionsgesetz anzuordnen, daß sie das aber nicht getan habe und daß sich der Beklagte deshalb bei der Nichtanrechnung bescheiden müsse. Diese vom Berufungsgericht gegebene Begründung widerspricht in besonderem Maße dem heutigen, formalen Erwägungen abholden Rechtsdenken,"

so widersprechen diese Ausführungen offensichtlich der klaren Anordnung des Vierten Teils Kap. II § 1 der Sparverordnung vom 12. September 1931, die die Gemeinden zwar verpflichtet, für ihre Beamten auch hinsichtlich des Ruhegehalts — und damit auch hinsichtlich der Anrechnung von Dienstzeiten auf das Ruhegehaltsdienstalter — die für die Staatsbeamten entsprechenden Vorschriften anzuwenden, diese Vorschriften aber nicht unmittelbar für die Gemeindebeamten in Kraft setzt. In dem das Urteil betreffenden Fall hätte also der beklagte Gemeindebeamte nur die

[1]) Vgl. hierzu §§ 142 und 182 des deutschen Beamtengesetzes (Zuständigkeit der Verwaltungsgerichte, jedoch erst nach Errichtung des Reichsverwaltungsgerichts).

Aufsichtsbehörde anzurufen brauchen; diese hätte ohne weiteres die Gemeinde zur Anwendung der Vorschriften über die Anrechnung von Kriegsjahren angehalten.

III. Zum Erlaß der Besoldungsordnung bedarf es nach dem Vierten Teil Kap. II der Sparverordnung in Verbindung mit den einschlägigen Gemeindeverfassungsgesetzen (Deutsche Gemeindeordnung usw.) des Beschlusses des Gemeindeorgans und der Genehmigung der Aufsichtsbehörde. Im einzelnen ergeben sich folgende Zuständigkeiten:[1])

	Organ der Gemeinde pp.	Für die Genehmigung zuständiger Aufsichtsbehörden
Städte und sonstige Gemeinden	Bürgermeister	Regierungspräsident (bei kreisangehörigen Städten Landesrat)
Ämter: Amtsbürgermeister	Landrat (§ 24 Kreisordnung für die Rheinprovinz § 27 Kreisordnung für die Provinz Westfalen § 32 Abs. 4 des Zuständigkeitsgesetzes § 19 Abs. 1 KVZ u. Anpassungsgesetz v. 15. Dezember 1933	Regierungspräsident
Amtseinnehmer	Landrat (§ 79 Landgemeindeordnung für die Rheinprovinz u. § 73 der Landgemeindeordnung für die Provinz Westfalen)	Regierungspräsident
sonst. Amtsbeamte	Amtsbürgermeister	Landrat
Kreiskommunalverbände	Kreisausschuß	Regierungspräsident
Provinzialverbände (Bezirksverbände)	Oberpräsident (Verwaltung des Provinzial- bzw. des Bezirksverbandes	Ministerium des Innern
Amtsbezirk	Amtsvorsteher	Landrat

[1]) Bezüglich der Zweckverbände vgl. Kap. I der Verordnung zur Ergänzung der Ersten und Zweiten Sparverordnung vom 14. März 1932 GS. S. 123 in der Fassung der §§ 3 und 4 der Verordnung vom 15. Juli 1933 GS. S. 248.

Fraglich kann sein, ob die Besoldung des Bürgermeisters gleichzeitig in einer Besoldungsordnung mit der der übrigen Gemeindebeamten festgesetzt werden kann, da er hierüber nach allgemeinen Rechtsgrundsätzen (vgl. den Runderlaß des Preuß. Ministers des Innern vom 16. August 1934 MBliV. S. 1072) nicht beschließen kann, insofern vielmehr die Zuständigkeit seines Stellvertreters gegeben ist. Man wird zu dem Ergebnis kommen, daß auch der Bürgermeister in die Besoldungsordnung der übrigen Beamten aufgenommen werden kann, wenn in ihr zum Ausdruck gebracht wird, daß die Regelung insoweit auf der Beschlußfassung seines Stellvertreters beruht.

Die Besoldungsordnung fällt nicht unter den Begriff der Satzung des § 3 der Deutschen Gemeindeordnung; sie bedarf daher zu ihrer Rechtswirksamkeit insbesondere nicht der im § 3 Abs. 2 a. a. O. vorgesehenen öffentlichen Bekanntmachung.

IV. Scharf zu unterscheiden ist die Besoldungsordnung vom Stellenplan. Der Stellenplan ist — was die Gemeinden anlangt — nach der Ersten Ausführungsanweisung zu § 37 der Deutschen Gemeindeordnung Bestandteil der Haushaltssatzung.

Er soll nach der noch geltenden Verordnung vom 2. November 1932 GS. S. 347 (vgl. hierzu den Runderlaß des Ministers des Innern und des Finanzministers vom 16. Dezember 1932 MBliV. S. 1308) die in der Verwaltung vorhandenen Stellen, gegliedert nach Art und Besoldungsgruppe, nachweisen.

Der Stellenplan setzt also eine Besoldungsordnung voraus. Irrtümlich ist daher die Auffassung, daß der Erlaß einer Besoldungsordnung durch die Aufstellung des Stellenplans ersetzt wird. Würde man diesen Standpunkt einnehmen, so würde auch das für Besoldungsordnungen in der Sparverordnung vorgesehene Genehmigungsrecht der Aufsichtsbehörde fortfallen und nur das nach der Stellenplanverordnung bestehende Beanstandungsrecht der Aufsichtsbehörde übrigbleiben. Dieser Standpunkt entspricht nicht dem geltenden Recht. Vielmehr ist die Rechtslage so, daß in der von der Aufsichtsbehörde zu genehmigenden Besoldungsordnung z. B. festgesetzt wird, daß die Inspektoren nach Besoldungsgruppe A 4 c 2 zu besolden sind; in dem Stellenplan — der nur der Beanstandung der Aufsichtsbehörde unterliegt — würden alsdann z. B. 10 Inspektorstellen in Besoldungsgruppe A 4 c 2 vorzusehen sein.

Rechtsansprüche der Beamten erwachsen stets nur aus der Besoldungsordnung (niemals aus dem Inhalt des Haushalts, vgl. z. B. das Urteil des Reichsgerichts JW. 1936 S. 1595).

Praktisch werden die Gemeinden usw. die Beamten bei der Ernennung und bei Beförderungen nicht nur über die Festsetzung des Besoldungsdienstalters — vgl. § 8 Abs. 1 des Reichsbesoldungsgesetzes —, sondern auch über die Besoldungsgruppe schriftlich benachrichtigen. Bei der Anstellung erfolgt eine derartige Benachrichtigung zweckmäßig nicht in der Ernennungsurkunde, in der richtiger Ansicht nach nur die Tatsache der Anstellung zu beurkunden ist, sondern in dem Begleitschreiben, durch das die Ernennungsurkunde übersandt wird.

V. In materieller Beziehung muß sich die Besoldungsordnung nach dem Reichsbesoldungsgesetz vom 16. Dezember 1927 in der Fassung seiner Änderungen und der Besoldungsordnung für die Staatsbeamten vom 4. März 1936 GS. S. 31 richten. Die Gemeinden und Gemeindeverbände sind also verpflichtet, in der örtlichen Besoldungsordnung die Vorschriften des Reichsbesoldungsgesetzes — d. h. also des sog. Mantelgesetzes — für entsprechend anwendbar zu erklären. Dies bedeutet nun nicht etwa, daß jede Gemeinde usw. in die örtliche Besoldungsordnung das ganze Reichsbesoldungsgesetz, d. h. das Mantelgesetz mit den Vorschriften über Grundgehalt, Wohnungsgeldzuschuß, Kinderzuschläge usw. übernehmen muß; vielmehr genügt es, wenn die entsprechende Anwendung des Besoldungsgesetzes durch eine allgemein gehaltene Verweisungsvorschrift vorgesehen wird; ferner muß der Besoldungsordnung ein Plan über die Einstufung beigefügt werden. Dieser Plan muß sämtliche in der betreffenden Gemeinde usw. vorhandenen Beamtengattungen unter Angabe der Amtsbezeichnung, geordnet nach Besoldungsgruppen, enthalten; er muß auch früher vorhandene Beamtengattungen so lange aufführen, als Ruhegehaltsempfänger oder Hinterbliebene vorhanden sind.

Demnach käme etwa in Betracht, die örtliche Besoldungsordnung wie folgt zu fassen:

Auf die Besoldung der Beamten der Gemeinde X. finden die Vorschriften des Reichsbesoldungsgesetzes vom 16. Dezember 1927 in der Fassung seiner späteren Abänderungen und die Reichsbesoldungsvorschriften[1]) entsprechende Anwendung. Die Einstufung der Beamten regelt sich nach Maßgabe des dieser Besoldungsordnung beigefügten Besoldungsplanes.

Auf die Besoldung der Gemeindepolizeivollzugsbeamten sind die Bestimmungen des Preußischen Besoldungsgesetzes vom 17. Dezember 1927 und die dazu ergangenen Ausführungsbestimmungen entsprechend anzuwenden.[2]) [3])

VI. Bei der Aufstellung des Besoldungsplanes, d. h. also bei der Einstufung der Beamten der Gemeinden und Gemeindeverbände,

[1]) Daß die Gemeinden auch die zur Durchführung der Reichsbesoldungsgesetzes ergangenen Reichsbesoldungsvorschriften zu beachten haben, ist außer Zweifel (vgl. auch Ziffer 2 des Runderlasses des Reichs- und Preußischen Ministers des Innern vom 24. April 1936 RMBliV S. 547, Anhang VIII S. 204).

[2]) Vgl. Ziff. I 4 des Runderlasses des Finanzministers vom 16. März 1936 Preuß. Besoldungsblatt S. 61; eine reichsrechtliche Regelung der Bezüge der Gemeindepolizeivollzugsbeamten steht bevor.

[3]) Vgl. Nachtrag II S. 210.

ist es erforderlich, die ihnen vergleichbare Gattung der unmittelbaren Staatsbeamten zu ermitteln. Für die Durchführung des Vergleichs wird auch heute noch die seinerzeit zu dem Gesetz vom 8. Juli 1920 GS. S. 383 betr. vorläufige Regelung einiger Punkte des Gemeindebeamtenrechts ergangenen Ausführungsanweisung 6. Oktober 1920 MBliV. S. 359 gewisse Anhaltspunkte geben. Hier hieß es:

„Die Gemeinden und Gemeindeverbände sollen vor allem darauf sehen, daß es sich um eine wirklich gleichwertige und vergleichbare Tätigkeit handelt; auf Amtsbezeichnungen, Titel und sonstige äußere Merkmale kommt es nicht an; vielmehr ist ausschlaggebend das Maß der zu erfüllenden Leistung, die Pflicht selbständiger Entscheidung und die damit verbundene Verantwortung, kurzum der Gesamtinhalt der tatsächlichen Pflichten und Dienstgeschäfte der beteiligten Beamten."

Bei der Einstufung der Kommunalbeamten in die Besoldungsordnung ist es also unerläßlich, den zum Vergleich heranzuziehenden Staatsbeamten zu ermitteln; für die Durchführung des Vergleichs bedarf es einer Bewertung der vom Kommunalbeamten bekleideten Stelle und für diesen Vergleich ist — wie der eben angeführte Erlaß beweist — in erster Linie der Inhalt des Amtes maßgeblich. Mehrfach ist die Frage aufgeworfen worden, ob bei der Einstufung von Gemeindebeamten auch die Vorbildung eine Rolle zu spielen hat. Diese Frage ist grundsätzlich zu verneinen; ausschlaggebend für die Einstufung ist vielmehr der objektive Inhalt des Amtes; hat also der Inhaber eines Amtes eine über die normale Vorbildung hinausgehende Vorbildung, läßt sich z. B. ein ehemaliger Gerichtsassessor aus wirtschaftlichen Gründen das Amt eines Stadtinspektors übertragen, so könnte seine Besoldung nur nach Gruppe A 4 c 2, nicht nach Gruppe A 2 c 2 erfolgen; bleibt umgekehrt die Vorbildung eines Stelleninhabers hinter der für das Amt vorgesehenen normalen Vorbildung zurück, hat z. B. ein zum Stadtinspektor ernannter Beamter überhaupt keine Verwaltungsprüfungen abgelegt, so wäre er trotzdem nach A 4 c 2 zu besolden. Ebenso ist ein Stadtbaumeister mit Diplomprüfung, dessen Stelle objektiv nach A 2 c 2 zu bewerten ist, auch dann nach dieser Gruppe zu besolden, wenn von einem gleichzubewertenden Staatsbeamten die Regierungsbaumeister- (jetzt Bauassessor-) Prüfung verlangt wird.

Ist demnach die Bewertung der Stelle nur vom objektiven Amtsinhalt abhängig, so ist damit doch zunächst noch nichts darüber gesagt, was in subjektiver Beziehung vom Stelleninhaber an Vorbildung zu verlangen ist. Auf diese Frage kann hier kaum näher eingegangen werden, da sie außerhalb des eigentlichen Besoldungsrechts liegt. Nur einige Beispiele seien angeführt. Unterstellt man, daß die Stelle eines Stadtsyndikus nach Gruppe A 2 c 2 zu bewerten ist, so wird man von dem Stelleninhaber zweckmäßig die Befähigung zum Richteramt oder zum höheren Verwaltungsdienst verlangen. Denn in sachlicher Beziehung setzt gerade sowohl die eine wie die andere Vorbildung den Stelleninhaber instand, sein Amt ordnungsmäßig auszuüben.

Bei den Beamten des mittleren Dienstes wird seit langem mehr und mehr die Ablegung von Prüfungen verlangt (vgl. Schönebeck-Seel-Krauthausen „Das geltende Kommunalbeamtenrecht" S. 21 ff.).

Ist für die Bewertung der Stelle nur der objektive Amtsinhalt maßgebend, so kann ein Gemeindebeamter nur dann befördert werden — also z. B. ein Magistratsrat nur dann zu einem Obermagistratsrat ernannt werden, wenn der objektive Inhalt des Amtes von vornherein die Errichtung einer Beförderungsstelle (Obermagistratsratsstelle) zugelassen hätte.

Wichtig erscheint auch die Frage der Fußnoten zur Besoldungsordnung (für die Staatsbeamten vom 4. März 1936). Diese Fußnoten finden auf die Beamten der Gemeinden und Gemeindeverbände nicht ohne weiteres Anwendung; vielmehr müssen sie in den örtlichen Besoldungsplan ausdrücklich aufgenommen werden. Dies kann aber nicht schlechthin bei allen Fußnoten geschehen, sondern nur hinsichtlich derjenigen Fußnoten, deren tatsächliche Voraussetzungen im Einzelfall in der betreffenden Gemeinde erfüllt sind.[1])

In ganz wenigen und seltenen Ausnahmefällen ist es für zulässig angesehen worden, zwecks Beseitigung offensichtlicher Härten, die sich aus örtlichen Eigentümlichkeiten hinsichtlich der Vorbildungsanforderungen in der Vergangenheit ergeben haben, Fußnoten in die kommunale Besoldungsordnung aufzunehmen, die es in der staatlichen Besoldungsordnung nicht gibt. Da diese Fälle aber — praktisch betrachtet — keine Rolle spielen, kann man für den Regelfall den Satz aufstellen, daß sich in der kommunalen Besoldungsordnung keine Fußnoten finden dürfen, die in der staatlichen Besoldungsordnung nicht vorgesehen sind.

VII. Von besonderer Bedeutung ist, daß das Gesetz (nämlich die Erste preußische Sparverordnung vom 12. September 1931)

---

[1]) Fußnoten, die an die vor dem 1. Oktober 1927 erfolgte Besoldungsregelung anknüpfen, können von den Gemeinden usw. nur dann in den Besoldungsplan aufgenommen werden,

a) wenn die vor dem 1. Oktober 1927 erfolgte Besoldungsregelung von der die Fußnote ausgeht, s. Z. in formeller Beziehung rechtswirksam zustande gekommen ist; es muß also, soweit die Besoldung vor dem 1. April 1926 festgesetzt war, eine Genehmigung der Aufsichtsbehörde eingeholt gewesen sein (vgl. hierzu die Besoldungsrichtlinien vom 1. März 1922 MBliV. S. 213),

b) in materieller Beziehung darf die Besoldung

 aa) nicht aus politischen Gründen unangemessen hoch festgesetzt gewesen sein,

 bb) auch nicht aus sonstigen Gründen offensichtlich höher festgesetzt gewesen sein, als es nach der damaligen Auffassung zulässig war.

den obersten Landesbehörden das Recht zum Erlaß von Richtlinien für die Besoldung bestimmter Beamtengattungen einräumt. Von dieser Befugnis haben die obersten Landesbehörden gleich bei dem Erlaß der Sparverordnung Gebrauch gemacht und ihr als Anlage Richtlinien über die Besoldung der leitenden Gemeindebeamten beigefügt, nach denen die Besoldung auf Grund der Einwohnerzahl gestaffelt ist.[1])

Auf Grund der Besoldungsangleichungsvorschriften wurden die der Sparverordnung beigefügten Richtlinien bezüglich der Landeshauptleute und Landesräte durch den nichtveröffentlichten Erlaß des Preußischen Ministers des Innern vom 18. Dezember 1933 — IV a V 351/33 FM. IV 7112/3 — 9. 12 und im übrigen, d. h. bezüglich der Bürgermeister und Beigeordneten, durch den (in dem Runderlaß des Reichs- und Preuß. Ministers des Innern vom 24. April 1936 MBliV. S. 547 erwähnten) nichtveröffentlichten Erlaß vom 22. Dezember 1933 $\frac{\text{IV a V 371/33}}{\text{FM. 7112/0 — 14. 12}}$ abgeändert, der seinerseits durch den Runderlaß vom 24. April 1936 RMBliV. S. 547 Änderungen erfuhr.

Die der Sparverordnung beigefügten Besoldungsrichtlinien haben den Charakter von gesetzlichen Vorschriften; die in ihnen vorgesehenen Höchstsätze für die Besoldung könnten daher nicht im Wege der persönlichen Ausnahmebewilligung überschritten werden; die 1933 auf Grund der Besoldungsangleichungsvorschriften ergangenen — vorhin erwähnten — Runderlasse über die Besoldung der Landeshauptleute usw. und der Bürgermeister usw. stellen demgegenüber verbindliche Weisungen des Ministeriums an die Aufsichtsbehörden für die Durchführung des Genehmigungsverfahrens dar.[2])

VIII. Die Besoldungsangleichungsvorschriften bieten die Handhabe

---

[1]) Die Richtlinien sehen für die II., III. usw. Amtszeit keine höhere Besoldungsgruppe als während der I. Amtszeit vor; maßgeblich hierfür war die Erwägung, daß für die Bewertung eines Amtes nur der objektive Amtsinhalt, nicht die subjektiven Eigenschaften des Amtsinhabers maßgebend sind.

[2]) Aufwandsentschädigungen ohne Nachweis eines besonderen Aufwands können nur den in den Richtlinien zur Sparverordnung näher bezeichneten leitenden Beamten der Gemeinden und Gemeindeverbände bewilligt werden. Ihre Bewilligung ist daher z. B. für die Beigeordneten und die nichtleitenden Beamten der Gemeinden schlechthin unzulässig. Selbstverständlich können denjenigen Beamten, denen eine Aufwandsentschädigung nicht bewilligt werden darf, die durch die Wahrnehmung des Dienstes entstandenen Unkosten auf Grund von Einzelliquidationen erstattet werden. Das gleiche gilt auch hinsichtlich der Beamten, denen Aufwandsentschädigungen gewährt werden, wenn bestimmte Unkosten offensichtlich nicht aus den Aufwandsentschädigungen gedeckt werden können.

zu Änderungen[1]) des örtlichen Besoldungsrechts. Diese Änderungen beziehen sich an und für sich nur auf die Stelle, nötigen aber die Gemeinde oder den Gemeindeverband, die Stelleninhaber nunmehr nach Maßgabe der abgeänderten Besoldungsordnung zu behandeln.

Handelt es sich bei der Verpflichtung zur Besoldungsangleichung auf Grund der §§ 40 ff. des Beamtenrechtsänderungsgesetzes um eine Dauerverpflichtung (vgl. den Runderlaß des Ministers des Innern vom 28. Dezember 1933 MBliV. 1934 S. 9), so ist es sehr wohl denkbar, daß Angleichungsmaßnahmen erst erhebliche Zeit nach dem Inkrafttreten der Angleichungsvorschriften vorgenommen werden und daß sie — wenn die Angleichung nicht sofort vollständig vorgenommen war, später hinsichtlich derselben Stelle erneut — u. U. sogar mehrmals — wiederholt werden. Immerhin werden derartige Fälle wohl zu den Seltenheiten gehören.

Die Gemeinde usw. selber konnten nur bis zum 1. Oktober 1933 Angleichungsmaßnahmen beschließen und von der Aufsichtsbehörde genehmigen lassen. Wohl aber sind die Aufsichtsbehörden berechtigt, auch nach diesem Zeitpunkt einseitig die Angleichung von sich aus anzuordnen. Eine Gemeinde hätte also jetzt höchstens die Möglichkeit, bei der Aufsichtsbehörde die Durchführung von Angleichungsmaßnahmen anzuregen.

Aus der noch in Kraft befindlichen Sparverordnung vom 12. September 1931 folgt, daß die Gemeinden usw. ihre Beamten auch nicht schlechter als die Staatsbeamten stellen dürfen. Etwaige unzureichende Besoldungsregelungen können die Aufsichtsbehörden heraufsetzen (vgl. hierzu Kap. II § 3 Abs. 1 Vierter Teil der Sparverordnung vom 12. September 1931). Praktisch werden allerdings die Aufsichtsbehörden nur dann eingreifen, wenn die Stelle eines Gemeindebeamten offensichtlich zu niedrig eingestuft erscheint.

Liegt offensichtlich eine zu niedrige Einstufung vor und lehnt die Gemeinde ab, eine Höherstufung zu beschließen und bei der Aufsichtsbehörde die Genehmigung hierzu zu beantragen, so bleibt für den Beamten nur übrig, die Aufsichtsbehörde anzurufen; diese prüft alsdann nach pflichtmäßigem Ermessen, ob sie eine Höherstufung nach dem Vierten Teil Kap. II § 1 der Sparverordnung vom 12. September 1931 anordnen soll; lehnt die Aufsichtsbehörde eine derartige Anordnung ab, so kann der Beamte Vorstellungen im Aufsichtswege erheben.

IX. Die Aufwandsentschädigungen der Ehrenbeamten liegen

[1]) Der Vollständigkeit halber sei bemerkt, daß — abgesehen von der Besoldungsangleichung — Änderungen der Besoldungsordnung in Betracht kommen; z. B. eine Gemeinde errichtet einen neuen Dienstposten oder ein vorhandener Dienstposten gewinnt oder verliert an Bedeutung. Derartige Änderungen der Besoldungsordnung bedürfen noch der Sparverordnung der Genehmigung der Aufsichtsbehörde.

außerhalb des Besoldungsrechts. Sie fallen also nicht unter die Besoldungsangleichungsvorschriften in den §§ 40 ff. des Beamtenrechtsänderungsgesetzes und auch nicht unter den Vierten Teil Kap. II der Sparverordnung vom 12. September 1931.

Gesetzliche Grundlage für die Aufwandsentschädigungen der ehrenamtlichen Bürgermeister, Beigeordnete und Kassenverwalter ist § 27 der Deutschen Gemeindeordnung; hiernach kann die Aufwandsentschädigung durch die Hauptsatzung bewilligt werden (vgl. hierzu näher die Erste Ausführungsanweisung zu § 27 der Deutschen Gemeindeordnung und den Runderlaß des Reichs- und Preuß. Ministers des Innern vom 12. September 1935 RMBliV. S. 1469).

In der Praxis hat sich gelegentlich gezeigt, daß ein ehrenamtlicher Bürgermeister auch in Gemeinden mit weniger als 10000 Einwohnern, in denen an und für sich nach § 39 Abs. 1 der Deutschen Gemeindeordnung ehrenamtliche Bürgermeister tätig sein sollen, durch sein Amt ebenso wie ein hauptamtlicher Bürgermeister in Anspruch genommen wird und daß sich aus diesem Grunde die Aufwandsentschädigung des § 27 der Deutschen Gemeindeordnung als unzulänglich erweisen mußte. In Fällen der in Rede stehenden Art muß die Gemeinde prüfen, ob die ehrenamtliche Stelle in eine hauptamtliche Stelle umzuwandeln ist. Daß auch in Gemeinden unter 10000 Einwohnern die Stelle des Bürgermeisters hauptamtlich verwaltet werden kann, wird in § 39 Abs. 1 Satz 2 der Deutschen Gemeindeordnung ausdrücklich vorgesehen; eine solche Regelung muß durch die Hauptsatzung erfolgen. In der Ersten Ausführungsanweisung zu § 39 der Deutschen Gemeindeordnung wird ausgeführt, die Frage, inwieweit sich in Gemeinden mit weniger als 10000 Einwohnern die Einrichtung der Stelle eines hauptamtlichen Bürgermeisters (oder Beigeordneten) empfehle, richte sich nach Lage des Einzelfalles. Dabei werde für Gemeinden mit weniger als 3000 Einwohnern im Regelfalle davon auszugehen sein, daß in ihnen die Einrichtung einer solchen Stelle nur bei ganz besonderen Verhältnissen am Platze sei. Derartige besondere Fälle könnten sowohl in der Eigenart der Gemeinde, z. B. als Kurort, als auch in dem nach dem weitergeltenden Landesrecht umfangreichen und schwierigen Aufgabenbereich des Bürgermeisters liegen.

Beamtenrechtsänderungsgesetz

§ 41.

(1) Eine Gleichbewertung von Beamten im Sinne des § 40 wird nicht dadurch ausgeschlossen, daß im Dienst des Reichs oder des Landes eine unmittelbar vergleichbare Dienststelle nicht besteht.

(2) In besonderen Ausnahmefällen kann bestimmt werden, daß die Bewertung eines Beamten oder einer Beamtengruppe zwischen der Bewertung der Reichsbeamten zweier benachbarter Besoldungsgruppen liegt. In diesem Falle kann das Grundgehalt auf einen Betrag oder auf eine aufsteigende Reihe von Beträgen festgesetzt werden, die zwischen den Beträgen liegen, die für die beiden benachbarten Besoldungsgruppen der Reichsbesoldungsordnung vorgesehen sind.

(3) Die in Durchführung des § 40 getroffenen Maßnahmen unterliegen nicht der Nachprüfung im ordentlichen Rechtsweg oder im Verfahren vor Verwaltungsgerichten, Schiedsgerichten oder vor dem Staatsgerichtshof für das Deutsche Reich.

(1) Bei der Durchführung des für die Einstufung der Kommunalbeamten erforderlichen Vergleiche mit den Staatsbeamten stellt sich seit jeher zuweilen heraus, daß Staatsbeamte, die eine vergleichbare Tätigkeit ausüben, nicht vorhanden sind. An diesem Umstand soll aber die Durchführung der Besoldungsangleichungsvorschriften nicht scheitern. Das Gesetz stellt daher klar, daß als Maßstab für die Besoldungsangleichung nicht die Dienstbezüge vergleichbarer Landesbeamten, sondern die Dienstbezüge gleichzubewertender Landesbeamten zu gelten hätten (vgl. Fischbach, Beamtenrechtsänderungsgesetz S. 102 Anm. 1). Es kommt also nach Fischbach a. a. O. nicht auf die Tätigkeit eines Beamten, sondern auf deren finanzielle Bewertung an (richtiger wäre wohl zu sagen sachliche Bewertung).

(2) § 41 Abs. 2 will besonderen Ausnahmefällen Rechnung tragen und die Einfügung von Zwischengruppen in die Gruppen der Reichsbesoldungsordnung ermöglichen.

Es ist jedoch anzunehmen, daß § 41 Abs. 2 durch die 24. Ergänzung zum Reichsbesoldungsgesetz[1]) seine praktische Bedeutung zum erheblichen Teil verloren hat; die Gemeinden werden sich also auf die Besoldungsgruppen zu beschränken haben, die in der Reichsbesoldungsordnung enthalten sind.

Als Zwischengruppen kommen im wesentlichen auch heute noch in Betracht:

a) die für die Polizeivollzugsbeamten aufrechterhaltenen Besoldungsgruppen des Preuß. Besoldungsgesetzes vom 17. Dezember 1927,
b) für Beamte der früheren preußischen Besoldungsgruppe A 7 b (mit Ausnahme der Polizeihauptwachtmeister) eine der preuß. Besoldungsgruppe A 7 b entsprechende Sondergruppe A 7 c,
c) die für die Einheitslaufbahn zugelassene Sondergruppe A 7 b,
d) für leitende Gemeindebeamte die Zwischengruppe von RM. 200 000.

---

[1]) RGBl. I 1935 S. 1489.

Hierzu ist im einzelnen folgendes zu bemerken:

Zu a) Polizeivollzugsbeamte.

Bezüglich der Einstufung der Polizeivollzugsbeamten auch in Preußen ist auf den Runderlaß des Reichs- und Preuß. Ministers des Innern vom 25. Oktober 1935 RMBliV. S. 1327, 1331 ff. zu verweisen.[1])

Zu b) Sondergruppe A 7 c.

Der Reichs- und Preuß. Minister des Innern hat sich in dem — nicht veröffentlichten — Erlaß vom 12. Juni 1936 V a V damit einverstanden erklärt, daß die bisher in die Besoldungsgruppe A 7 b der Preuß. Besoldungsordnung eingestuften Beamten — soweit es sich nicht um Polizeihauptwachtmeister handelt — in eine neuzubildende Besoldungsgruppe A 7 c übergeleitet werden, die die Bezeichnung „Sondergruppe" zu führen hat und deren Sätze nach ihrer Höhe und Stufenzahl demjenigen der bisherigen Besoldungsgruppe A 7 b entsprechen. In dem Erlaß wird im übrigen bemerkt, daß die preußische Gruppe A 7 b seinerzeit lediglich mit Rücksicht auf die besonderen Verhältnisse bei der Polizei eingerichtet worden ist und daß es daher nicht ohne weiteres angängig ist, sie für die Einstufung andersgearteter Beamtengruppen zu verwenden.

Zu c) Sondergruppe A 7 b der Einheitslaufbahn.

Das Reich und Staat ist für die Beamten des mittleren Dienstes die sogenannte Doppellaufbahn eingeführt. Bei der Doppellaufbahn wird der einfache mittlere und der gehobene mittlere Dienst unterschieden. Beim einfachen mittleren Dienst erfolgt die erste planmäßige Anstellung in der Besoldungsgruppe A 8 a; die Beamten des einfachen mittleren Dienstes können in die Besoldungsgruppe A 7 a befördert werden; die Stellen in der Besoldungsgruppe A 8 a verhalten sich zu den in der Besoldungsgruppe A 7 a wie 1 : 1.

Die Beamten des gehobenen mittleren Dienstes finden ihre erste planmäßige Anstellung in der Besoldungsgruppe A 4 c 2.

Soweit die Gemeinden und Gemeindeverbände gleichfalls die sogenannte Doppellaufbahn für Beamte des mittleren Dienstes eingeführt haben, besteht für sie keine Besonderheit. Vielmehr ist — wie in Abschnitt III A a des Runderlasses des Ministers des Innern und des Finanzministers vom 19. Juli 1933 MBliV. I S. 837, 842 hervorgehoben wird — unter allen Umständen davon auszugehen, daß sich die typischen Laufbahnen im Gemeindedienst mit denen im Staatsdienst ohne weiteres vergleichen lassen und daß es demnach in keinem Falle gerechtfertigt ist, Beamte dieser Laufbahn irgendwie günstiger einzustufen wie gleichzubewertende Staatsbeamte.

---

[1]) Vgl. S. 16 Fußnote 2.

Eine kleine Besonderheit besteht lediglich insofern, als die Gemeinden und Gemeindeverbände nicht das Stellenverhältnis von 1:1 in den Besoldungsgruppen A 8 a, A 7 a aufrechtzuerhalten brauchen, sondern daß bei ihnen für das Stellenverhältnis lediglich das sachliche Bedürfnis maßgeblich ist (dies ergibt sich aus dem Runderlaß des Ministers des Innern und des Finanzministers vom 19. Juli 1933 MBliV. S. 837, 844 in der Fassung des Änderungserlasses vom 23. Juni 1934 MBliV. S. 900;[1]) die Bemerkungen in diesem Erlaß beziehen sich zwar auf die frühere Preuß. Besoldungsordnung, können aber auf die jetzt geltende Reichsbesoldungsordnung unbedenklich angewendet werden.)

Wenn den Gemeinden die Befugnis eingeräumt ist, bezüglich des Verhältnisses der Stellenzahl in den Besoldungsgruppen A 8 a und A 7 a anders als das Reich zu verfahren, so liegt hierin nicht — wie es vielleicht scheinen könnte — eine Besserstellung der Gemeinden; maßgeblich für die ihnen eingeräumte Befugnis bezüglich des Stellenzahlverhältnisses war vielmehr die Erwägung, daß die Gemeinden auch von den Beamten des einfachen mittleren Dienstes häufig — im Gegensatz zum Reich — den Besuch von Verwaltungsschulen und die Ablegung einer Prüfung verlangen; hinzu kam ferner, daß bei den Gemeinden und Gemeindeverbänden in sehr vielen Fällen das den Reichsbeamten der Besoldungsgruppe A 8 a entsprechende Personal zum erheblichen Teil im Angestelltenverhältnis angestellt ist. Es erschien angemessen und richtig, diese Umstände für die Festlegung des Stellenverhältnisses bei den Gemeinden zu berücksichtigen.

Im Gegensatz zu Reich und Staat ist bei einer größeren Anzahl von Gemeinden und Gemeindeverbänden für die Beamten des mittleren Dienstes die sogenannte Einheitslaufbahn eingeführt worden. Die Einheitslaufbahn unterscheidet sich von der Doppellaufbahn dadurch, daß der gesamte Beamtennachwuchs für die Stellen des mittleren Dienstes zunächst für den einfachen mittleren Dienst angenommen wird, während in der Doppellaufbahn die Anwärter für den einfachen und den gehobenen mittleren Dienst getrennt angenommen werden. Bei der Einheitslaufbahn müssen sämtliche Anwärter zwei Verwaltungsprüfungen ablegen. Erst die Ablegung der zweiten Verwaltungsprüfung gibt die Befähigung für die Bekleidung von Stellen des gehobenen mittleren Dienstes, und zwar nach Maßgabe von vorhandenen freien Stellen.

In dem — nicht veröffentlichten — Erlaß vom 15. August 1931 IV a V 353/33 — hatte der Preuß. Minister des Innern u. a. folgende Entscheidung getroffen:

„Ich will keine Bedenken dagegen erheben, daß die Anwärter der Einheitslaufbahn nach Bestehen der ersten Verwaltungsprüfung die Grundvergütungssätze der Besoldungsgruppe 6 a und

[1]) Vgl. Anhang VI und VII S. 190, 203.

nach Ablegung der zweiten Verwaltungsprüfung und nach erfolgter planmäßiger Anstellung die Gehaltssätze dieser Gruppe beziehen. Dagegen kann eine planmäßige Anstellung derjenigen Anwärter, die die zweite Prüfung nicht bestehen oder sich nicht zu ihr melden, in der Besoldungsgruppe 6a nicht gestattet werden. Demgemäß wird bei der letztgenannten Besoldungsgruppe eine Fußnote des Inhalts zu verlangen sein, daß die planmäßige Anstellung als Sekretär in dieser Besoldungsgruppe erst nach Ablegung der zweiten Verwaltungsprüfung erfolgen kann. Daraus ergibt sich dann von selbst, daß Anwärter, die die zweite Prüfung nicht bestanden oder abgelegt haben, in dieser Gruppe zur planmäßigen Anstellung nicht gelangen dürfen, sondern lediglich in der Besoldungsgruppe 6b."

Die Entscheidung des Ministeriums bezog sich auf die sogenannte Musterbesoldungsordnung für die Städte, Ämter, Gemeinden und Kreiskommunalverwaltungen des rheinisch-westfälischen Industriegebiets. In dieser Musterbesoldungsordnung hatten die Besoldungsgruppen 6a und 6b folgende Grundgehaltssätze:

Besoldungsgruppe 6a:
2350 — 2500 — 2700 — 2900 — 3100 — 3300 — 3450 — 3600 — 3700 — 3800 RM. jährlich.

Besoldungsgruppe 6b:
2000 — 2200 — 2350 — 2500 — 2650 — 2800 — 2950 — 3100 — 3200 — 3300 — 3400 — 3500 RM. jährlich.[1])

Für die Besoldungsgruppe 6a und 6b waren in der Musterbesoldungsordnung des RWI. folgende Grundvergütungssätze festgesetzt:

	Im 1. und 2. Anwärterdienstjahr, Versorgungsanwärter im 1. Anwärterdienstjahr RM.	Im 3. und 4. Anwärterdienstjahr, Versorgungsanwärter im 2. und 3. Anwärterdienstjahr RM.	Im 5. Anwärterdienstjahr, Versorgungsanwärter im 4. Anwärterdienstjahr RM.
6a	1650	1900	2150
6b	1500	1580	1850

Im Abschnitt III A u des Runderlasses des Ministers des Innern und des Finanzministers vom 19. Juli 1933 MBliV. S. 837, 845 wurde folgendes bestimmt:

---

[1]) Die Besoldungsgruppe 6b entsprach der Besoldungsgruppe A 6 des Preuß. Besoldungsgesetzes vom 17. Dezember 1927.

Zwischengruppierungen, wie sie § 41 Abs. 2[1]) vorsieht, sind grundsätzlich nicht zuzulassen. Eine Ausnahme wird nur dann zugelassen, wenn in einer Gemeinde mit Einheitslaufbahn für die Beamten dieser Laufbahn eine besondere Besoldungsgruppe 6a vorgesehen. Die hierüber ergangenen Einzelerlasse bleiben in Geltung.

Zu dem Runderlaß des Reichs- und Preuß. Ministers des Innern und des Preuß. Finanzministers vom 24. April 1936 MBliV. S. 547, 548 heißt es:

Die Überleitung aus den Besoldungsgruppen des Preuß. Besoldungsgesetzes an die des Reichsbesoldungsgesetzes hat grundsätzlich unverändert zu erfolgen. Zwischengruppen dürfen nicht neu gebildet oder aufrechterhalten werden. Ausgenommen hiervon ist u. a. die im Bezirk des rheinisch-westfälischen Industriegebiets für die Einheitslaufbahn zugelassene Sondergruppe A 6 a, die unter Beibehaltung ihrer Sätze künftig als Gruppe A 7 b (Sondergruppe) bezeichnet wird.

Es ergibt sich also auch für den heutigen Rechtszustand, daß für die Einheitslaufbahn in den Gemeinden des rheinisch-westfälischen Industriegebiets eine der früheren Besoldungsgruppen A 6 a entsprechende Sondergruppe A 7 b zugelassen ist.

Die für das rheinisch-westfälische Industriegebiet getroffene Sonderregelung hat ihre Ursache darin, daß die Gemeinden in diesem Gebiet besonders hohe Anforderungen an die Vorbildung der Anwärter der Einheitslaufbahn stellten. Die Anwärter der Einheitslaufbahn stehen also bei den Gemeinden in rheinisch-westfälischen Industriegebiet insofern ungünstiger als bei den sonstigen Gemeinden mit Einheitslaufbahn, als sie ungünstigere Beförderungsmöglichkeiten haben; denn die sonstigen Gemeinden mit Einheitslaufbahn nehmen die Anwärter häufig mit einer geringeren Vorbildung als der Primareife, zum Teil auch mit Volksschulbildung an. Da die Anwärter der Einheitslaufbahn, auch wenn sie die zweite Verwaltungsprüfung abgelegt haben, die ihnen an und für sich zukommende endgültige Einstufung in Inspektorenstellen (jetzt Besoldungsgruppe A 4 c 2) nur dann finden können, wenn freie Stellen vorhanden sind, erschien es angemessen, den Anwärtern der Einheitslaufbahn bei den Gemeinden des rheinisch-westfälischen Industriegebiets im Hinblick auf die für sie bestehenden Beförderungsaussichten ein Äquivalent durch die Einstufung in die frühere Besoldungsgruppe A 6 a (jetzt Sondergruppe A 7 b) zu bieten.

Zu d) Zwischengruppe von 20000 RM. für leitende Gemeindebeamte.

Wie in Ziffer 5 des Runderlasses des Reichs- und Preuß. Ministers des Innern und des Preuß. Finanzministers vom 24. April

[1]) Gemeint ist das Beamtenrechtsänderungsgesetz.

1936 RMBliV. S. 547, 549[1]) hervorgehoben ist, wird für einzelne leitende Gemeindebeamte die Zwischengruppe von 20000 RM. weiterhin zugelassen.

(2) Von grundlegender Bedeutung und außerordentlicher Tragweite ist die Bestimmung im § 41 Abs. 3, wonach Besoldungsangleichungsmaßnahmen nicht der Nachprüfung im ordentlichen Rechtsweg usw. unterliegen; das Reichsgericht hat in dem Urteil vom 12. Juli 1934 — III 78/34, der im „Gemeindetag" 1934 S. 530 auszugsweise veröffentlicht ist, ausgesprochen, daß Angleichungsmaßnahmen auch nicht unter dem Gesichtspunkt eines Mißbrauchs ihrer Anwendung der gerichtlichen Nachprüfung unterstellt werden können.

Im übrigen sei an dieser Stelle noch folgendes hervorgehoben: Ändert die Aufsichtsbehörde auf Grund der Besoldungsangleichungsvorschriften eine Besoldungsordnung ab, so kann die Gemeinde hiergegen Beschwerde auf Grund der zu den Besoldungsangleichungsvorschriften ergangenen Preuß. Durchführungsverordnung vom 15. Juli 1933 GS. S. 248 einlegen; sie muß die in dieser Verordnung vorgesehene Ausschlußfrist an und für sich einhalten. Wird die Ausschlußfrist von der Gemeinde überschritten, so kann die Beschwerde ohne weiteres abgewiesen werden. Es steht aber selbstverständlich im Ermessen der Beschwerdeinstanz, ob sie doch noch in eine sachliche Nachprüfung der Angelegenheit eintreten will.

Hat eine Gemeinde eine Abänderung ihrer Besoldungsordnung beschlossen, um beispielsweise einige Beamtengattungen in höhere Besoldungsgruppen einzustufen, und lehnt die Aufsichtsbehörde, der die Abänderung der Besoldungsordnung zur Genehmigung vorgelegt wird, es ab, die Genehmigung zu erteilen, so ist die Beschwerde auf Grund der Verordnung vom 15. Juli 1933 nicht gegeben. Wohl aber ist die Gemeinde in der Lage, in der Angelegenheit Vorstellungen im Aufsichtswege zu erheben.

Die Beamten der Gemeinden und Gemeindeverbände haben bei etwaigen Besoldungsherabstufungen auf Grund der Besoldungsangleichungsvorschriften kein förmliches Beschwerderecht; sie sind aber in der Lage, Vorstellungen im Aufsichtswege zu erheben.

Beamtenrechtsänderungsgesetz.

§ 42.

(1) Bei dem Vergleich gemäß § 40 sind alle Geldbezüge und sonstigen Bezüge heranzuziehen, die die Beamten mit Rücksicht auf ihre hauptamtliche oder nebenamtliche Dienstleistung erhalten.

---

[1]) Vgl. Anhang VIII S. 204.

(2) Zur Durchführung des § 40 Abs. 1 Satz 1 gehört auch die Neufestsetzung des Diätendienstalters, des Besoldungsdienstalters und der ruhegeldfähigen Dienstzeit in den Fällen, in denen bisher Dienst- oder Beschäftigungszeiten in einem weitergehenden Umfange angerechnet worden sind, als es die Vorschriften des Reichs bei den Reichsbeamten zulassen.

(3) Zur Durchführung des § 40 Abs. 2 gelten die Vorschriften des vorstehenden Abs. 2 entsprechend.

(1) die Bestimmungen des § 41 Abs. 1, die im wesentlichen der im Vierten Teil Kap. II § 1 Abs. 3 der Sparverordnung vom 12. September 1931[1]) entspricht, zwingt die Gemeinden zu dem Vergleich sämtliche Bezüge heranzuziehen; aus dem Vierten Teil Kap. II § 1 Abs. 3 der Sparverordnung ergibt sich gleichzeitig in formeller Beziehung die Folgerung, daß irgendwelche Bezüge einem Gemeindebeamten nur dann zustehen, wenn sie in der Besoldungsordnung aufgeführt und von der Aufsichtsbehörde genehmigt sind. Stellt eine Gemeinde also gelegentlich fest, daß gewisse Besoldungsbestandteile nicht genehmigt sind, so fehlt für ihre Zahlung die Rechtsgrundlage. Kassenfehlgelder sind an und für sich nicht nach der Sparverordnung genehmigungsbedürftig. Ihre Bewilligung würde jedoch der Rechtsgrundlage entbehren, soweit sie unangemessen hoch festgesetzt wären.

(2) § 42 Abs. 2 stellt klar, daß die Besoldungsangleichungsvorschriften auch bezüglich der Festsetzung der Diäten- und der Besoldungsdienstalter gelten. Aus dem Wortlaut der Vorschrift in Verbindung mit der Durchführungsverordnung vom 15. Juli 1933 und der Sparverordnung vom 12. September 1931 ergab sich, daß alle Besoldungsdienstalter der Beamten der Gemeinden und Gemeindeverbände einmalig nachzuprüfen und neu festzusetzen waren (vgl. auch den Runderlaß vom 14. Februar 1935 MBliV. S. 201). Seit diesem Zeitpunkt können die Gemeinden usw. die Besoldungsdienstalter selbständig festsetzen; die Aufsichtsbehörden können jedoch Stichproben vornehmen.

Wichtig ist jedoch die Bestimmung in dem Vierten Teil Kap. II § 1 der Sparverordnung vom 12. September 1931, wonach zur Verbesserung der Besoldungsdienstalter in Härtefällen stets die Genehmigung der Aufsichtsbehörde erforderlich ist.

Beamtenrechtsänderungsgesetz.

§ 43.

Die Vorschriften der §§ 40 bis 42 gelten entsprechend für die Herabsetzung der Bezüge der beim Inkrafttreten dieses Kapitels im

[1]) Der Vierte Teil Kap. II § 1 Abs. 3 der Sparverordnung lautet: Zu den Dienstbezügen im Sinne des Abs. 1 gehören alle Geldbezüge, die die Beamten mit Rücksicht auf ihre hauptamtliche oder nebenamtliche Tätigkeit erhalten, insbesondere auch Dienstaufwandsgelder sowie Gewinn- und Umsatzteile von werbenden Betrieben.

einstweiligen oder dauernden Ruhestand befindlichen Beamten, der Bezüge der Hinterbliebenen der bis zu diesem Zeitpunkt im Dienste, im einstweiligen oder dauernden Ruhestand verstorbenen Beamten sowie für die Herabsetzung aller übrigen Versorgungs- und Übergangsleistungen und sonstiger Leistungen, die mit Rücksicht auf ein früheres Dienstverhältnis gewährt werden.

(1) Eine nähere Erläuterung dieser Vorschrift, die sich nicht auf das Besoldungs-, sondern auf das Versorgungsrecht bezieht, gehört nicht in den Rahmen dieses Buches.

Nur soviel sei bemerkt, daß es an und für sich zulässig ist, Pensionäre und aktive Beamte in verschiedene Besoldungsgruppen einzustufen; selbstverständlich setzt dies voraus, daß der Amtsinhalt unterschiedlich gewesen ist; in formeller Beziehung muß sich diese verschiedene Einstufung aus der Besoldungsordnung ergeben;[1]) in materieller Beziehung würde z. B. ein im Ruhestand befindlicher Bürodirektor eines größeren Gemeinwesens höher als seine Amtsnachfolger einzustufen sein, wenn das Gemeinwesen nach der Pensionierung in zwei selbständige Gemeinwesen zerlegt wird. Umgekehrt würde eine Höherstufung des Amtsnachfolgers infolge Eingemeindungen keine Rückwirkungen auf die Einstufung des pensionierten Amtsvorgängers haben.

Beamtenrechtsänderungsgesetz.

§ 44.

(1) Die Landesregierungen sind ermächtigt, die den Hochschullehrern vor dem Inkrafttreten dieses Kapitels gemachten Zusicherungen abzuändern oder aufzuheben. Hierbei sind sie an Vereinbarungen, Vergleiche, rechtskräftige Urteile oder Schiedssprüche nicht gebunden.

(2) Ausgenommen bleiben Zusicherungen, die sich auf die Festsetzung der Dienstaltersstufe beziehen.

(3) Die Vorschriften der §§ 41 Abs. 3, 43 finden entsprechende Anwendung.

§ 45.

Zu den Körperschaften des öffentlichen Rechtes im Sinne dieses Kapitels gehören auch die Anstalten und Stiftungen des öffentlichen Rechtes sowie die Verbände von Körperschaften des öffentlichen Rechtes.

§ 46.

(1) Die Deutsche Reichsbahn-Gesellschaft, die Reichsbank, die öffentlich-rechtlichen Religionsgesellschaften und die Verbände von solchen sind ermächtigt, die Vorschriften dieses Kapitels entsprechend anzuwenden.

(2) Trägt ein Land einer öffentlich-rechtlichen Religionsgesellschaft gegenüber den Aufwand für die Bezüge ihrer Beamten, Wartegeldempfänger, Ruhegeldemp-

---

[1]) Vgl. auch S. 16.

fänger, Empfänger von Hinterbliebenenbezügen ganz oder teilweise, so ist die oberste Landesbehörde befugt, die Leistungen des Landes entsprechend der in diesem Kapitel vorgesehenen Herabsetzung der Bezüge zu kürzen.

§ 47.

Geistliche und Lehrer sind als Beamte im Sinne dieses Kapitels anzusehen.

§ 48.

Die notwendigen Maßnahmen sind spätestens bis zum 31. Dezember 1933 und mit Wirkung spätestens vom 1. Oktober 1933 ab zu treffen.

(1) Vgl. Anm. VIII zu § 40 S. 19.

(2) § 79 Abs. 1 des Beamtenrechtsänderungsgesetzes bestimmt:

„(1) Leistungen, die nach den §§ 8, 40 bis 48, 49 Abs. 2, 51, 52, 59 bis 64, 66 bis 72, 76 entfallen, sind künftig auch für die zurückliegende Zeit nicht mehr zu bewirken; dies gilt auch, soweit Zusicherungen, Vereinbarungen, Vergleiche, rechtskräftige Urteile oder Schiedssprüche vorliegen. Rückzahlungen finden nicht statt. In den Fällen der §§ 40 bis 48 finden Rückzahlungen für die Zeit vor dem 1. Oktober 1933 nicht statt."

Hieraus ergibt sich, daß Besoldungsangleichungsmaßnahmen, die nach § 48 grundsätzlich auf den 1. Oktober 1933 zu datieren sind, regelmäßig eine Verpflichtung der Beamten zur Zurückzahlung der seit dem 1. Oktober 1933 zu viel erhaltenen Bezüge auslösen. In dem Runderlaß des Reichsministers des Innern vom 2. Februar 1934 (MBliV. S. 444 b) wurde den Gemeinden jedoch nahegelegt, Anträgen von Beamten auf Niederschlagung der zurückzuzahlenden Beträge weitherzig stattzugeben. Diese Anordnung ist — jedoch nur bezüglich der aus Anlaß von Besoldungsangleichungsmaßnahmen zuviel erhaltenen Beträge — in dem Runderlaß des Reichs- und Preuß. Ministers des Innern vom 6. April 1936 (RMBliV. S. 497) aufrechterhalten worden.

§ 49.

(1) § 7 Abs. 2 und 3 des Kapitels I des Zweiten Teiles der Zweiten Verordnung des Reichspräsidenten zur Sicherung von Wirtschaft und Finanzen vom 5. Juni 1931 (RGBl. I S. 279, 283) in der Fassung der Dritten Verordnung des Reichspräsidenten zur Sicherung von Wirtschaft und Finanzen usw. vom 6. Oktober 1931, Erster Teil, Kapitel II (RGBl. I S. 537, 538) treten, soweit sie Beamte betreffen, außer Kraft.

(2) Für Angestellte und Arbeiter bleiben die Vorschriften des § 7 Abs. 2, 4 und 5 sowie des § 8 des Kapitels I des Zweiten Teiles der im Abs. 1 bezeichneten Verordnung — § 7 Abs. 5 in der Fassung der Verordnung des Reichspräsidenten zur Belebung der Wirtschaft vom 4. September 1932, Vierter Teil, Kapitel VII (RGBl. I S. 425, 432) — auch weiterhin in Geltung; daneben gelten für Angestellte, deren Bezüge nicht in einem Tarifvertrag oder in einer Dienstordnung geregelt sind, die Vorschriften der §§ 40 bis 44 und der §§ 46 bis 48 dieses Kapitels sinngemäß.

(3) Kapitel V und VI des Vierten Teiles der Verordnung des Reichspräsidenten zur Belebung der Wirtschaft vom 4. September 1932 (RGBl. I S. 425, 431) werden nicht berührt.

Reichsbesoldungsgesetz und Reichsbesoldungsvorschriften.

§ 1.

(1) Die planmäßigen Reichsbeamten erhalten ein Grundgehalt und einen Wohnungsgeldzuschuß. Daneben erhalten sie Kinderzuschläge und, soweit es in diesem Gesetze bestimmt oder zugelassen ist, Zulagen.

(2) Die Soldaten der Wehrmacht werden, soweit nicht dieses Gesetz etwas anderes bestimmt, wie die planmäßigen Beamten besoldet.

(3) Abs. 2 gilt entsprechend für die planmäßigen Führer des Arbeitsdienstes, die im übrigen die Rechte und Pflichten der Reichsbeamten besitzen, soweit nicht durch Reichsgesetz hinsichtlich des Arbeitsdienstes etwas anderes vorgeschrieben wird.

Besoldungsvorschriften.

Nr. 1. Beamte im Sinne des Besoldungsgesetzes und dieser Besoldungsvorschriften sind, soweit nicht etwas anderes bestimmt ist, nur die Reichsbeamten.

Nr. 2. (1) Wird in diesen Besoldungsvorschriften (BV.) auf einen Paragraphen oder eine Nummer (Nr.) ohne nähere Angabe Bezug genommen, so sind die Paragraphen des Besoldungsgesetzes (BesG.) oder die Nummern der BV. gemeint.

(2) Die Besoldungsgruppen (BesGr.) werden wie folgt bezeichnet

BesGr. A 8 a = Besoldungsgruppe 8 a der Besoldungsordnung A;
BesGr. C 19 = Besoldungsgruppe 19 der Besoldungsordnung C;
BesGr. RWS 3 = Besoldungsgruppe 3 der Anlage zur Besoldungsordnung A.[1])

1. Unter „planmäßigen" Reichsbeamten sind diejenigen Reichsbeamten zu verstehen, die unwiderruflich oder widerruflich angestellt sind und denen eine im Reichshaushaltsplan vorgesehene Stelle verliehen worden ist (vgl. Sölch, Woothke, Rackow, Kommentar zum Reichsbesoldungsgesetz 1936 S. 88 Anm. 3); außerplanmäßige Reichsbeamte sind — wie sich auch aus Nr. 77 der Reichsbesoldungsvorschriften ergibt — Reichsbeamte, die nach erlangter Befähigung zur Verwaltung eines Amtes in ein festes Verhältnis zur Verwaltung treten und Diäten erhalten.

[1]) Von einem Abdruck der Nr. 3 und 4 der Besoldungsvorschriften wird abgesehen, da sie für die Gemeinde usw. nicht in Betracht kommen.

Bei den Gemeinden und Gemeindeverbänden wird im wesentlichen das gleiche gelten; hervorzuheben ist jedoch, daß sie auch die außerplanmäßigen Stellen — nach früherem preußischen Recht die nichtplanmäßigen Stellen — getrennt nach Art und Besoldungsgruppe und unter Angabe der Zahl der vorhandenen Stellen im Stellenplan aufführen müssen (vgl. § 24 des preußischen Gemeindefinanzgesetzes vom 15. Dezember 1933 GS. S. 442, 448).

2. Grundgehalt vgl. § 2 ff.
3. Wohnungsgeldzuschuß vgl. §§ 9 ff.
4. Kinderzuschläge vgl. § 14.
5. Zulagen sind für Reichsbeamte
   a) „bestimmt" in den Fußnoten der Besoldungsordnung,
   b) „zugelassen" im § 15 des Reichsbesoldungsgesetzes (vgl. hierzu näher die Ausführungen bei § 15).

§ 2.

Das Grundgehalt wird den planmäßigen Beamten nach den beigefügten Besoldungsordnungen A (für aufsteigende Gehälter) und B (für feste Gehälter), den Soldaten der Wehrmacht nach der beigefügten Besoldungsordnung C, den Polizeibeamten beim Reichswasserschutz nach der der Besoldungsordnung A als Anlage beigefügten Besoldungsordnung, den planmäßigen Führern des Arbeitsdienstes nach der der Besoldungsordnung A als 2. Anlage beigefügten Besoldungsordnung AD, den Beamten des Ingenieurkorps der Luftwaffe nach der der Besoldungsordnung A als 3. Anlage beigefügten Besoldungsordnung IL gewährt.

Besoldungsvorschriften.

Nr. 5. Eine Zusammenstellung der Grundgehaltssätze der Besoldungsordnungen A und B enthält die Übersicht 1.

Nr. 6. Beamte eines Landes, einer Gemeinde oder einer sonstigen Körperschaft des öffentlichen Rechts, die im Reichsdienst kommissarisch beschäftigt werden, erhalten die ihnen nach den Besoldungsbestimmungen des Landes usw. zustehenden Dienstbezüge.

---

1. Für die Einstufung der Beamten der Gemeinden und Gemeindeverbände ist auf Grund der preußischen Sparverordnung vom 12. September 1931 die preußische Besoldungsordnung in der Fassung der Bekanntmachung vom 4. März 1936 GS. S. 31 maßgeblich.[1]) Für die leitenden Beamten der Gemeinden und Gemeindeverbände vgl. S. 18/19.

---

[1]) Vgl. Anhang III S. 188.

2. Wichtig ist, daß unter Besoldungsgruppen im Sinne des Reichsbesoldungsgesetzes die Untergruppen von Besoldungsgruppen zu verstehen sind, soweit solche vorhanden sind, z. B. also die Gruppen A 8 a oder A 8 b; es gibt also nicht eine Besoldungsgruppe A 8.

3. In der Reichsbesoldungsordnung ist das Anfangsgrundgehalt einer höheren Besoldungsgruppe gelegentlich niedriger als das einer niedrigeren Besoldungsgruppe; es kann daher im Hinblick auf die für die leitenden Gemeindebeamten geltenden Besoldungsrichtlinien u. U. vorkommen, daß ein Bürgermeister einer kleineren Gemeinde mit einem höheren Anfangsgrundgehalt als der einer größeren Gemeinde beginnt. Diese Auswirkung der entsprechenden Anwendung des Reichsbesoldungsgesetzes muß jedoch in den Kauf genommen werden.

4. Höhere Besoldungsgruppen können nur im Wege der Beförderung, nicht durch automatisches Aufrücken erreicht werden.

§ 3.

(1) Die Grundgehälter werden, soweit nicht feste Gehälter vorgesehen sind, nach Dienstaltersstufen geregelt.[1])

(2) Sie steigen von zwei zu zwei Jahren bis zur Erreichung des Endgrundgehalts.

(3) Die Dienstalterszulagen werden vom Ersten des Monats an gezahlt, in den der Eintritt in die neue Dienstaltersstufe fällt.

(4) Die Beamten des Büros des Reichspräsidenten und der Reichskanzlei werden in die Dienstaltersstufen nach dem Ermessen des Reichspräsidenten oder des Reichskanzlers eingewiesen.

§ 4.

(1) Auf die Gewährung der Dienstalterszulagen haben die planmäßigen Beamten einen Rechtsanspruch. Der Anspruch ruht, solange ein förmliches Dienststrafverfahren oder wegen eines Verbrechens oder Vergehens ein Hauptverfahren oder eine Voruntersuchung schwebt. Führt ein strafgerichtliches Verfahren zur Verurteilung wegen eines Verbrechens oder Vergehens, und wird binnen dreier Monate nach Abschluß des strafgerichtlichen Verfahrens wegen der nämlichen Tatsachen ein förmliches Dienststrafverfahren eingeleitet, so ruht der Anspruch auch während der Zwischenzeit.

(2) Führt das Verfahren zum Verluste des Amtes, so erlischt der Anspruch auch für die Zeit des Ruhens.

[1]) Die drei Gehaltskürzungsverordnungen werden nicht näher erläutert (vgl. das Vorwort S. 6).

1. Vgl. hierzu näher Anm. 2 zu § 8 S. 71.
2. Förmliches Dienststrafverfahren vgl. §§ 98, 99 der Beamtendienststraforddnung in der Fassung des Gesetzes vom 18. August 1934 GS. S. 353. Vom 1. Juli 1934 gelten § 28 ff. der Reichsdienststraforddnung vom 26. Januar 1937 RGBl. I S. 71 ff.
3. Verbrechen usw. siehe § 1 StGB.
4. Hauptverfahren §§ 198 ff. StPO.
5. Voruntersuchung §§ 178 ff. StPO.

Vorbemerkung.

Besoldungs- und Diätendienstalter.

I. Mit die erheblichsten Schwierigkeiten bereitet den Gemeinden und Gemeindeverbänden die Anwendung der Vorschriften über das Besoldungs- und das Diätendienstalter. Diese Vorschriften sind schon bei ihrer unmittelbaren Anwendung, d. h. bei ihrer Anwendung auf planmäßige und außerplanmäßige Reichsbeamte, nicht leicht zu handhaben; die Schwierigkeiten steigern sich aber und die zutreffenden Lösungen können nur nach Anstellung eingehender Erwägungen gefunden werden, wenn es sich um die entsprechende Anwendung der Vorschriften auf die Beamten der Gemeinden und Gemeindeverbände handelt. Dies hat seine Ursache im wesentlichen darin, daß die Laufbahnen der Beamten der Gemeinden und Gemeindeverbände anders als die der Reichsbeamten gestaltet sind; es ist daher unerläßlich, vor der Anwendung der reichsrechtlichen Vorschriften Überlegungen grundsätzlicher Art anzustellen und sich vor einem mehr oder weniger zufälligen Herausgreifen einzelner Vorschriften, die bei erstmaliger Prüfung auf die einschlägigen Tatbestände zu passen scheinen, zu hüten.

II. Der Hauptgrundsatz, der für die Festsetzung des Besoldungsdienstalters auch der Beamten der Gemeinden und Gemeindeverbände gilt, ist, daß das Besoldungsdienstalter mit dem Tage der Anstellung in der jeweiligen planmäßigen Stelle beginnt, soweit nicht in dem Gesetz oder in den Ausführungsbestimmungen dazu etwas anderes bestimmt oder zugelassen ist. Der Tag der planmäßigen Anstellung ist auch vom Standpunkte des Kommunalbeamtenrechts ein klares Merkmal, da die Anstellung ursprünglich nach dem Kommunalbeamtengesetz, dann nach der Sparverordnung vom 12. September 1931, zur Zeit nach Kap. II des Beamtenrechtsänderungsgesetzes und vom 1. Juli 1937 ab nach Abschnitt IV des deutschen Beamtengesetzes durch Aushändigung einer Anstellungs-(Ernennungs-)urkunde erfolgt.[1]) Der Tag der planmäßigen Anstellung ist daher für die Festsetzung des Besoldungsdienstalters

---

[1]) Vgl. hierzu näher Schönbeck-Seel-Krauthausen, „Das geltende Kommunalbeamtenrecht" S. 30 ff.

der Kommunalbeamten stets der — wenn man so sagen kann — zum mindesten ungünstigste Tag; d. h. also, es können grundsätzlich Verbesserungen dieses Besoldungsdienstalters stattfinden, soweit es das Gesetz und die Ausführungsbestimmungen zulassen; umgekehrt kann eine Verschlechterung des Besoldungsdienstalters von Kommunalbeamten über den Tag der planmäßigen Anstellung auch dann nicht vorgenommen werden, wenn die betreffenden Kommunalbeamten mit einem Lebensalter planmäßig angestellt worden sind, daß erheblich günstiger als das Lebensalter vergleichbarer Staatsbeamten ist.

III. Die Vorschriften über das Besoldungsdienstalter bilden die Ergänzung zu denen über das Diätendienstalter (vgl. § 17 des Reichsbesoldungsgesetzes) und müssen daher im Zusammenhang mit ihnen gewürdigt werden. Beim Besoldungsdienstalter handelt es sich um ein finanztechnisches Hilfsmittel, durch das die Dienstaltersstufe der planmäßigen Beamten ermittelt werden soll; dem Diätendienstalter fällt die gleiche Rolle bezüglich der Diätensätze der außerplanmäßigen Beamten zu. Die Verbindung zwischen dem Besoldungs- und dem Diätendienstalter stellt der wichtige § 5 Abs. 2 des Reichsbesoldungsgesetzes dar; hiernach wird bei der ersten planmäßigen Anstellung außerplanmäßiger Beamter[1]) die im außerplanmäßigen Beamtenverhältnis bei derselben Dienstlaufbahn zwischen dem Beginn des Diätendienstalters und der ersten planmäßigen Anstellung liegende Zeit auf das Besoldungsdienstalter angerechnet, soweit sie fünf Jahre, bei Versorgungsanwärter vier Jahre übersteigt.

Zwangsläufig erhebt sich daher die Frage, ob auch bei Kommunalbeamten stets ein Diätendienstalter festzusetzen ist. Die Beantwortung dieser Frage, die von grundsätzlicher Bedeutung ist, ist bei Kommunalbeamten keineswegs so einfach wie bei den Reichsbeamten. Zunächst ist es selbstverständlich, daß ein Diätendienstalter auch bei Kommunalbeamten stets dann festzusetzen ist, wenn ihre Laufbahn genau so wie die der Reichsbeamten geregelt ist, d. h. also wenn der planmäßigen Anstellung eine Beschäftigung als außerplanmäßiger Kommunalbeamter vorhergeht (vgl. hierzu Anm. 1 zu § 1 S. 31) und wenn der betreffende Kommunalbeamte auch wirklich im Einzelfall aus einer solchen Laufbahn hervorgegangen ist; in solchen Fällen weist die Festsetzung des Diäten- und damit auch die des Besoldungsdienstalters der Kommunalbeamten keine Besonderheiten auf.

Schwierigkeiten bei der Beurteilung der Rechtslage ergeben sich aber sofort, sobald es sich um Kommunalbeamte handelt, die sich bis zur Anstellung als Beamte im Angestelltenverhältnis befunden haben. Solche Fälle bilden bei den Gemeinden und Gemeindeverbänden nicht etwa eine Ausnahme, sondern wahrschein-

[1]) Vgl. hierzu Anm. 1 S. 31.

lich überwiegen sie zur Zeit. Denn die Gemeinden und Gemeindeverbände pflegen oft, da sie nur über einen kleinen Personalapparat verfügen, von einer Aufspaltung der als Nachwuchs angenommenen Personen in Beamtenanwärter und Vertragsangestellte abzusehen, wie es bei Reich und Staat der Fall ist. Bekanntlich stellt das Reich z. B. die zum Nachwuchs für die Inspektoren bestimmten Personen von vornherein als Zivilsupernumerare durch Aushändigung einer Anstellungsurkunde mit öffentlich-rechtlicher Beamteneigenschaft ein und ernennt sie nach Beendigung des dreijährigen — unentgeltlich abzuleistenden — Vorbereitungsdienstes und Ablegung der Inspektorenprüfung zu außerplanmäßigen Beamten; diese erhalten Diäten nach Maßgabe der Anlage 5 der Reichsbesoldungsordnung und werden nach Maßgabe frei werdender Inspektorenstellen planmäßig als Inspektoren angestellt.

Die Gemeinden und Gemeindeverbände nehmen vielfach — da sie im Hinblick auf die geringe Zahl von Beamtenstellen nicht eine planvolle Nachwuchspolitik treiben können — den gesamten Personalnachwuchs im Angestelltenverhältnis an; die Angestellten werden neben der praktischen Tätigkeit auf Verwaltungsschulen geschult, und sie legen alsdann die erforderlichen Prüfungen ab (bei der Einheitslaufbahn zunächst die erste Verwaltungsprüfung, bei der Doppellaufbahn die Prüfung für den einfachen bzw. für den gehobenen mittleren Dienst). Eine Anstellung als Beamter erfolgt hernach nach Maßgabe vorhandener freier Stellen, bei der Einheitslaufbahn nach Ablegung der ersten Verwaltungsprüfung, bei der Doppellaufbahn nach Ablegung der Prüfung für den einfachen bzw. den gehobenen mittleren Dienst. Die so als Beamte der Gemeinden und Gemeindeverbände angestellten Personen haben sich demnach — wie die bisherigen Darlegungen zeigen — niemals im außerplanmäßigen Beamtenverhältnis befunden. Wenngleich für sie bei der Anstellung als Beamter die Festsetzung eines Besoldungsdienstalters erforderlich ist, so muß es zweifelhaft erscheinen, ob für sie auch ein Diätendienstalter festgesetzt werden muß. **Ausgangspunkt** für die Beantwortung dieser Frage ist Nr. 18 der Reichsbesoldungsvorschriften. Hier heißt es:

> Nr. 18. Auch bei der ersten planmäßigen Anstellung eines Beamten, der **nicht außerplanmäßiger** Beamter gewesen ist, hat eine Anrechnung nach § 5 Abs. 2 zu erfolgen, wenn und soweit eine Zeit von mehr als fünf (bei Versorgungsanwärtern von mehr als vier, bei den vor dem 1. Januar 1925 eingestellten weiblichen Beamten der Deutschen Reichspost von mehr als acht) Jahren auf das Diätendienstalter anzurechnen gewesen wäre, wenn der Beamte nicht sogleich planmäßiger, sondern zunächst außerplanmäßiger Beamter geworden wäre. Dabei ist Nr. 86 zu berücksichtigen.

Nr. 18 a. a. O. sieht also vor, daß für **Angestellte**, die nicht zu außerplanmäßigen, sondern sofort zu planmäßigen Beamten ernannt werden, ein — fiktives — Diätendienstalter zu bilden ist, das auf den Tag der planmäßigen Anstellung festzusetzen ist.[1])

Alsdann muß geprüft werden, ob auf dieses Diätendienstalter Zeiten gemäß § 17 Abs. 4 des Reichsbesoldungsgesetzes anzurechnen sind und ob auf diese Weise gemäß § 5 Abs. 2 des Besoldungsgesetzes eine Verbesserung des Besoldungsdienstalters eintritt.

§ 17 Abs. 4 des Reichsbesoldungsgesetzes lautet:

Die Zeit einer vollen Beschäftigung gegen Entlohnung im privatrechtlichen Vertragsverhältnis wird auf das Diätendienstalter angerechnet, sofern der Beamte mit Aussicht auf dauernde Verwendung ständig und hauptsächlich mit den Dienstverrichtungen eines Beamten betraut gewesen ist und die Beschäftigung im unmittelbaren Anschluß daran bei der gleichen Dienstlaufbahn zur Übernahme in das Beamtenverhältnis geführt hat. Von der hiernach anzurechnenden Zeit ist ein von der obersten Reichsbehörde zu bestimmender Teil als Vorbereitungszeit abzuziehen.

Damit Beschäftigungszeiten nach § 17 Abs. 4 des Reichsbesoldungsgesetzes angerechnet werden können, müssen nach Nr. 87 der Reichsbesoldungsvorschriften folgende Voraussetzungen[2]) zusammentreffen:

a) es muß sich um eine volle Beschäftigung gehandelt haben,
b) für die Beschäftigung muß der übliche Lohn oder die übliche Vergütung gewährt worden sein (Nr. 87 Abs. 1 der Reichsbesoldungsvorschriften),
c) der Beschäftigte muß mit Aussicht auf dauernde Verwendung eingestellt gewesen sein (Nr. 87 Abs. 2 der Reichsbesoldungsvorschriften),
d) der Beschäftigte muß ständig und hauptsächlich mit den Dienstverrichtungen eines Beamten betraut gewesen sein (Nr. 87 Abs. 3 der Reichsbesoldungsvorschriften),
e) die Beschäftigung muß in unmittelbarem Anschluß, d. h. ohne erhebliche Unterbrechung, zur Übernahme in das Beamtenverhältnis geführt haben (Nr. 87 Abs. 4 und 5 der Reichsbesoldungsvorschriften),
f) die Art der Beschäftigung des Angestellten muß der Tätigkeit in der Laufbahn entsprochen haben, in der er als Beamter planmäßig angestellt worden ist (Nr. 16 Abs. 1 und 2 Reichsbesoldungsvorschriften).

Nach § 87 Abs. 2 der Reichsbesoldungsvorschriften ist eine Beschäftigung mit Aussicht auf dauernde Verwendung nur dann an-

---

[1]) Vgl. den für einen Sonderfall ergangenen Runderlaß des Reichs- und Preuß. Ministers des Innern vom 15. Januar 1937 RMBliV. S. 81 Abschnitt II.

[2]) Vgl. auch insoweit den für einen Sonderfall ergangenen Runderlaß des Reichs- und Preuß. Ministers des Innern vom 15. Januar 1937 RMBliV. S. 81 Abschnitt I.

zunehmen, wenn der Anwärter bei der Aufnahme in das privatrechtliche Vertragsverhältnis in eine Bewerberliste eingetragen worden ist oder wenn eine dauernde Verwendung — wenn auch unter bestimmten Voraussetzungen oder Bedingungen — von der Verwaltung in Aussicht genommen war.

Von der anzurechnenden Angestelltenzeit ist nach § 17 Abs. 4 letzter Satz des Reichsbesoldungsgesetzes ein Teil als Vorbereitungszeit abzuziehen. Zuständig für die Bestimmung dieses Teils ist beim Reich die oberste Reichsbehörde, bei den Gemeinden und Gemeindeverbänden diese selber.

§ 17 Abs. 4 des Reichsbesoldungsgesetzes ist eine zwingende Vorschrift. Die Anrechnung dieser Zeit ist deshalb mit Wirkung vom Tage der planmäßigen Anstellung vorzunehmen (vgl. auch Abschnitt II Ziff. 5 des Runderlasses des Reichs- und Preuß. Ministers des Innern vom 15. Januar 1937 RMBliV. S. 81, 83).

Es sei aber ausdrücklich hervorgehoben, daß § 17 Abs. 4 nicht eine Vorschrift ist, deren Anwendung im Regelfall möglich sein wird; die in ihr und in den Reichsbesoldungsvorschriften vorgesehenen Voraussetzungen werden von den Angestellten des Reichs, die zu Beamten ernannt werden, nur selten erfüllt, und die Vorschrift wird daher nur sehr wenig angewendet.

Wenn nun auch bei den Gemeinden und Gemeindeverbänden Fälle, daß Angestellte — ohne außerplanmäßige Beamte gewesen zu sein — planmäßige Beamte werden, häufig sind und wohl sogar — wie bereits dargelegt — wahrscheinlich überwiegen, so wäre doch die Annahme falsch, daß etwa die Gemeinden den § 17 Abs. 4 im Regelfall ohne weiteres anwenden können. Vielmehr werden insbesondere die Voraussetzungen in Nr. 87 Abs. 2 der Reichsbesoldungsvorschriften, wonach die Angestellten von vornherein in eine Bewerberliste eingetragen sein mußten oder ihre dauernde Verwendung von vornherein in Aussicht genommen sein mußte, nur selten erfüllt sein. Werden nach § 17 Abs. 4 Zeiten auf das Diätendienstalter angerechnet, so ist von dem hier nach verbesserten Diätendienstalter nach § 5 Abs. 2 des Reichsbesoldungsgesetzes die fünf Jahre (bei Versorgungsanwärtern vier Jahre) übersteigende Zeit auf das Besoldungsdienstalter anzurechnen.

Würden sich bei der Festsetzung des Diätendienstalters nach § 17 Abs. 4 des Reichsbesoldungsgesetzes Härten ergeben, so ist zu prüfen, ob zu ihrer Beseitigung etwaige bei der Festsetzung des Diätendienstalters nicht berücksichtigte Angestelltendienstzeiten auf Grund der Härtevorschriften (vgl. § 6 des Reichsbesoldungsgesetzes bzw. Nr. 82 der Reichsbesoldungsvorschriften) angerechnet werden können.[1]) § 6 des Reichsbesoldungsgesetzes bestimmt:

[1]) Vgl. hierzu Abschnitt II des für einen Sonderfall ergangenen Runderlaß des Reichs- und Preuß. Ministers des Innern vom 15. Januar 1937 RMBliV. S. 81, 83.

Ob und wie weit zum Ausgleich von Härten eine außerhalb des Reichsbeamtenverhältnisses zurückgelegte Dienstzeit oder die Zeit einer praktischen Beschäftigung auf das Besoldungsdienstalter angerechnet werden kann, bestimmt die oberste Reichsbehörde im Einvernehmen mit dem Reichsminister der Finanzen. Die Anrechnung der Zeit, die nicht im Verhältnis eines Beamten des Reichs, eines Landes, einer Gemeinde oder einer sonstigen Körperschaft des öffentlichen Rechts, oder eines Offiziers oder Deckoffiziers verbracht hat, darf vier Jahre nicht übersteigen. Besteht ein dringendes dienstliches Bedürfnis für die Gewinnung der Beamten, so kann darüber hinausgegangen werden.

Nr. 82 Abs. 1 der Reichsbesoldungsvorschriften lautet:

Nr. 82. Ob und inwieweit zum Ausgleich von Härten die außerplanmäßige Dienstzeit in einer anderen Dienstlaufbahn des Reichsdienstes, eine außerhalb des Reichsbeamtenverhältnisses zurückgelegte Dienstzeit oder die Zeit einer praktischen Beschäftigung auf der D. D. A. oder als außerplanmäßige Dienstzeit oder nach beiden Richtungen angerechnet werden kann, bestimmt die oberste Reichsbehörde im Einvernehmen mit dem Reichsminister der Finanzen. Nr. 28 Abs. 4 gilt sinngemäß.

Der bereits mehrfach erwähnte Runderlaß des Reichs- und Preußischen Ministers des Innern vom 15. Januar 1937 RMBliV. S. 81 unterscheidet bei der Anwendung der Härtevorschriften — d. h. also, wenn § 17 Abs. 4 des Reichsbesoldungsgesetzes das Entstehen von Härten nicht vermeiden läßt — zwei Möglichkeiten:

a) die Verbesserung des Diätendienstalters nach § 17 Abs. 4 des Reichsbesoldungsgesetzes hat zu einer Verbesserung des Besoldungsdienstalters geführt. In diesem Falle ist evtl. eine Verbesserung des Besoldungsdienstalters nach § 6 des Reichsbesoldungsgesetzes vorzunehmen (denn das Diätendienstalter, das in einem solchen Falle bei Zivilanwärtern mehr als fünf, bei Versorgungsanwärtern mehr als vier Jahre betragen haben muß, hat bereits — wenn man so sagen kann, seine Aufgabe erfüllt);

b) die Verbesserung des Diätendienstalters nach § 17 Abs. 4 des Reichsbesoldungsgesetzes hat zu keiner Verbesserung des Besoldungsdienstalters geführt; in diesem Falle kommt in Betracht, eine Verbesserung des Diätendienstalters auf Grund der Nr. 82 der Reichsbesoldungsvorschriften vorzunehmen, die sich alsdann u. U. nach § 5 Abs. 2 des Reichsbesoldungsgesetzes auf das Besoldungsdienstalter auswirkt.

V. Im Verfolg der bisherigen Erörterungen gelangt man nunmehr zu einer näheren Betrachtung der sog. Härtevorschriften. Die Gewährung eines Härteausgleichs findet ihre Grundlage hinsichtlich der

A. Verbesserung des Besoldungsdienstalters
a) im § 6 des Reichsbesoldungsgesetzes in Verbindung mit Nr. 28 der Reichsbesoldungsvorschriften,[1])
b) Nr. 46 der Reichsbesoldungsvorschriften,
B. Verbesserung des Diätendienstalters in Nr. 82 der Reichsbesoldungsvorschriften.[2])

Zu A.

Bei den Härtevorschriften handelt es sich um eine Billigkeitsregelung für den Einzelfall. Es muß daher zunächst jeweils geprüft werden, ob überhaupt eine ausgleichsbedürftige Härte vorliegt; diese Frage läßt sich nur in begründeten Ausnahmefällen bejahen; es ist demnach unstatthaft, ein Besoldungsdienstalter zu verbessern, das auf Grund von gesetzlichen Vorschriften — z. B. der Überleitungsbestimmungen zum Preußischen Besoldungsgesetz vom 17. Dezember 1927 — eine Verkürzung erfahren hat; dies gilt auch, wenn die Verbesserung des Besoldungsdienstalters nur im Einzelfall vorgenommen werden soll.

Verbesserungen des Besoldungsdienstalters sind — auch wenn sich Beamte in Beförderungsstellen befinden — bei dem Diäten- oder Besoldungsdienstalter der Eingangsgruppe der Dienstlaufbahn vorzunehmen.[3])

§ 6 des Reichsbesoldungsgesetzes und Nr. 28 der Reichsbesoldungsvorschriften können insbesondere — wie schon bemerkt wurde — Anwendung finden, wenn Beamte der Gemeinden oder Gemeindeverbände aus dem Angestelltenverhältnis und wenn sie aus freien Berufen hervorgegangen sind. Für die Beurteilung der Frage, ob eine ausgleichsbedürftige Härte vorliegt, wird vor allem zu prüfen sein, ob die Ernennung zum Beamten der in Betracht kommenden Gattung an und für sich die betreffende Person den Erwerb einer sozialen und vermögensrechtlichen Stellung bedeutet, die erheblich über die vorher von ihr bekleidete Stelle hinausgeht. Ist diese Frage zu bejahen, so kann von einer Härte keine Rede sein; im Gegenteil liegt in dem Erwerb der Beamtenstelle an und für sich schon ein Vermögensvorteil. Dies wird häufig bei Stellen von der Gruppe A 2 c 2 aufwärts, oft auch schon bei solchen in Gruppe A 4 c 2 bis A 2 c 2 anzunehmen sein.

[1]) Vor dem 1. April 1936 vgl. § 3 Abs. 8 des Preußischen Besoldungsgesetzes vom 17. Dezember 1927 in Verbindung mit Nr. 41—43 der Preußischen Besoldungsvorschriften (Preuß. Besoldungsblatt 1931 S. 17 ff.) und im § 42 Abs. 2 des Preußischen Besoldungsgesetzes in Verbindung mit Nr. 38 der Preußischen Besoldungsvorschriften.

[2]) Vor dem 1. April 1936 vgl. Nr. 101 der Preußischen Besoldungsvorschriften.

[3]) Bei den Gemeinden und Gemeindeverbänden werden bei der Frage, ob eine Gruppe Eingangs- oder Beförderungsgruppe ist, örtliche oder etwa bestehender allgemeine Laufbahnregelungen nicht außer acht gelassen werden dürfen.

Ganz allgemein betrachtet, werden sich Härtefälle am leichtesten in den Besoldungsgruppen des unteren Dienstes annehmen lassen. Wird jemand als Beamter des unteren Dienstes angestellt, so wird sich meist nichts oder nur wenig an seiner sozialen und vermögensrechtlichen Stellung ändern. Erfolgt die Ernennung zum Beamten des unteren Dienstes in einem etwas vorgerückten Lebensalter, so würde der Stelleninhaber, wenn er nach allgemeinen Rechtsgrundsätzen das Anfangsgrundgehalt erhielte, häufig geradezu eine Einbuße an Einkommen erleiden, die ihn u. U. zur Ernährung seiner Familie außerstand setzen würde. Solche Fälle sind typische Fälle für die Bewilligung eines Härteausgleichs.[1])

Eine Härte dürfte nicht gegeben sein, wenn die Vordienstzeit in keinerlei Zusammenhang mit dem Beamtenberuf steht (z. B. ein Arzt wird zum Bürgermeister berufen). Auch ist darauf hinzuweisen, daß kein Beamter einen Rechtsanspruch darauf hat, das Höchstgehalt seiner Besoldungsgruppe zu erreichen. Besteht also im Einzelfall diese Möglichkeit nicht, so ist darin allein keine Härte zu erblicken.

Es erhebt sich nun die Frage, welche Vordienstzeiten auf Grund des § 6 des Reichsbesoldungsgesetzes anrechnungsfähig sind. Nach früherem preußischen Recht waren nur gleichwertige und förderliche Vordienstzeiten anrechnungsfähig. War die „Förderlichkeit" in den meisten Fällen zu bejahen, so war die „Gleichwertigkeit" doch nur verhältnismäßig selten gegeben.

Vom Reichsrecht ist das Erfordernis der „Gleichwertigkeit" und „Förderlichkeit" nicht ausdrücklich aufgestellt. Wenngleich die Reichsvorschriften demnach elastischer sind, so wird man sich doch stets vor Augen halten müssen, daß die Verbesserung des Besoldungsdienstalters — wie oben eingehend dargelegt — das Vorliegen einer Härte zur Voraussetzung hat. Wird der Begriff der „Härte" nicht in unzulässiger Weise zu weit ausgelegt, so wird man auch bei Anwendung des Reichsrechts zu Ergebnissen kommen, die im Vergleich zum bisherigen preußischen Recht als durchaus tragbar anzusehen sind.[2])

---

[1]) Vgl. auch die Schlußbemerkung in dem Runderlaß des Reichs- und Preußischen Ministers des Innern vom 15. Januar 1937 RMBliV. S. 81, 87:
„Haben sich die Bezüge eines Angestellten durch die Übernahme in das Beamtenverhältnis verringert, so ist hierin allein eine des Ausgleichs bedürfende Härte in der Regel noch nicht zu sehen, weil dem Angestellten eine angemessene Verminderung seiner Bezüge wegen der sonstigen Vorteile, die ihm durch die Übernahme in das Beamtenverhältnis erwachsen sind, zugemutet werden kann. Die Notwendigkeit eines Härteausgleichs kann hiermit allein also nicht begründet werden. Sie kann jedoch begründet werden mit einem vorgeschrittenen Lebensalter und mit Verdiensten um Staat und Bewegung."

[2]) Vgl. auch den Runderlaß des Reichs- und Preuß. Ministers des Innern vom 4. Februar 1936 — RMBliV. S. 187 —, in dem die Frage der Anrechnung von Vordienstzeiten bei Gemeindebeamten des einfachen Bürodienstes geregelt ist.

Was den Umfang der anzurechnenden Zeit anlangt, so rechnet das Reich auf Grund des § 6 Satz 2 Zeiten, die im Verhältnis eines Beamten einer Gemeinde verbracht sind, in der Regel zur Hälfte, die im Verhältnis eines Angestellten oder Arbeiters einer anderen Behörde verbracht sind oder die in keinem öffentlichen Dienst verbrachte Beschäftigungszeit — vorausgesetzt, daß sie für die spätere Beamtentätigkeit förderlich waren — zu einem Teil bis zur Hälfte an (vgl. Sölch, Woothke, Rackow Anm. 18 S. 155).

Die im Verhältnis eines Angestellten oder Arbeiters im Reichsdienst verbrachte Zeit wird beim Reich — wenn der Tatbestand des § 17 Abs. 4 nicht erfüllt ist — vorausgesetzt, daß sie für die spätere Beamtentätigkeit förderlich war, nach Nr. 82 der Reichsbesoldungsvorschriften zu einem Teil bis zur Hälfte auf das Diätendienstalter angerechnet (vgl. Sölch, Woothke, Rackow Anm. 4 S. 145 und Anm. 13 S. 312).

Die Gemeinde und Gemeindeverbände werden keine Veranlassung haben, die im Verhältnis eines Beamten einer anderen Gemeinde oder eines anderen Gemeindeverbandes zurückgelegte Dienstzeit nur zur Hälfte anzurechnen, ganz abgesehen davon, daß es zweifelhaft erscheint, ob die Praxis des Reichs beibehalten werden kann. Immerhin wird man — wenn die Frage der Anrechnung derartiger Tätigkeiten zu entscheiden ist — doch wohl lieber den Grundsatz der Gehaltsmitnahme (§ 7) jedenfalls dann anwenden, wenn der Wechsel des Dienstherrn mit der Gewährung einer höheren Besoldungsgruppe verbunden ist.[1])

Für die Gemeinden und Gemeindeverbände ergibt sich demnach im übrigen, daß sie

a) Zeiten, die im Verhältnis eines Angestellten oder Anwärters einer anderen Behörde oder in keinem öffentlichen Dienst zugebracht sind — ihre Förderlichkeit unterstellt — zu einem Teil bis zur Hälfte auf das Besoldungsdienstalter,

b) Zeiten, die im Verhältnis eines Angestellten oder Arbeiters im Dienst derselben Gemeinde (desselben Gemeindeverbandes) — sofern die Voraussetzungen des § 17 Abs. 4 nicht gegeben sind — ihre Förderlichkeit unterstellt, zu einem Teil bis zur Hälfte auf das Diätendienstalter anrechnen.

Eine Anrechnung nach § 6 darf nicht erfolgen, soweit sich dadurch für den betreffenden Beamten ein günstigeres Besoldungsdienstalter ergeben würde, als es im Durchschnitt diejenigen Beamten, in deren Eigenschaft er angestellt wird, bei gleichem Alter haben, wenn sie eine regelmäßige Dienstlaufbahn hinter sich haben.

Zu b)

Neben der Härtevorschrift in Nr. 28 der Reichsbesoldungsvorschriften steht schließlich noch die in Nr. 46 a. a. O. Nr. 46 der

---

[1]) Vgl. S. 44. VII.

Reichsbesoldungsvorschriften ist an Stelle der Nr. 38 der Preuß. Besoldungsvorschriften getreten (vgl. den Runderlaß des Preuß. Finanzministers vom 14. April 1936 Preuß. BesBl. S. 127, 129). Nr. 46 der Reichsbesoldungsvorschriften ermöglicht es, das Besoldungsdienstalter zu verbessern, wenn sich bei seiner Regelung nach den §§ 5—7 des Reichsbesoldungsgesetzes bzw. der Nr. 7—45 der Reichsbesoldungsvorschriften — hierzu gehört also insbesondere die Nr. 28 der Reichsbesoldungsvorschriften — Härten ergeben. Es handelt sich bei der Nr. 46 der Reichsbesoldungsvorschriften um eine ganz allgemeine Härtevorschrift, die aber nur in sehr seltenen Ausnahmefällen wird angewendet werden können. In Nr. 46 selber wird ausdrücklich bestimmt, daß eine Härte, die einen außerordentlichen Ausgleich rechtfertigt, nicht vorliegt, wenn z. B.

a) eine Stelle nicht mit rückwirkender Kraft verliehen worden ist, obwohl es nach Nr. 11 der Reichsbesoldungsvorschriften zulässig gewesen wäre,

b) wenn ein dienstjüngerer Amtsgenosse ein höheres Grundgehalt bezieht,

c) wenn in einer früher bekleideten Stelle oder in einer verlassenen Dienstlaufbahn eine günstigere Beförderung oder sonstige Vorteile hätten erreicht werden können.

Als Maßstab für den Umfang einer zu gewährenden Besoldungsdienstaltersverbesserung wird in den Fällen des § 46 der Reichsbesoldungsvorschriften in der Hauptsache das Lebensalter zu gelten haben, in dem der Beamte die Höchstbezüge seiner normalen Eingangsgruppe erreichen würde. Immerhin wird das Lebensalter nur einen Anhalt für die Behandlung von Einzelfällen geben können; es wäre unzulässig, wenn schlechthin ein bestimmtes Lebensalter festgesetzt würde, nach dem die zu entscheidenden Einzelanträge zu behandeln wären. Zuständig für die Gewährung des Härteausgleichs auf Grund der Nr. 46 der Reichsbesoldungsvorschriften ist die Gemeinde bzw. der Gemeindeverband; sie bedürfen hierzu der Genehmigung der Aufsichtsbehörde auf Grund des Vierten Teils Kap. II der Sparverordnung vom 12. September 1931.

Zu B.

Was den Härteausgleich zur Verbesserung des Diätendienstalters der außerplanmäßigen Beamten anlangt, so werden im wesentlichen die Grundsätze zu A zu gelten haben.

In formeller Beziehung sei schließlich noch bemerkt, daß Verbesserungen des Besoldungsdienstalters in Härtefällen von den Gemeinden und Gemeindeverbänden nach dem Vierten Teil Kap. II § 1 Abs. 2 der Sparverordnung vom 12. September 1931 vorgenommen werden, die hierzu der Genehmigung der Aufsichtsbehörde bedürfen.

VI. Eine Sonderbetrachtung bedarf die Festsetzung des Besoldungsdienstalters der Beamten, die bestimmungsgemäß ein Hochschulstudium von mindestens drei Jahren zu vollenden haben. Für die Reichsbeamten sind die einschlägigen Vorschriften in der Nr. 83 der Reichsbesoldungsvorschriften[1]) vorhanden; daselbst sind Sondernormen über die Festsetzung des Diätendienstalters in diesen Fällen enthalten. Diese Vorschriften sind auch dann anzuwenden, wenn der Beamte die Beamteneigenschaft erst durch die planmäßige Anstellung erwirbt; es muß also bei den in Rede stehenden Beamten stets ein Diätendienstalter festgesetzt werden; hervorzuheben ist jedoch, daß nach Nr. 83 Abs. 8 der Reichsbesoldungsvorschriften Zeitabschnitte, die nicht im Reichs- oder Landesbeamtenverhältnis zurückgelegt sind, bei der Festsetzung des Diätendienstalters und der außerplanmäßigen Dienstzeit im Regelfalle abgerechnet werden. Dem Reichs- und Landesdienst muß bei den Beamten der Gemeinden und Gemeindeverbände der Gemeindedienst entsprechen.

VII. Treten Gemeindebeamte von dem Dienst einer Gemeinde in den Dienst einer anderen Gemeinde über, so bestehen keine Bedenken, den Gemeindedienst als Einheit zu behandeln und die Regelung nach dem Grundsatz der Gehaltsmitnahme entsprechend § 7 des Reichsbesoldungsgesetzes zu treffen (vgl. Abschnitt III A d des Runderlasses des Ministers des Innern und des Finanzministers vom 19. Juli 1933 MBliV. I S. 837, 847 zum damals noch geltenden preußischen Recht).

Dieser Grundsatz, der seine Durchführung im einzelnen im § 7 des Reichsbesoldungsgesetzes gefunden hat, bedeutet, daß beim Übertritt von einer niedrigeren in eine höhere Besoldungsgruppe — ein solcher wird beim Übertritt eines Gemeindebeamten von dem Dienst einer Gemeinde in den Dienst einer anderen Gemeinde stets gegeben sein — niemals ein Verlust an Gehalt eintritt, wohl aber eine Erhöhung des Gehalts; allerdings wird der Übertritt regelmäßig mit dem Verlust an Besoldungsdienstalter verbunden sein, der nur nach näherer Maßgabe des § 7 gemildert werden darf; dies ist jedoch ohne Belang, da das Besoldungsdienstalter — wie bereits erwähnt wurde — nur ein finanztechnisches Hilfsmittel darstellt.

Nunmehr erhebt sich die Frage, wie das Besoldungsdienstalter festzusetzen ist, wenn andre Beamte als Beamte der Gemeinden und Gemeindeverbände, z. B. solche des Reiches und des Landes Preußen, in den Dienst preußischer Gemeinden und Gemeindeverbände

[1]) Nr. 83 der Reichsbesoldungsvorschriften ist nach dem Dritten Teil Kapitel IV § 2 der Notverordnung vom 6. Oktober 1931 bereits seit dem 1. November 1931 bei der Festsetzung des Diätendienstalters nicht anzuwenden, wohl aber bei der Festsetzung des Besoldungsdienstalters. Die in Betracht kommenden Beamten, die ein Hochschulstudium vollendet haben, haben demnach die Vorteile der Nr. 83, wenn sie zunächst außerplanmäßig beschäftigt werden, zunächst überhaupt nicht, sondern erst im Zeitpunkt der späteren planmäßigen Anstellung.

übertreten und hier in höhere Besoldungsgruppen eingestuft werden, als sie sie bisher innehatten; in dem bereits erwähnten Runderlaß des Ministers des Innern und des Finanzministers vom 19. Juli 1933 MBliV. S. 837, 847 ist dieser Fall nicht geregelt: es erscheint jedoch richtig und zweckmäßig, auch hier den § 7 des Reichsbesoldungsgesetzes entsprechend anzuwenden, in ihm also die Rechtsgrundlage für den Übertritt in höhere Besoldungsgruppen zu sehen, gleichgültig, ob der bisherige Dienstherr der Beamten die preußischen Gemeinden und Gemeindeverbände oder das Reich und das Land Preußen oder sonstige öffentlich-rechtliche Dienstherren waren, vorausgesetzt nur, daß bei ihnen die Reichsbesoldungsordnung gilt.[1])

Alle diese Erwägungen gelten in gleicher Weise für nichtleitende wie für leitende Beamte der Gemeinde und Gemeindeverbände.

Das Diäten- bzw. Besoldungsdienstalter von Beamten der Gemeinden und Gemeindeverbände, die aus freien Berufen hervorgegangen sind, ist nur dann über den Tag der planmäßigen Anstellung hinaus zu verbessern, wenn die Voraussetzungen der — bereits oben erwähnten — Härtevorschriften gegeben sind.

Die vor der Berufung in das Amt als Gemeindebeamter abgeleistete kommissarische Tätigkeit kann nicht auf das Besoldungsdienstalter angerechnet werden, da der Staat z. B. auch Landräten eine kommissarische Tätigkeit nicht anrechnet. Eine ganz andere Frage ist, ob die Tatsache der kommissarisch abgeleisteten Tätigkeit zu einer Abkürzung der nach der Gemeindeordnung auf ein Jahr bemessenen sog. Probezeit der leitenden Gemeindebeamten führen kann. Diese Frage ist von der Praxis wiederholt bejaht worden; sie liegt jedoch außerhalb des Besoldungsrechts.

Wegen der Festsetzung des Besoldungsdienstalters wird im übrigen auf das dem Runderlaß des Reichs- und Preußischen Ministers des Innern vom 14. Februar 1935 MBliV. S. 201 beigefügte Formular eines Vordrucks verwiesen. Das Formular ist zwar noch auf das preußische Recht abgestellt, läßt sich aber unschwer an das Reichsrecht anpassen.

Besoldungsvorschriften zu §§ 5—7 im allgemeinen.

Nr. 7. (1) Zur Ermittlung des Besoldungsdienstalters (BDA.) wird der Tag festgesetzt, mit dem das BDA. beginnt. Der Beginn des BDA. ist in der Besoldungsgruppe, in die der planmäßig angestellte oder wiederangestellte Beamte zu-

[1]) Es erscheint unbedenklich, daß der Grundsatz der Gehaltsmitnahme auch dann angewendet werden kann, wenn Beamte in einer Gemeinde in den Ruhestand versetzt und später in einer anderen Gemeinde in einer höheren Besoldungsgruppe angestellt wird. Es ist also kein unmittelbarer Übertritt aus dem Dienst einer Gemeinde in den einer anderen erforderlich.

erst eintritt, auf den betreffenden Kalendertag, beim Übertritt in eine andere Besoldungsgruppe auf den ersten Tag des Monats festzusetzen.

(2) Ist eine Zeit auf das BDA. anzurechnen, so wird dessen Beginn entsprechend vorgerückt. Ist eine nach dem Beginn des BDA. zurückgelegte Zeit von der Anrechnung auf das BDA. ausgeschlossen, so wird dessen Beginn auf den entsprechend späteren Tag festgesetzt.

(3) Bei der Berechnung des BDA. ist jeder Monat mit dreißig Tagen zu berechnen. Der 31. eines jeden Monats bleibt demnach außer Betracht; in Schaltjahren wird der 29. Februar zweimal, in den übrigen Jahren der 28. Februar dreimal gezählt. Beim Zusammenzählen mehrerer Dienstzeiten werden dreißig Tage als ein Monat gerechnet.

(4) Beispiele zu Abs. 3:

a) Vom 28. Oktober 1924 bis 23. August 1927 ergeben sich 2 Jahre 9 Monate 26 Tage. Ist einem am 1. Juli 1928 planmäßig angestellten Beamten diese Zeit auf das BDA. anzurechnen, so beginnt sein BDA. mit dem 5. September 1925.

b) Vom 31. Oktober bis 4. November ergeben sich 4 Tage.

c) Vom 21. bis 31. Dezember ergeben sich 10 Tage.

d) Vom 28. Februar bis 2. März 1928 (oder 1929) ergeben sich 5 Tage.

e) Eine Vorrückung vom 1. Juni um 3 Tage ergibt als Beginn des BDA. den 28. Mai.

f) Eine Vorrückung vom 1. März 1929 um 1, 2 oder 3 Tage ergibt als Beginn des BDA. den 28. Februar.

(5) Besoldungsdienstalter, die bei Bekanntmachung dieser BV. nach alten Vorschriften festgesetzt sind, sind nicht nach Abs. 3 umzurechnen.

Nr. 8. Auch wenn ein Beamter aus einem anderen Grunde als wegen Anrechnung einer Vordienstzeit auf das BDA. beim Eintritt in eine Besoldungsgruppe ein höheres als das Anfangsgrundgehalt erhält oder das Anfangsgrundgehalt weniger als zwei Jahre lang zu beziehen hat, z. B. im Falle des § 7 Abs. 1, ist dies durch entsprechende Vorrückung des Beginns des BDA. zu berücksichtigen (vgl. die Beispiele in Nr. 29).

Nr. 9. Hat die Verleihung einer planmäßigen Stelle sich infolge eines Versehens der Verwaltung verzögert, so soll zur Beseitigung einer hieraus bei der Festsetzung des BDA. sich ergebenden Härte die oberste Reichsbehörde im Einvernehmen mit dem Reichsminister der Finanzen die entsprechende Vorrückung des BDA. verfügen.

Zuständig ist die Gemeinde (der Gemeindeverband); da es sich um einen Härtefall handelt, muß die Genehmigung der Aufsichtsbehörde eingeholt werden.

Nr. 10. Wird das BDA. vorgerückt, ohne daß der Beamte hierauf einen Rechtsanspruch hat, so sind die höheren Bezüge von dem Ersten des Monats an zu zahlen, in dem die Vorrückung verfügt wird. In besonderen Fällen kann die oberste Reichsbehörde im Einvernehmen mit dem Reichsminister der Finanzen die Nachzahlung von einem früheren Zeitpunkt ab genehmigen, frühestens jedoch von dem Zeitpunkt ab, von dem ab die Voraussetzungen für die Vorrückung gegeben waren.

Zuständig ist in den Fällen des Satzes 2 die Gemeinde (bzw. der Gemeindeverband).

Nr. 11. (1) Eine freie Stelle kann mit Rückwirkung von höchstens drei Monaten verliehen werden, wenn und solange der Beamte die Obliegenheiten der ihm übertragenen oder einer gleichartigen Stelle tatsächlich wahrgenommen hat.

(2) Auch ohne diese Voraussetzung kann eine freie Stelle mit Wirkung vom ersten oder einem sonstigen Tage des Kalendermonats an verliehen werden, in dem die Verleihung verfügt wird.

(3) Durch die Verleihung einer Stelle mit rückwirkender Kraft werden dem Beamten die Dienstbezüge der Stelle, nicht aber die Eigenschaft eines Beamten dieser Besoldungsgruppe rückwirkend zuerkannt.[1])

1. Bei der Verleihung von Beamtenstellen mit rückwirkender Kraft müssen folgende Fragen unterschieden werden:

[1]) Vgl. für die Zeit vom 1. Juli 1937 auch § 38 Abs. 1 Satz 1 und 2 des Deutschen Beamtengesetzes vom 26. Januar 1937 RGBl. I S. 39, 47. Hier heißt es:

(1) Der Beamte erhält, wenn nicht ein anderer Zeitpunkt festgesetzt ist, seine Dienstbezüge vom Tage des Antritts seines Amtes an. Die Dienstbezüge werden durch das Besoldungsrecht geregelt ...

a) Kann die Ernennung eines Beamten d. h. also die Verleihung der Beamteneigenschaft mit rückwirkender Kraft erfolgen?

b) kann eine Beamtenstelle mit rückwirkender Kraft verliehen werden, d. h. können die mit der Ernennung zum Beamten zur Entstehung gelangenden Ansprüche auf Dienstbezüge mit rückwirkender Kraft verliehen werden?

Zu a). Diese Frage ist schlechthin zu verneinen; dieser Rechtsgedanke gelangt bezüglich der Reichsbeamten in Nr. 11 Abs. 3 der Reichsbesoldungsvorschriften zum Ausdruck. Vom Standpunkte dieser Rechtsansicht wird in den Richtlinien des Reichsministers der Finanzen vom 27. Mai 1936 (Reichsbesoldungsblatt S. 47 und Preußisches Besoldungsblatt S. 208) besonders hervorgehoben, daß die Ernennung, soweit sie nicht ausdrücklich einen späteren Tag vorbehalten hat, kraft Rechtssatzes mit dem Tage ihrer dienstlichen Bekanntmachung an den Ernannten, also mit dem Tage der Aushändigung und Annahme der Ernennungsurkunde wirksam werde; eine Ernennung auf einen rückliegenden Tag sei — wie in dem Erlaß besonders betont wird — rechtlich unmöglich.

Für die Beamten der Gemeinden und Gemeindeverbände besteht die gleiche Rechtslage, zumal ihre Ernennung — ebenso wie der Reichsbeamte — nach Kap. II des Beamtenrechtsänderungsgesetzes [1]) erfolgt und die Richtlinien des Reichsministers der Finanzen im übrigen durch den Runderlaß des Finanzministers vom 7. September 1936 Preuß. Besoldungsblatt S. 209 für die Staatsbeamten als verbindlich erklärt worden sind, demnach also von den Gemeinden auf Grund der Besoldungsangleichungsvorschriften beachtet werden müssen.

Zu b).

Diese Frage ist zu bejahen; für den Umfang der Rückwirkung ist jedoch auch für die Beamten der Gemeinden und Gemeindeverbände Nr. 11 der Reichsbesoldungsvorschriften maßgeblich. Die Dienstbezüge können also mit rückwirkender Kraft verliehen werden:

aa) wenn und solange der Beamte die Obliegenheiten der ihm übertragenen oder einer gleichartigen Stelle tatsächlich wahrgenommen hat, mit Rückwirkung von höchstens drei Monaten;

bb) ohne die Voraussetzungen zu aa): vom ersten oder einem sonstigen Tage des Kalendermonats, in dem die Verleihung verfügt wird.

Der zu a) erwähnte Runderlaß des Reichsministers der Finanzen (Reichsbesoldungsblatt 1936 S. 49 Preuß. Besoldungsblatt 1936 S. 208) ordnet an, daß die Einweisung in eine Planstelle in der Regel vom Tage der Bekanntgabe und Annahme des betreffenden

[1]) Vgl. für die Zeit vom 1. Juli 1937 ab den auch für die Beamten der Gemeinden und Gemeindeverbände geltenden Abschnitt IV, 1 des Deutschen Beamtengesetzes RGBl. 1937 S. 39, 45.

Hoheitsaktes zu erfolgen habe, dieser Tag soll auch zugrunde gelegt werden, wenn ausnahmsweise eine Ermessensentscheidung im Rahmen der Kannvorschriften der Nr. 11 der Reichsbesoldungsvorschriften getroffen wird (d. h. also, wenn ausnahmsweise die Dienstbezüge mit rückwirkender Kraft verliehen werden). Im übrigen ist nach dem Erlaß von den Kannvorschriften der Nr. 11 der Reichsbesoldungsvorschriften bei Ernennungen und Einweisungen, die außer der Reihe oder unter Abweichung von den Reichsgrundsätzen vorgenommen werden und damit bereits eine besondere Bevorteilung darstellen, grundsätzlich kein Gebrauch zu machen.

Für leitende Gemeindebeamte ist zu verweisen auf die 1. Ausführungsanweisung zu § 41 der Deutschen Gemeindeordnung in der Fassung des Runderlasses des Reichs- und Preuß. Ministers des Innern vom 25. Juli 1935 MBliV. S. 958. Hiernach darf der in der Anstellungsurkunde für die Ernennung anzugebende Tag nicht vor dem Tage der Aushändigung der Anstellungsurkunde liegen; von diesem Tage bestimmt sich der Lauf der zwölf- oder sechsjährigen Amtszeit sowie die Frist für die Zurücknahme der Berufung; für den Beginn der Amtszeit ist weder der Tag der Vereidigung, noch der Tag des Amtsantritts (Beginn der Amtstätigkeit) maßgebend; auch die vorübergehende kommissarische Beschäftigung ist auf den Beginn der Amtszeit ohne Einfluß. Der Amtsantritt soll von der Ernennung nicht allzu weit abliegen. Als Tag der Wirksamkeit der Ernennung empfiehlt es sich nach dem Runderlaß den Tag der Aushändigung der Anstellungsurkunde zu bestimmen; er bezeichnet schließlich die Ernennung von Bürgermeistern und Beigeordneten mit Wirkung von einem vor der Aushändigung der Anstellungsurkunde liegenden Zeitpunkt als rechtlich unzulässig. Der Runderlaß geht der Nr. 11 der Reichsbesoldungsvorschriften als Sondernorm vor; auf Grund der Amtsordnung ist er entsprechend auf Amtsbürgermeister und Amtsbeigeordnete anzuwenden.

Nr. 12. (1) Bei Festsetzung des BDA. der Beamten, die mit Wirkung vom 1. Oktober 1927 ab in eine andere als die aus Anlage 6 zum BesG. sich ergebende Besoldungsgruppe übergetreten sind, ist zu unterstellen, daß sie am 1. Oktober 1927 in die ihrer bisherigen Besoldungsgruppe entsprechende Besoldungsgruppe des neuen BesG. übergetreten und an demselben Tage befördert oder versetzt worden sind.

(2) Festsetzungen des BDA., die zwischen dem Zeitpunkt des Inkrafttretens und dem Tage der Verkündung des neuen BesG. nach alten Vorschriften vorgenommen worden sind, sind nach den Vorschriften des neuen BesG. und dieser BV. abzuändern.

Nr. 13. Das BDA. kommt nur für die Regelung der Dienstbezüge in Betracht und hat auf die sonstigen Verhältnisse des

Beamten, insbesondere auf die Festsetzung des allgemeinen Dienstalters, auf die Berechnung der Dienstzeit bei Versetzung in den Ruhestand, auf die Reihenfolge der Beförderung usw. keinen Einfluß.

1. Vom Besoldungsdienstalter ist das sogenannte „allgemeine Dienstalter" zu unterscheiden. Das allgemeine Dienstalter rechnet bei den Reichsbeamten vom Tage des ersten Einrückens in eine der Stellen seiner Besoldungsgruppe (vgl. hierzu die mit Rundschreiben des Reichsministers des Innern vom 24. Oktober 1922 Nr. V 5764 A bekanntgegebenen Richtlinien, abgedruckt bei Sölch-Woothke-Rackow S. 106). Wären also z. B. zwei Inspektoren am 1. April und 1. Juni 1936 angestellt worden und hätte der erstere ein Besoldungsdienstalter vom 1. April 1936 und der letztere ein solches vom 1. Oktober 1935, so würde das allgemeine Dienstalter des ersteren vom 1. April 1936, das des letzteren vom 1. Juni 1936 rechnen. Das Besoldungsdienstalter stellt — wie bereits bemerkt wurde — ein finanztechnisches Hilfsmittel für die Berechnung der Dienstaltersstufen dar. Im übrigen gibt das allgemeine Dienstalter nach den erwähnten Richtlinien keinen Anspruch auf Bevorzugung bei Beförderung und dienstlicher Verwendung, z. B. bei der Regelung der Stellvertretung.

Bei den Gemeinden und Gemeindeverbänden dürfte es wohl kaum allgemein üblich sein, für die Beamten allgemeine Dienstalter festzusetzen. Geschieht dies doch bei größeren und mittleren Gemeinden, so werden sie hierbei die Richtlinien des Reichs verwerten können.

§ 5 Abs. 1.

(1) Das Besoldungsdienstalter der planmäßigen Beamten beginnt mit dem Tage der Anstellung in der jeweiligen planmäßigen Stelle, soweit nicht in diesem Gesetz oder in den Ausführungsbestimmungen dazu etwas anderes bestimmt oder zugelassen ist. Von diesem Zeitpunkt ab sind die Zeitabschnitte für das Verbleiben im Anfangsgehalt und für das Aufsteigen in die höheren Dienstaltersstufen zu rechnen. Als Tag der planmäßigen Anstellung gilt der Tag, von dem ab das Diensteinkommen der planmäßigen Stelle bezogen wird. Das Besoldungsdienstalter der Soldaten der Wehrmacht und der Polizeibeamten beim Reichswasserschutz in den Besoldungsgruppen mit aufsteigenden Gehältern beginnt mit dem Tage der Beförderung.

Besoldungsvorschriften.

Nr. 14. Als Tag der planmäßigen Anstellung gilt der Tag, von dem ab der Beamte bei Verleihung der planmäßigen

Stelle — sei es widerruflich oder unwiderruflich — die damit verbundenen Dienstbezüge erhält. Bei Anstellung auf Probe gilt jedoch als Tag der planmäßigen Anstellung der erste Tag des Monats, in dem der Beamte in seiner Planstelle bestätigt wird.

Nr. 15. (1) Das BDA. der Soldaten der Wehrmacht und der Polizeibeamten beim Reichswasserschutz in den Besoldungsgruppen mit aufsteigenden Gehältern beginnt mit dem Ersten des Monats, in dem zum erstenmal die planmäßigen Dienstbezüge des Dienstgrades bezogen worden sind.

(2) Den Stabsärzten und Stabsveterinären (BesGr. C 7) wird bei der Beförderung zu diesem Dienstgrad das BDA. um ein Jahr verbessert. Dasselbe gilt sinngemäß für die am 30. September 1927 im Dienst gewesenen Stabsärzte und Stabsveterinäre.

(3) Das BDA. der aus dem Unteroffizierstande hervorgegangenen Leutnante beginnt spätestens zehn Jahre nach ihrem Diensteintritt.

(4) Die Dienstjahre, nach denen sich die Zugehörigkeit der Polizeibeamten beim Reichswasserschutz zu den BesGr. RWS 8 und RWS 7 bemißt, rechnen von dem Tage des Dienstantritts beim Reichswasserschutz ab.

§ 5 Abs. 2.

(2) Bei der ersten planmäßigen Anstellung außerplanmäßiger Beamten wird die im außerplanmäßigen Reichsbeamtenverhältnis bei derselben Dienstlaufbahn zwischen dem Beginne des Diätendienstalters (§ 17) und der ersten planmäßigen Anstellung liegende Zeit auf das Besoldungsdienstalter angerechnet, soweit sie fünf Jahre, bei Versorgungsanwärtern vier Jahre, bei den vor dem 1. Januar 1925 eingestellten weiblichen Beamten der Deutschen Reichspost acht Jahre übersteigt.

Besoldungsvorschriften.

Nr. 16. (1) Eine vor der ersten planmäßigen Anstellung zurückgelegte Dienstzeit gilt als bei derselben Dienstlaufbahn verbracht, wenn und soweit der Beamte während dieser Zeit im Geschäftsbereich derselben obersten Reichsbehörde verwendet war, in deren Geschäftsbereich er planmäßig angestellt wird. Soweit jedoch dieselbe Verwaltung Tätigkeitsgebiete umfaßt, die so verschiedenartig sind, daß die Beschäftigung in der einen für eine spätere Tätigkeit in der anderen keine dienstliche Förderung mit sich bringt, gelten sie nicht als dieselbe Dienstlaufbahn im Sinne des § 5 Abs. 2.

(2) In Zweifelsfällen entscheidet die oberste Reichsbehörde im Einvernehmen mit dem Reichsminister der Finanzen, ob dieselbe Dienstlaufbahn gegeben ist.

(3) Unter einer im außerplanmäßigen Reichsbeamtenver-

hältnis zurückgelegten Zeit ist eine außerplanmäßige Dienstzeit (vgl. Nr. 77) zu verstehen.

(4) Einer im außerplanmäßigen Reichsbeamtenverhältnis zurückgelegten Zeit bei derselben Dienstlaufbahn ist die Zeit gleichzuachten, die nach § 17 Abs. 3 und 4 auf das Diätendienstalter angerechnet wird.

Nr. 17. (1) Eine Anrechnung nach § 5 Abs. 2 auf das BDA. ist insoweit ausgeschlossen, als sich die planmäßige Anstellung auf eigenen Wunsch des Beamten oder wegen unzureichender Befähigung oder aus einem sonstigen in der Person des Beamten liegenden Grunde — ausgenommen Krankheit — verzögert hat.

(2) Hat sich die erste planmäßige Anstellung wegen unzureichender Befähigung oder mangelhafter Führung des Beamten verzögert, so kann nach einer Bewährungsfrist von mindestens zwei Jahren — gerechnet vom Tage der planmäßigen Anstellung ab — mit Genehmigung der obersten Reichsbehörde das BDA. so festgesetzt werden, als ob die planmäßige Anstellung rechtzeitig erfolgt wäre. Eine Nachzahlung von Dienstbezügen findet aus diesem Anlaß nicht statt; die nach dem neu errechneten BDA. zustehenden Dienstbezüge sind frühestens vom Ersten des Monats ab zu zahlen, in dem die Genehmigung ausgesprochen wird.

(3) Die Bestimmungen in Abs. 1 und 2 werden durch § 16 Abs. 3 nicht berührt.

Nr. 18. Auch bei der ersten planmäßigen Anstellung eines Beamten, der nicht außerplanmäßiger Beamter gewesen ist, hat eine Anrechnung nach § 5 Abs. 2 zu erfolgen, wenn und soweit eine Zeit von mehr als fünf (bei Versorgungsanwärtern von mehr als vier, bei den vor dem 1. Januar 1925 eingestellten weiblichen Beamten der Deutschen Reichspost von mehr als acht) Jahren auf das Diätendienstalter anzurechnen gewesen wäre, wenn der Beamte nicht sogleich planmäßiger, sondern zunächst außerplanmäßiger Beamter geworden wäre. Dabei ist Nr. 86 zu berücksichtigen.

1. Vgl. hierzu die allgemeinen Ausführungen S. 36.

§ 5 Abs. 3.[1])

(3) Den Versorgungsanwärtern wird bei der ersten planmäßigen Anstellung, wenn sie im Heere, in der Marine oder in der Schutzpolizei oder im Dienste des Reichswasserschutzes

[1]) Vergl. ferner die Verordnung vom 22. April 1936 RGBl. I S. 377 (auch veröffentlicht im Preuß. Besoldungsblatt 1936 S. 170).

a) acht Jahre oder weniger gedient haben, die tatsächlich abgeleistete Dienstzeit bis zu einem Jahre,

b) über acht Jahre gedient haben, außerdem die Dienstzeit im Heere, in der Marine oder in der Schutzpolizei oder im Dienste des Reichswasserschutzes, soweit sie und die nachfolgende Zivildienstzeit acht Jahre übersteigt, mit der darüber hinausgehenden Zeit, höchstens aber mit weiteren fünf Jahren auf das Besoldungsdienstalter angerechnet.

Besoldungsvorschriften.

Nr. 19. Unter „Dienst des Reichswasserschutzes" ist nur der Dienst der Polizeibeamten beim Reichswasserschutz (vgl. die Anlage zur Besoldungsordnung A) zu verstehen.

Nr. 20. Den Versorgungsanwärtern wird nach § 5 Abs. 3 bei der ersten planmäßigen Anstellung auf das BDA. angerechnet

a) von der Dienstzeit im Heere, in der Marine, in der Schutzpolizei oder als Polizeibeamter beim Reichswasserschutz das erste Jahr,

b) von denselben Dienstzeiten unter Hinzurechnung der nachfolgenden Zivildienstzeit (vgl. Nr. 21) außerdem das neunte, zehnte, elfte, zwölfte und dreizehnte Jahr,

im günstigsten Falle also eine Zeit von insgesamt sechs Jahren.

Nr. 21. (1) Als nachfolgende Zivildienstzeit im Sinne des § 5 Abs. 3 gilt die Zeit einer praktischen Beschäftigung, die Zeit eines Probe- und Vorbereitungsdienstes, die außerplanmäßige Dienstzeit sowie die einer außerplanmäßigen Dienstzeit nach Nr. 16 Abs. 4 gleichzuachtende Zeit. In allen diesen Fällen ist Voraussetzung, daß diese Dienstzeiten in derselben Dienstlaufbahn, in der der Beamte planmäßig angestellt wird, zurückgelegt sind; was hierbei unter derselben Dienstlaufbahn zu verstehen ist, bemißt sich nach Nr. 16. Ob und wieweit ausnahmsweise die in einer anderen Dienstlaufbahn des Reichsdienstes zurückgelegte Dienstzeit berücksichtigt werden kann, bestimmt die oberste Reichsbehörde.

(2) Eine Anrechnung der nachfolgenden Zivildienstzeit ist

insoweit ausgeschlossen, als sich die planmäßige Anstellung auf eigenen Wunsch des Versorgungsanwärters oder wegen unzureichender Befähigung oder aus einem sonstigen in der Person des Versorgungsanwärters liegenden Grunde — ausgenommen Krankheit — verzögert hat. Nr. 17 Abs. 2 gilt sinngemäß.

Nr. 22. (1) Dem Dienst im Heere oder in der Marine steht der Dienst bei den Schutztruppen, bei den Polizeitruppen in den früheren Schutzgebieten und als Grenz- und Zollaufsichtsbeamter in den früheren Schutzgebieten gleich.

(2) Ausgeschlossen bleibt die Zeit einer verschuldeten Kriegsgefangenschaft oder Internierung.

(3) Ob und wieweit der Dienst in einem verbündeten oder befreundeten Heere dem Dienst im Heere usw. gleichsteht, bestimmt im einzelnen Falle die oberste Reichsbehörde im Einvernehmen mit dem Reichsminister der Finanzen.

(4) Dem Dienst in der Schutzpolizei oder als Polizeibeamter beim Reichswasserschutz steht gleich der Vollzugsdienst in einem anderen Teile der Polizei oder in der Landjägerei (Gendarmerie) sowie in einer anderen Körperschaft in der der Zivilversorgungsschein, der Zivildienstschein oder der Polizeiversorgungsschein erdient werden kann und erdient worden ist.

---

1. Zum Begriff des Versorgungsanwärters vgl. Nr. 26 der Reichsbesoldungsvorschriften S. 56.

2. § 5 Abs. 3 des Reichsbesoldungsgesetzes gilt nicht für Versorgungsanwärter, die vor dem 1. Oktober 1927 planmäßig angestellt waren; dies wird durch Nr. 97 der Besoldungsvorschriften klargestellt; insoweit gilt § 5 Abs. 3 des Besoldungsgesetzes vom 17. Dezember 1920. Die Gemeinden hatten bis zum 30. September 1927 den die Frage unmittelbar regelnden § 4 des Gesetzes vom 8. Juli 1920 GesS. S. 383 anzuwenden; vom 1. Oktober 1927 bis zum 31. März 1936 hatten sie den § 3 Abs. 3 des preußischen Besoldungsgesetzes vom 17. Dezember 1927 entsprechend anzuwenden (vgl. § 43 des Gesetzes vom 17. Dezember 1927 und den Vierten Teil Kap. II § 1 der Sparverordnung vom 12. September 1931).

3. § 5 Abs. 3, dessen Inhalt durch Nr. 20 der Besoldungsvorschriften verdeutlicht wird, will den Versorgungsanwärtern im Hinblick auf ihre langjährige Militärdienstzeit usw. eine Verbesserung des Besoldungsdienstalters verschaffen; beachtlich ist, daß nach § 5 Abs. 3 b auch die der Militärdienstzeit usw. „nachfolgende Zivildienstzeit" Berücksichtigung findet.

4. Vgl. § 5 Abs. 6 und Nr. 25 der Besoldungsvorschriften.

5. Die Frage der Festsetzung des Besoldungsdienstalters (und des allgemeinen Dienstalters) der Versorgungsanwärter der Wehrmacht, die über die zwölfjährige Dienstverpflichtung in der Wehrmacht als Soldat zurückgehalten oder nach Ableistung der Dienstverpflichtung entlassen und als Soldaten wieder in die Wehrmacht eingestellt worden sind, ist in der Verordnung zur Ergänzung des Reichsbesoldungs-, Reichshaushalts- und Reichsbeamtenrechts vom 22. April 1936 RGBl. I S. 377 geregelt worden. Diese Verordnung gilt auch für die Gemeinden und Gemeindeverbände.

§ 5 Abs. 4.

(4) Treten Versorgungsanwärter erstmals in eine andere Besoldungsgruppe über, so wird ihr Besoldungsdienstalter in der neuen Besoldungsgruppe nach Abs. 3 festgesetzt, wenn nicht die Anwendung des § 7 günstiger wirkt.

Besoldungsvorschriften.

Nr. 23. (1) Bei der Anrechnung, die beim erstmaligen Übertritt in eine andere Besoldungsgruppe zu erfolgen hat, gilt die in der Eingangsstelle zurückgelegte Dienstzeit als „nachfolgende Zivildienstzeit" im Sinne des § 5 Abs. 3.

(2) § 5 Abs. 4 gilt sinngemäß auch für Versorgungsanwärter, die als Beamte der Besoldungsgruppe ihrer ersten planmäßigen Anstellung in den einstweiligen oder dauernden Ruhestand versetzt worden sind und in einer anderen Besoldungsgruppe wieder angestellt werden.

---

1. Für die Festsetzung des Besoldungsdienstalters bei Übertritt aus einer Besoldungsgruppe in eine andere mit gleichem oder höherem Endgrundgehalt ist an und für sich der § 7 des Reichsbesoldungsgesetzes entsprechend anzuwenden (sog. Grundsatz der Gehaltsmitnahme, vgl. näher § 7 und die Erläuterungen daselbst). § 5 Abs. 4 des Reichsbesoldungsgesetzes ermöglicht es jedoch, beim erstmaligen Übertritt von Versorgungsanwärtern in eine andere Besoldungsgruppe entweder den bereits erörterten § 5 Abs. 3 oder § 7 anzuwenden, je nachdem welcher Paragraph für die Versorgungsanwärter günstiger ist. Demnach muß zunächst eine Berechnung nach beiden Paragraphen vorgenommen werden, denn nur so kann der günstigere Paragraph ermittelt werden.

2. Als erstmaliger Übertritt in eine andere Besoldungsgruppe gilt nicht ein Übertritt in eine Planstelle einer höheren Besoldungsgruppe nach Maßgabe des § 65 der Anstellungsgrundsätze; für einen solchen Fall gelten vielmehr die Vorschriften über die erste planmäßige Anstellung (vgl. näher Sölch, Woothke, Rackow S. 124 Anm. 4).

§ 5 Abs. 5.

(5) Die vor dem vollendeten siebzehnten Lebensjahre liegende Dienstzeit im Heere oder in der Marine bleibt außer Betracht, soweit es sich nicht um eine tatsächlich geleistete Kriegsdienstzeit handelt.

Nr. 24. Unter einer tatsächlich geleisteten Kriegsdienstzeit ist die Dienstzeit auf einem Kriegsschauplatze bei einem planmäßigen Truppen- oder Marineteile der Wehrmacht zu verstehen.

§ 5 Abs. 6.

(6) Die nach Abs. 2 und die nach Abs. 3 bis 5 anzurechnende Zeit wird nebeneinander angerechnet.

Besoldungsvorschriften.

Nr. 25. (1) Dieselbe außerplanmäßige Dienstzeit (oder ihr gleichzuachtende Zeit, vgl. Nr. 16 Abs. 4), die nach § 5 Abs. 3 als „nachfolgende Zivildienstzeit" auf das BDA. anzurechnen ist, ist auch bei der Berechnung der Zeit mit zu berücksichtigen, die nach § 5 Abs. 2 nach Abzug von vier Jahren auf das BDA. anzurechnen ist.

(2) Beispiel: Wird ein Versorgungsanwärter nach zwölf Dienstjahren im Heere, einer Vorbereitungszeit von sechs Monaten und einer außerplanmäßigen Dienstzeit von fünf Jahren planmäßig angestellt, so ist ihm das erste, neunte, zehnte, elfte und zwölfte Heeresdienstjahr und das erste Jahr der „nachfolgenden Zivildienstzeit", d. h. das halbe Jahr Vorbereitungszeit und das erste halbe Jahr der außerplanmäßigen Dienstzeit, insgesamt also eine Zeit von sechs Jahren, nach § 5 Abs. 3 auf das BDA. anzurechnen. Dazu kommt nach § 5 Abs. 2 die vier Jahre übersteigende außerplanmäßige Dienstzeit — wobei das nach § 5 Abs. 3 bereits angerechnete halbe Jahr nicht abzuziehen ist —, also ein weiteres (siebentes) Jahr.

§ 5 Abs. 7.

(7) Die Ausführungsbestimmungen stellen fest, wer als Versorgungsanwärter im Sinne dieses Gesetzes anzusehen ist.

Besoldungsvorschriften.

Nr. 26. (1) Als Versorgungsanwärter im Sinne des BesG. und dieser BV. gelten nur die Inhaber

a) des Zivilversorgungsscheins gemäß § 75 des Militärpensionsgesetzes vom 27. Juni 1871 (Reichsgesetzbl. S. 275), § 10 des Ergänzungsgesetzes vom 4. April 1874 (Reichsgesetzbl. S. 25), §§ 15, 16 des Mannschaftsversorgungsgesetzes vom 31. Mai 1906 (Reichsgesetzbl. S. 593) und § 30 des Wehrmachtsversorgungsgesetzes vom 4. August 1921 in der Fassung des Gesetzes vom 19. September 1925;

b) des Zivilversorgungsscheins gemäß § 1 Abs. 4, 5, 7 und 8 der Anstellungsgrundsätze für den Reichs- und Staatsdienst vom 20. Juni 1907 (Zentralbl. für das Deutsche Reich S. 309);

c) des Zivildienstscheins gemäß § 10 des Wehrmachtversorgungsgesetzes vom 4. August 1921 in der Fassung des Gesetzes vom 19. September 1925;

d) des Polizeiversorgungsscheins gemäß § 2 des Reichsgesetzes über die Schutzpolizei der Länder vom 17. Juli 1922 (Reichsgesetzbl. I S. 597) und § 2 des Gesetzes über die Versorgung der Polizeibeamten beim Reichswasserschutz vom 26. Februar 1926 (Reichsgesetzbl. I S. 149).

(2) Zu ihnen gehören nicht die Inhaber des Anstellungsscheins, des Beamtenscheins, des Zivildienstscheins gemäß § 61 des Wehrmachtversorgungsgesetzes (ehemalige Offiziere) und des Forstversorgungsscheins.

§ 5 Abs. 8.

(8) Das Besoldungsdienstalter der auf Grund des Beamtenscheins angestellten schwerkriegsbeschädigten Beamten ist angemessen zu verbessern. Eine entsprechende Verbesserung kann auch anderen schwerkriegsbeschädigten Beamten gewährt werden. Das Nähere regeln die Ausführungsbestimmungen.

Besoldungsvorschriften.

Nr. 27. (1) Den auf Grund des Beamtenscheins angestellten schwerkriegsbeschädigten Beamten wird bei der ersten planmäßigen Anstellung das BDA. um vier Jahre verbessert. Jedoch wird es im günstigsten Falle festgesetzt, sofern die planmäßige Anstellung nicht früher erfolgt,

a) bei planmäßiger Anstellung in den Besoldungsgruppen A 10 bis A 12 auf den Ersten des Monats, in dem der Beamte das neunundzwanzigste Lebensjahr vollendet;

b) bei planmäßiger Anstellung in den Besoldungsgruppen A 9 und aufwärts auf den Ersten des Monats, in dem der Beamte das zweiunddreißigste Lebensjahr vollendet.

(2) Wenn die Anwendung des § 5 Abs. 3 bis 6 günstiger wirkt, ist hiernach zu verfahren.

(3) Die oberste Reichsbehörde kann auch das BDA. eines schwerkriegsbeschädigten Beamten, der nicht auf Grund des Beamtenscheins angestellt worden ist, nach Abs. 1 und 2 festsetzen, wenn die Beschädigung vor Aufnahme ins Beamtenverhältnis eingetreten ist.

(4) Bei der ersten planmäßigen Anstellung schwerkriegsbeschädigter Versorgungsanwärter, die nicht im Besitze des Beamtenscheins sind, ist nach Abs. 1 zu verfahren, wenn dies günstiger wirkt als die Anwendung des § 5 Abs. 3 bis 6.

(5) Scheidet ein schwerkriegsbeschädigter Beamter lediglich zum Zwecke des Übertritts in eine andere planmäßige Stelle aus, so ist bei der Wiederanstellung nach Abs. 1 bis 4 zu verfahren, wenn nicht die Anwendung des § 7 günstiger wirkt.

(6) Abs. 1 bis 3 und 5 gelten auch für die am 30. September 1927 bereits planmäßig angestellten Beamten, Abs. 2 jedoch mit der Maßgabe, daß die Anrechnung höchstens ein Jahr (§ 5 Abs. 3, a) beträgt.

(7) Soweit schon bisher in Ausnahmefällen eine Verbesserung des BDA. von schwerkriegsbeschädigten Beamten stattgefunden hat, ist sie auf die nach vorstehenden Bestimmungen vorzunehmende Verbesserung anzurechnen.

§ 6.

Ob und wieweit zum Ausgleich von Härten eine außerhalb des Reichsbeamtenverhältnisses zurückgelegte Dienstzeit oder die Zeit einer praktischen Beschäftigung auf das Besoldungsdienstalter angerechnet werden kann, bestimmt die oberste Reichsbehörde im Einvernehmen mit dem Reichsminister der Finanzen. Die Anrechnung der Zeit, die nicht im Verhältnis eines Beamten des Reichs, eines Landes, einer Gemeinde oder einer sonstigen Körperschaft des öffentlichen Rechtes oder eines Offiziers oder Deckoffiziers verbracht ist, darf vier Jahre nicht übersteigen. Besteht ein dringendes dienstliches Bedürfnis für die Gewinnung des Beamten, so kann darüber hinausgegangen werden.

Besoldungsvorschriften.

Nr. 28 (1) Die Bestimmung im § 6 ist eine Ausnahmebestimmung, von der nur in besonders gearteten Fällen Gebrauch gemacht werden soll.

(2) Für eine Anrechnung kann außer den im § 6 Satz 2 aufgezählten Dienstzeiten die Zeit einer praktischen Beschäftigung, z. B. in der Eigenschaft eines Arbeiters oder Angestellten oder in einem freien Beruf, in Betracht kommen.

(3) Dienstzeiten, die nicht im Verhältnis eines Beamten des Reichs oder eines Landes verbracht sind, dürfen in der Regel nicht im vollen Umfange, sondern nur mit einem angemessenen Teil berücksichtigt werden. Insbesondere ist in der Regel die Zeit abzuziehen, die Beamte mit regelmäßiger Dienstlaufbahn im Vorbereitungsdienst oder als außerplanmäßige Beamte zuzubringen haben.

(4) Auch soweit eine praktische Beschäftigung seitens der Behörden als Vorbedingung für die Übernahme in den Beamtendienst gefordert wird, kann sie ganz oder teilweise auf das BDA. angerechnet werden.

(5) Eine Anrechnung nach § 6 Satz 1 und 2 darf nicht erfolgen, soweit sich dadurch für den betreffenden Beamten ein günstigeres BDA. ergeben würde, als es im Durchschnitt diejenigen Beamten, in deren Eigenschaft er angestellt wird, bei gleichem Alter haben, wenn sie eine regelmäßige Dienstlaufbahn hinter sich haben. Unter einem gleichen Alter ist hierbei ein gleiches Prüfungsdienstalter, von der letzten gleichen oder vergleichbaren vorgeschriebenen Dienstprüfung an gerechnet, oder, wenn dieser Vergleichsmaßstab versagt, ein gleiches Lebensalter zu verstehen.

(6) Auch in den Fällen des § 6 Satz 3 ist in der Regel Abs. 5 anzuwenden.

---

1. Vgl. die allgemeinen Ausführungen S. 39 ff.

2. Es sei auch an dieser Stelle erneut hervorgehoben, daß es sich bei der Vorschrift des § 6 um eine Härtevorschrift handelt; sie kann also nur in begründeten Ausnahmefällen Anwendung finden; zu ihrer Anwendung bedarf es zudem der Genehmigung der Aufsichtsbehörde nach dem Vierten Teil Kap. II § 1 Abs. 2 der Sparverordnung vom 12. September 1931.

3. § 6 des Reichsbesoldungsgesetzes bietet auch die gesetzliche Handhabe, um das Besoldungsdienstalter von Beamten, die sich Verdienste um die nationale Erhebung erworben haben, durch Anrechnung von Dienstzeiten in der SS., SA., als Amtswalter

oder Redner der NSDAP. zu verbessern. Die Frage ist durch den Runderlaß des Reichs- und Preußischen Ministers des Innern vom 8. September 1936 RMBliV. S. 1211 eingehend geregelt; durch diesen Runderlaß wird den Gemeinden und Gemeindeverbänden ein Rundschreiben des Reichsministers der Finanzen vom 26. Mai 1936 — A 4430 — 13210/35 I B II. Ang. — zur Beachtung mitgeteilt. In diesem Rundschreiben wird im wesentlichen folgendes ausgeführt:

Angestellte, die in das Beamtenverhältnis überführt würden, erführen in der Regel eine nicht unerhebliche Minderung ihres Arbeitseinkommens. Dies könne oft gerade bei den mit Rücksicht auf ihre Verdienste um die nationale Erhebung einberufenen Beamtenanwärter des unteren und einfachen mittleren Dienstes, insbesondere soweit sie verheiratet seien und für Kinder zu sorgen hätten oder im vorgerückten Lebensalter ständen, eine Härte bedeuten. Um diese nach Möglichkeit zu mildern, sei der Reichsminister der Finanzen damit einverstanden, daß den in das Beamtenverhältnis überführten alten Kämpfern die vor dem 30. Januar 1933 zurückgelegten Dienstzeiten in der SS., SA., als Amtswalter oder Redner der Partei

a) als förderlich für die spätere Beamtentätigkeit angesehen,
b) in Abweichung von der bisherigen Verwaltungsübung anstatt zur Hälfte voll gemäß § 6 Satz 2 des Besoldungsgesetzes in Verbindung mit Nr. 28 der Besoldungsvorschriften auf das Besoldungsdienstalter angerechnet würden.

Die in Frage stehenden Dienstzeiten könnten jedoch auf das Besoldungsdienstalter

a) derjenigen Beamten, die erstmals in der BesGr. A 12 oder 11 planmäßig angestellt würden, bis zu 4 Jahren,
b) der übrigen Beamten nur insoweit bis zu der in § 6 Satz 2 des Reichsbesoldungsgesetzes gezogenen Grenze von 4 Jahren angerechnet werden, als sie je nach der Dienstlaufbahn des Anwärters 6 bzw. 8 Jahre (1 bzw. 3 Jahre Vorbereitungszeit sowie eine außerplanmäßige Dienstzeit von 5 Jahren) überstiegen.

§ 7 Abs. 1.

(1) Beim Übertritt aus einer Besoldungsgruppe in eine andere mit gleichem oder höherem Endgrundgehalt erhält der Beamte den nächsthöheren Grundgehaltssatz und bezieht ihn zwei Jahre lang. Wäre er jedoch in der verlassenen Besoldungsgruppe schon vor Ablauf dieser Zeit in den nächsthöheren Grundgehaltssatz aufgestiegen und damit in den Bezug eines Grundgehalts gelangt, das über das ihm in der neuen Besoldungsgruppe gewährte hinausgeht oder ihm gleichkommt, so steigt er auch in der neuen Besoldungsgruppe

in den nächsthöheren Grundgehaltssatz bereits zu derselben Zeit, zu der er in der verlassenen Besoldungsgruppe aufgestiegen wäre.

Besoldungsvorschriften.

Nr. 29. (1) Beispiel zu Satz 1: Steuersekretär X. (BesGr. A 7) mit einem BDA. vom 1. November 1916 wird mit Wirkung vom 1. April 1928 ab zum Obersteuersekretär (BesGr. A 4 c) befördert. Da er am 31. März 1928 in der BesGr. A 7 einen Grundgehaltssatz von 3100 Reichsmark erhält, steht ihm vom 1. April 1928 ab der nächsthöhere in der BesGr. A 4 c vorkommende Grundgehaltssatz von 3300 Reichsmark zu. Diesen bezieht er zwei Jahre lang. Der Beginn seines BDA. ist auf den 1. April 1924 festzusetzen (vgl. Nr. 8).

(2) Beispiel zu Satz 2: Steuersekretär Y. mit einem BDA. vom 1. November 1915 wird mit Wirkung vom 1. April 1928 ab zum Obersteuersekretär befördert. Da er am 31. März 1928 in der BesGr A 7 einen Grundgehaltssatz von 3200 Reichsmark erhält, steht ihm vom 1. April 1928 ab der nächsthöhere in der BesGr. A 4 c vorkommende Grundgehaltssatz von 3300 Reichsmark zu. Da er aber denselben Grundgehaltssatz von 3300 Reichsmark vom 1. November 1929 ab auch in der verlassenen BesGr. A 7 bezogen haben würde, erhält er von diesem Tage ab in der Besoldungsgruppe A 4 c den nächsthöheren Grundgehaltssatz von 3550 Reichsmark. Der Beginn seines BDA. ist auf den 1. November 1923 festzusetzen.

Nr. 30. Beim Übertritt in eine andere Stelle derselben Besoldungsgruppe bleibt das BDA. unverändert.

§ 7 Abs. 2.

(2) Die ruhegehaltsfähigen und unwiderruflichen Stellenzulagen, die der Beamte in der verlassenen Besoldungsgruppe bezogen hat oder in der neuen Besoldungsgruppe beziehen wird, gelten hierbei als Bestandteile des Grundgehalts.

Besoldungsvorschriften.

Nr. 31. Es kommen nur folgende ruhegehaltsfähigen und unwiderruflichen Stellenzulagen in Betracht:

1. die Stellenzulage von 800 RM. nach Anmerkung 1 zu Besoldungsgruppe A 2 a;

2.	die Stellenzulage von	600 RM.	nach Anmerkung 3 u. 4 zu Besoldungsgruppe A 2d;
3.	„ „ „	400 „	nach Anmerkung 1 u. 2 zu Besoldungsgruppe A 3c;
4.	„ „ „	200 „	nach Anmerkung 4 zu Besoldungsgruppe A 4b 1;
5.	„ „ „	500 „	nach Anmerkung 4 zu Besoldungsgruppe A 4c 2;
6.	„ „ „	400 „	nach Anmerkung 1 zu Besoldungsgruppe A 5b;
7.	„ „ „	500 „	nach Anmerkung 1 zu Besoldungsgruppe A 5c;
8.	„ „ „	300 „	nach Anmerkung 1 zu Besoldungsgruppe A 6;
9.	„ „ „	600 „	nach Anmerkung 2 zu Besoldungsgruppe A 9;
10.	„ „ „	400 „	nach Anmerkung 3 zu Besoldungsgruppe A 9;
11.	„ „ „	150 „	nach Anmerkung 2 zu Besoldungsgruppe A 10a;
12.	„ „ „	300 „	nach Anmerkung 3 zu Besoldungsgruppe A 10a;
13.	„ „ „	120 „	nach Anmerkung 6 zu Besoldungsgruppe A 10a;
14.	„ „ „	200 „	nach Anmerkung 1 zu Besoldungsgruppe A 10b;
15.	„ „ „	120 „	nach Anmerkung 2 u. 3 zu Besoldungsgruppe A 10b;
16.	„ „ „	150 „	nach Anmerkung 4 zu Besoldungsgruppe A 10b;
17.	„ Stellenzulagen „	200 „	und 150 RM. nach Anmerkung 1 zu Besoldungsgruppe A 11;
18.	„ Stellenzulage „	120 „	nach Anmerkung 2 zu Besoldungsgruppe A 11;
19.	„ Zulagen von 200 RM. und	500 RM.	nach Anmerkung 1 zu Besoldungsgruppe AD 8a;
20.	„ „ „ 200 „ „	400 RM.	nach Anmerkung 1 zu Besoldungsgruppe AD 8b.

1. Die Gemeinden und Gemeindeverbände werden regelmäßig mit den für die Reichsbeamten vorgesehenen Zulagen auskommen können, weitere Zulagen dürften jedoch nicht ausgeschlossen sein.

§ 7 Abs. 3.

(3) Bei Verleihung einer Stellenzulage ohne Wechsel der Besoldungsgruppe wird das Besoldungsdienstalter nicht geändert.

§ 7 Abs. 4.[1])

Das Besoldungsdienstalter wird beim Übertritt
aus der Besoldungsgruppe A 12 in die Besoldungsgruppe A 11 während der ersten 2 Besoldungsdienstjahre,
„ „ Besoldungsgruppe A 10b in die Besoldungsgruppe A 10a während der ersten 14 Besoldungsdienstjahre,
„ „ Besoldungsgruppe A 7b in die Besoldungsgruppe A 6 während der ersten 2 Besoldungsdienstjahre,
„ „ Besoldungsgruppe A 4d in die Besoldungsgruppe A 4c 2 während der ersten 14 Besoldungsdienstjahre,
„ „ Besoldungsgruppe A 4d in die Besoldungsgruppe A 4c 1 während der ersten 2 Besoldungsdienstjahre,
„ „ Besoldungsgruppe A 4b 2 in die Besoldungsgruppe A 4a,
„ „ Besoldungsgruppe A 3b in die Besoldungsgruppe A 2d während der ersten 10 Besoldungsdienstjahre,
„ „ Besoldungsgruppe A 3a in die Besoldungsgruppe A 2e

nicht geändert. Beim Übertritt aus der Besoldungsgruppe A 4a in die Besoldungsgruppe A 4b 1 oder umgekehrt gilt Abs. 1 mit der Maßgabe, daß an die Stelle des nächsthöheren Grundgehaltsatzes der gleiche Grundgehaltsatz tritt, soweit ein solcher in der neuen Besoldungsgruppe vorhanden ist.

Besoldungsvorschriften.

Nr. 33. Hiernach erhalten Beamte der Besoldungsgruppe A 4b 1 in allen Dienstaltersstufen beim Übertritt in die Besoldungsgruppe A 4a ihr um 8 Jahre verbessertes Besoldungsdienstalter, Beamte der Besoldungsgruppe A 4a mit einem Grundgehaltsatz von 4700 RM. oder höher beim Übertritt in die Besoldungsgruppe A 4b 1 ihr um 8 Jahre verkürztes Besoldungsdienstalter.

[1]) Die früheren Nr. 32 und 34 der Besoldungsvorschriften sind durch § 2 Abschnitt II der zum Gesetz über die 24. Änderung des Besoldungsgesetzes ergangenen 1. Durchführungsverordnung vom 30. März 1936 RGBl. I S. 336 gestrichen worden.

§ 7 Abs. 5

Das Besoldungsdienstalter wird beim Übertritt
aus der Besoldungsgruppe A 11 in die Besoldungsgruppe A 10a höchstens um 4 Jahre,
„ „ Besoldungsgruppe A 10a in die Besoldungsgruppe A 8a höchstens um 4 Jahre,
„ „ Besoldungsgruppe A 8b in die Besoldungsgruppe A 7a höchstens um 4 Jahre,
„ „ Besoldungsgruppe A 8a in die Besoldungsgruppe A 7a höchstens um 4 Jahre,
„ „ Besoldungsgruppe A 8a in die Besoldungsgruppe A 6 höchstens um 4 Jahre,
„ „ Besoldungsgruppe A 4c 2 in die Besoldungsgruppe A 4b 1 höchstens um 8 Jahre,
„ „ Besoldungsgruppe A 4c 1 in die Besoldungsgruppe A 4b 1 höchstens um 8 Jahre,
„ „ Besoldungsgruppe A 4b 2 in die Besoldungsgruppe A 4b 1 höchstens um 8 Jahre,
„ „ Besoldungsgruppe A 2c 2 in die Besoldungsgruppe A 2b höchstens um 8 Jahre,
„ „ Besoldungsgruppe A 2c 1 in die Besoldungsgruppe A 2b höchstens um 8 Jahre,
„ „ Besoldungsgruppe A 2c 2 in die Besoldungsgruppe A 2a höchstens um 2 Jahre,
„ „ Besoldungsgruppe AD 8b in die Besoldungsgruppe AD 8a höchstens um 2 Jahre
gekürzt.

Das Besoldungsdienstalter wird beim Übertritt

aus	der	Besoldungsgr.	A 4c 2	in	die	Besoldungsgr.	A 4c 1,
„	„	„	A 4c 2	„	„	„	A 4b 2,
„	„	„	A 4c 2	„	„	„	A 4a,
„	„	„	A 4c 1	„	„	„	A 4b 2,
„	„	„	A 4c 1	„	„	„	A 4a,
„	„	„	A 2c 2	„	„	„	A 2c 1

nicht geändert. Beim Übertritt aus der Besoldungsgruppe A 2c 1 in die Besoldungsgruppe A 2a wird das Besoldungsdienstalter in den ersten 2 Jahren nicht geändert, im übrigen höchstens um 2 Jahre gekürzt.[1])

---

[1]) Vgl. hierzu § 3 der Ersten Durchführungsverordnung zum Gesetz über die 24. Ergänzung des Besoldungsgesetzes vom 30. 3. 1936 RGBl. I S. 336 (siehe auch Preuß. Besoldungsblatt 1936 S. 114) und — für die Gemeinden und

§ 7 Abs. 6.

(6) Beim Übertritt in eine Besoldungsgruppe mit höherem oder gleichem Endgrundgehalte, der der Beamte bereits früher angehört hat, erhält er das frühere Besoldungsdienstalter dieser Besoldungsgruppe wieder. Hierbei gilt Abs. 2. Ergibt sich dabei ein Minderbetrag an Grundgehalt einschließlich der ruhegehaltsfähigen und unwiderruflichen Stellenzulagen, so wird dieser Minderbetrag als persönliche ruhegehaltsfähige Zulage insoweit und so lange gewährt, bis er durch Aufsteigen in den Dienstaltersstufen ausgeglichen ist.

Besoldungsvorschriften.

Nr. 35. Die Vorschrift des § 7 Abs. 6 hat den Vorrang vor allen anderen Vorschriften, die die Regelung des BDA. beim Übertritt in eine andere Besoldungsgruppe betreffen.

§ 7 Abs. 7.

(7) Beim Übertritt aus einer Besoldungsgruppe in eine andere mit niedrigerem Endgrundgehalte setzt die oberste Reichsbehörde im Einvernehmen mit dem Reichsminister der Finanzen das Besoldungsdienstalter fest.

§ 7 Abs. 8.

(8) Abs. 1 bis 7 gelten nicht bei der Übernahme von Soldaten der Wehrmacht in den Zivildienst.

Besoldungsvorschriften.

Nr. 36. (1) Als Übernahme in den Zivildienst gilt auch die Übernahme in eine Beamtenstelle der Wehrmacht.

(2) Die in Stellen des Zivildienstes übertretenden Soldaten erhalten die ihrer neuen Stelle entsprechenden Dienstbezüge ohne Rücksicht auf die Höhe der Besoldung, die sie als Soldaten der Wehrmacht bezogen haben.

(3) Sind sie Versorgungsanwärter, so ist ihnen bei der planmäßigen Anstellung die nach § 5 Abs. 3 bis 6 sich ergebende Zeit auf das BDA. anzurechnen.

(4) Sind sie nicht Versorgungsanwärter, so kann eine Anrechnung von Heeres- oder Marinedienstzeit nach § 6 erfolgen. Der Umstand, daß beim Übertritt in den Zivildienst etwa eine Verschlechterung in den gesamten Dienstbezügen

---

Gemeindeverbände — § 3 der Verordnung vom 16.3.1936 GS. S. 78 (siehe Anhang S. 137/138).

eintritt, ist jedoch in der Regel nicht als eine des Ausgleichs bedürfende Härte anzusehen.

Nr. 37. Ist die planmäßige Anstellung eines Beamten durch Kriegsdienst oder durch den vor dem Kriege in Erfüllung der gesetzlichen Dienstpflicht abgeleisteten Heeres- und Marinedienst verzögert worden, so ist weiterhin nach Ziffer 124 bis 132 der Besoldungsvorschriften vom 16. Juni 1920 in der Fassung der Bekanntmachung vom 14. Juli 1924 (RBB. S. 221) zu verfahren.

---

1. Die gelegentlich aufgeworfene Frage, ob es zulässig ist, denjenigen Personen, die am Kriege teilgenommen, die Beamteneigenschaft aber erst nach Beendigung des Krieges erworben haben, die Heeres- usw. Dienstzeit schlechthin auf das Besoldungsdienstalter anzurechnen, ist zu verneinen. Eine Ausnahmeregelung sieht aber Nr. 37 der Besoldungsvorschriften für diejenigen Fälle vor, in denen sich die planmäßige Anstellung von Beamten durch Kriegsdienst und darüber hinaus durch den vor dem Kriege in Erfüllung der gesetzlichen Dienstpflicht abgeleisteten Heeres- usw. Dienst verzögert worden ist. Nr. 37 der Besoldungsvorschriften regelt die Frage jedoch nicht unmittelbar, sondern verweist insoweit auf Ziff. 124 bis 132 der Besoldungsvorschriften vom 16. Juni 1920 in der Fassung der Bekanntmachung vom 14. Juli 1924 Reichsbesoldungsblatt S. 221. Praktisch werden diese Vorschriften wohl jetzt kaum noch auf Gemeindebeamte zur entsprechenden Anwendung gelangen können, da insbesondere der Nachweis einer Verzögerung der planmäßigen Anstellung auf Grund der erwähnten Vorschriften sich nicht mehr erbringen lassen wird.

2. Die Frage der Anrechnung der in Erfüllung der neuen gesetzlichen Wehr- und Reichsarbeitsdienstpflicht abgeleisteten Zeiten ist durch Nr. 82 a, 83 Abs. 3 und 87 der Reichsbesoldungsvorschriften geregelt. Die erwähnten Bestimmungen stellen eine Ergänzung bzw. Abänderung der Reichsbesoldungsvorschriften durch eine Verordnung des Reichsministers der Finanzen vom 29. Mai 1936 (Preuß. Besoldungsblatt S. 183) dar; in dieser Verordnung (Artikel 3) werden auch die Gemeinden und Gemeindeverbände verpflichtet, entsprechende Bestimmungen zu erlassen. Diese Verpflichtung wird man ohne weiteres dann als erfüllt ansehen können, wenn die Gemeinden und Gemeindeverbände bereits in ihrer örtlichen Besoldungsordnung die entsprechende Anwendung der Reichsbesoldungsvorschriften vorgesehen haben.

Besoldungsvorschriften.

Nr. 38. (1) Bei der ersten planmäßigen Anstellung der hochschulmäßig vorgebildeten Beamten wird die zwischen dem Beginne des Diätendienstalters (Nr. 83) und der ersten planmäßigen Anstellung liegende Zeit auf das BDA. angerechnet, soweit sie fünf Jahre übersteigt.

(2) Abs. 1 gilt auch für die aus dem Landesdienst in den Reichsdienst übertretenden hochschulmäßig vorgebildeten Beamten.

---

1. Inhaltlich stellt Nr. 38 eine Abweichung vom Grundsatz des § 5 Abs. 2 dar; in Nr. 38 wird im Gegensatz zu § 5 Abs. 2 nicht verlangt, daß die zwischen dem Beginn des Diätendienstalters und der ersten planmäßigen Anstellung liegende Zeit bei derselben Dienstlaufbahn zurückgelegt ist. Dies ist darauf zurückzuführen, daß das Reich die hochschulmäßig vorgebildeten Beamten in der Regel aus anderen Laufbahnen übernimmt (vgl. Sölch, Woothke, Rackow S. 181 Anm. 2); bei den Gemeinden und Gemeindeverbänden wird dies stets der Fall sein.

2. Nach Nr. 83 der Besoldungsvorschriften sind hochschulmäßig vorgebildete Beamte solche Beamte, die bestimmungsmäßig ein Hochschulstudium von mindestens drei Jahren zu vollenden haben.

3. War ein hochschulmäßig vorgebildeter Beamter bereits vor seinem Übertritt in den Reichsdienst außerplanmäßiger Beamter, so mußte ihm ein Diätendienstalter nach Nr. 83 Abs. 9 der Reichsbesoldungsvorschriften festgesetzt werden und es ist alsdann bei der planmäßigen Anstellung Nr. 38 anzuwenden (vgl. Sölch, Woothke, Rackow S. 181 Anm. 3).

Erwerben hochschulmäßig vorgebildete Beamte die Beamteneigenschaft erst mit der planmäßigen Anstellung, so ergibt sich aus Nr. 38 Abs. 2, daß auch für sie zunächst ein Diätendienstalter und erst alsdann ein Besoldungsdienstalter festzusetzen ist (vgl. Sölch, Woothke, Rackow S. 181 Anm. 3).

Für die Gemeinden und Gemeindeverbände besteht die gleiche Rechtslage.

Besoldungsvorschriften.

Nr. 39. Erfolgt die erste planmäßige Anstellung eines Beamten nicht in der Besoldungsgruppe, in der sie bei regelmäßig verlaufender Dienstlaufbahn erfolgen würde, z. B. bei den hochschulmäßig vorgebildeten Beamten in einer anderen Besoldungsgruppe als in der BesGr. A 2 c, so ist das BDA. so zu berechnen, wie wenn der Beamte in dieser Besoldungsgruppe angestellt und noch an demselben Tage in seine wirkliche Anstellungsgruppe befördert oder versetzt worden wäre.

---

1. Es kann zweifelhaft sein, ob die Nr. 39 von den Gemeinden und Gemeindeverbänden insbesondere dann entsprechend anzuwenden ist, wenn es sich um Beamte des mittleren Dienstes handelt,

die — wie es bei der sog. Einheitslaufbahn üblich ist — erstmalig in der Besoldungsgruppe A 7a angestellt werden, ohne sich also jemals in der Besoldungsgruppe A 8a befunden zu haben. Eine grundsätzliche Entscheidung hat diese Frage bisher nicht gefunden. Vielleicht läßt sich aber die Auffassung nicht ganz von der Hand weisen, daß die betreffenden Beamten — die nach Besuch einer Verwaltungsschule die erste Verwaltungsprüfung abgelegt haben — im Hinblick auf ihre von der der Reichsbeamten des einfachen mittleren Dienstes völlig abweichende Laufbahn nicht unter Nr. 39 fallen.

Besoldungsvorschriften.

Nr. 40. (1) Die Zeit eines durch die Annahme- oder Prüfungsbedingungen vorgeschriebenen Besuchs einer staatlichen oder staatlich anerkannten technischen Fachschule oder eines diesen ersetzenden Hochschulbesuchs sowie die neben diesem Fach- oder Hochschulbesuch vorgeschriebene Zeit einer praktischen Beschäftigung (Nr. 28) wird auf das BDA. angerechnet, soweit dadurch der Beginn des BDA. gegenüber den nicht technisch vorgebildeten Beamten, die im Geschäftsbereich derselben obersten Reichsbehörde in derselben Besoldungsgruppe mit gleichzubewertenden Dienstaufgaben betraut sind, hinausgeschoben wird. Näheres bestimmt die oberste Reichsbehörde im Einvernehmen mit dem Reichsminister der Finanzen.

(2) Die oberste Reichsbehörde kann die Anwendung des Abs. 1 auf die am 30. September 1927 im Amte befindlichen planmäßigen Beamten ausdehnen.

1. Zuständig für Regelungen gemäß Abs. 1 Satz 2 und Abs. 2 sind die Gemeinden und Gemeindeverbände.

Nr. 41. (1) Beim Übertritt eines planmäßigen (unmittelbaren) Landesbeamten in den Reichsdienst ist wie folgt zu verfahren:

(2) Wenn die Gehaltsklasse, der der Beamte bisher angehört hat, einer Besoldungsgruppe des Reichsbesoldungsgesetzes sowohl hinsichtlich der in ihr eingereihten Beamten als auch hinsichtlich der Grundgehaltssätze und der neben dem Grundgehalt zu gewährenden Dienstbezüge im wesentlichen entspricht, so wird das BDA. so festgesetzt, wie wenn der Beamte aus der entsprechenden Besoldungsgruppe des Reichsbesoldungsgesetzes übergetreten wäre.

(3) Der Reichsminister der Finanzen kann zu Abs. 2 weitere Durchführungsbestimmungen erlassen.

(4) Treffen die Voraussetzungen im Abs. 2 nicht zu, so wird das BDA. von der obersten Reichsbehörde im Einvernehmen mit dem Reichsminister der Finanzen so festgesetzt, wie wenn der Beamte seine bisherige Dienstlaufbahn in den entsprechenden Besoldungsgruppen des Reichsbesoldungsgesetzes zurückgelegt hätte.

Nr. 42. (1) Beim Übertritt eines Beamten der Deutschen Reichsbahngesellschaft wird seine Dienstzeit wie Reichsdienstzeit gerechnet.

(2) Nr. 41 Abs. 2 bis 4 gilt entsprechend.

Nr. 43. (1) Wird ein mit Wirkung von einem späteren Tage als dem 1. Oktober 1927 ab in den einstweiligen Ruhestand versetzter Beamter in seiner früheren Besoldungsgruppe wieder angestellt, so wird das BDA., das er beim Eintritt in den einstweiligen Ruhestand hatte, um die Zeit des einstweiligen Ruhestandes gekürzt, soweit er nicht während dieser Zeit als nichtplanmäßiger Beamter im Reichsdienst voll beschäftigt war. Die volle Beschäftigung im Reichsdienst als nichtplanmäßiger Beamter muß bei Beschäftigungen, die nach dem 7. August 1925 begonnen haben, in einer schriftlichen Eröffnung der Verwaltung ausgesprochen sein.

(2) Dasselbe gilt, wenn ein mit Wirkung vom 1. Oktober 1927 oder einem früheren Tage in den einstweiligen Ruhestand versetzter Beamter in der seiner früheren Besoldungsgruppe entsprechenden Besoldungsgruppe des neuen BesG. wiederangestellt wird. Dabei sind gegebenenfalls die bei den einzelnen Besoldungsgruppen vorgesehenen Überleitungsbestimmungen zu berücksichtigen.

(3) Wird der Beamte in einer anderen Besoldungsgruppe wieder angestellt, so wird sein BDA. so berechnet, wie wenn er in der früheren oder der ihr entsprechenden Besoldungsgruppe wieder angestellt und an demselben Tage in die andere Besoldungsgruppe übergetreten wäre.

(4) Abs. 1 bis 3 kann auch bei der Wiederanstellung von Beamten angewendet werden, die in den dauernden Ruhestand versetzt worden sind.

Nr. 44. (1) Ist ein Beamter aus einer planmäßigen Stelle des Reichsdienstes freiwillig ausgeschieden oder ist sein früheres Beamtenverhältnis durch Dienstentlassung gelöst worden, so darf im Falle seiner Wiederanstellung bei der Festsetzung des BDA. auf das BDA. und das Grundgehalt der früheren Stelle keine Rücksicht genommen werden. Beamte, die ihre Stelle freiwillig aufgeben wollen, sind hierauf ausdrücklich hinzuweisen.

(2) Ausnahmen kann die oberste Reichsbehörde im Einvernehmen mit dem Reichsminister der Finanzen zulassen; die Entscheidung hierüber ist vor der Wiederanstellung des Beamten herbeizuführen.

(3) Wird eine Ausnahme (Abs. 2) gemacht, so ist sinngemäß nach Nr. 43 zu verfahren; bei Versorgungsanwärtern dürfen an Stelle der Bestimmungen in Nr. 43 die Bestimmungen in § 5 Abs. 3, 4 angewandt werden. Es kann jedoch auch eine geringere als die hiernach sich ergebende Zeit angerechnet werden.

(4) Abs. 1 bis 3 gilt entsprechend, wenn ein Soldat aus der Wehrmacht ausgetreten war oder wenn seine Dienstentlassung zur Strafe erfolgt war oder wenn ein Offizier seine Entlassung aus privaten, nicht mit dem Dienst in Zusammenhang stehenden Gründen beantragt hatte.

(5) Abs. 1 bis 3 gilt nicht, wenn ein Beamter lediglich zum Zwecke des Übertritts in eine andere planmäßige Stelle ausgeschieden ist. In diesem Falle ist bei Zivil- und Versorgungsanwärtern nach § 7 zu verfahren, bei Versorgungsanwärtern vorbehaltlich des § 5 Abs. 4.

Nr. 45. Wird ein Beamter ohne Dienstbezüge beurlaubt, so ist das BDA. um die volle Zeit des Urlaubs zu kürzen. Eine Ausnahme ist nur zulässig, wenn die Beurlaubung im dienstlichen Interesse erfolgt. In diesem Falle entscheidet die oberste Reichsbehörde bei Erteilung des Urlaubs, daß eine Kürzung zu unterbleiben hat, oder um welchen Teil des Urlaubs das BDA. zu kürzen ist.

---

1. An Stelle der obersten Reichsbehörde tritt bei Gemeinden und Gemeindeverbänden der Bürgermeister usw.

2. Für die Beurlaubung von Beamten der Gemeinden und Gemeindeverbände für Zwecke der NSDAP., ihre Gliederungen und angeschlossenen Verbände gilt der Runderlaß des Reichs- und Preußischen Ministers des Innern vom 12. Januar 1936 (RMBliV. S. 49).

Nr. 46. (1) Ergeben sich bei der Regelung des BDA. nach §§ 5 bis 7 (Nr. 7 bis 45) Härten, so kann die oberste Reichsbehörde im Einvernehmen mit dem Reichsminister der Finanzen ausnahmsweise zum Ausgleich dieser Härten das

BDA. unter Abweichung von den erwähnten Bestimmungen festsetzen.

(2) Als eine eines solchen außerordentlichen Ausgleichs bedürfende Härte ist es aber beispielsweise nicht anzusehen:

a) wenn eine Stelle nicht mit rückwirkender Kraft verliehen worden ist, obwohl es nach Nr. 11 zulässig gewesen wäre,

b) wenn ein dienstjüngerer Amtsgenosse — auch bei derselben Behörde — ein höheres Grundgehalt bezieht,

c) wenn in einer früher bekleideten Stelle oder in einer verlassenen Dienstlaufbahn eine günstigere Beförderung oder sonstige Vorteile hätten erreicht werden können.

1. Vgl. die allgemeinen Ausführungen S. 39.

2. Da es sich um eine Härtevorschrift handelt, ist für eine Verbesserung des Besoldungsdienstalters nach dem Vierten Teil Kap. II § 1 Abs. 2 der Sparverordnung vom 12. September 1931 die Genehmigung der Aufsichtsbehörden einzuholen.

3. Beim Reich ist die Vorschrift nur selten angewendet worden (vgl. Sölch, Woothke, Rackow S. 210 Anm. 1).

Besoldungsvorschriften.

Nr. 47. In allen in §§ 5 bis 7 und Nr. 7 bis 45 nicht geregelten Fällen setzt die oberste Reichsbehörde im Einvernehmen mit dem Reichsminister der Finanzen das BDA. fest.

1. Die Bestimmung dürfte kaum praktische Bedeutung haben.

§ 8.

(1) Der Beamte ist von der Festsetzung seines Besoldungsdienstalters schriftlich zu benachrichten.

(2) Die Entscheidungen der Verwaltungsbehörden über die Festsetzung des Besoldungsdienstalters sind für die Beurteilung der vor dem Gerichte geltend gemachten vermögensrechtlichen Ansprüche maßgebend.

1. Zu § 8 Abs. 1 vgl. Nr. 45 Abs. 1 der Preußischen Besoldungsvorschriften. Diese Bestimmung, die nach dem Runderlaß des Finanzministers vom 14. April 1936 Preuß. Besoldungsblatt 127, 130 als Verwaltungsvorschrift aufrechterhalten geblieben ist, lautete:

Der Benachrichtigung über die Festsetzung des Besoldungsdienstalters ist unter Hinweis auf § 39 Abs. 3 PrBesG. eine genaue Berechnung beizufügen. Je eine beglaubigte Abschrift dieser Berechnung ist zu den Personalakten des Beamten zu nehmen und der zahlenden Kasse als Rechnungsbeleg zuzufertigen.

2. § 8 Abs. 2 muß im Zusammenhang mit § 4 — und mit Wirkung vom 1. Juli 1937 — auch mit § 21 des neuen Deutschen Beamtengesetzes betrachtet werden. Nach § 4 haben die planmäßigen Beamten einen Rechtsanspruch auf die Gewährung von Dienstalterszulagen. Nach § 21 Abs. 1 des neuen Deutschen Beamtengesetzes kann den Beamten das nach den Dienstaltersstufen des Besoldungsrechts vorgesehene Aufsteigen im Gehalt in jeder Dienstaltersstufe bis zu zwei Jahren versagt werden, wenn er in seinen Leistungen hinter dem billigerweise von ihm zu fordernden Maß zurückbleibt, nach § 8 Abs. 2 des Reichsbesoldungsgesetzes sind die Entscheidungen der Verwaltungsbehörde — bei Beamten der Gemeinden und Gemeindeverbände also in erster Linie die Entscheidungen der Gemeinden und Gemeindeverbände — für die Beurteilung der vor dem Gerichte geltend gemachten vermögensrechtlichen Ansprüche maßgebend; mit anderen Worten die Festsetzung des Besoldungsdienstalters kann im Rechtswege nicht nachgeprüft werden.

Vor dem Inkrafttreten des § 21 des Deutschen Beamtengesetzes ist demnach die Rechtslage so, daß § 4 des Reichsbesoldungsgesetzes den Rechtsanspruch auf Gewährung auf Dienstalterszulage gibt, und zwar nach Maßgabe des von der Gemeinde festgesetzten Besoldungsdienstalters. Allerdings kann die Verwaltung ein — unrichtig festgesetztes Besoldungsdienstalter — abändern. Nach der ständigen Rechtsprechung des Reichsgerichts — vgl. insbesondere RGZ. Bd. 140 S. 102 — kann das Besoldungsdienstalter nicht geändert werden, wenn es auf rechtswirksamer Zusicherung beruht; ferner sind Änderungen, die auf reiner Willkür beruhen, rechtlich unwirksam. In Fällen einer demnach unzulässigen Änderung des Besoldungsdienstalters würde der Beamte — in Abweichung von der Grundregel des § 8 Abs. 2 — mit einer Klage auf Zahlung eines höheren Gehaltes, die auf die ursprüngliche Festsetzung des Besoldungsdienstalters zu gründen wäre, durchdringen.

Gegenüber der Rechtsprechung des Reichsgerichts muß jedenfalls die Einschränkung gemacht werden, daß gerichtliche Nachprüfungen des Besoldungsdienstalters dann unzulässig und hierauf gerichtete Klagen schlechthin abzuweisen sind, wenn die Änderungen des Besoldungsdienstalters in Ausführung der Besoldungsangleichungsvorschriften — vgl. insbesondere §§ 41 Abs. 3, 42 des Beamtenrechtsänderungsgesetzes vom 30. Juni 1933 — erfolgt sind.

§ 21 des Deutschen Beamtengesetzes, der am 1. Juli 1937 in Kraft tritt, bestimmt folgendes:

(1) Bleibt der Beamte in seinen Leistungen hinter dem billigerweise von ihm zu fordernden Maß zurück, so kann ihm das nach den Dienstaltersstufen des Besoldungsrechts vorgesehene Aufsteigen im Gehalt in jeder Dienstaltersstufe bis zu zwei Jahren versagt werden.

(2) Die Entscheidung trifft die oberste Dienstbehörde, die ihre Befugnis auf andere Behörden übertragen kann.

Die Entscheidung der obersten Dienstbehörde ist endgültig. § 21 ändert demnach die Rechtslage dahin ab, daß das im Besoldungsrecht nach Dienstaltersstufen vorgesehene Aufsteigen im Gehalt in jeder Dienstaltersstufe bis zu zwei Jahren durch eine besondere Verwaltungsentscheidung versagt werden kann, wenn er in seinen Leistungen hinter dem billigerweise von ihm zu fordernden Maß zurückbleibt. Wie in der Begründung zum Deutschen Beamtengesetz (Deutscher Reichsanzeiger und Preuß. Staatsanzeiger Nr. 22 vom 28. Januar 1937) ausgeführt wird, handelt es sich beim § 21 um Beamte, die, ohne daß ihnen eine auf Vorsatz oder Fahrlässigkeit zurückzuführende Minderleistung vorgeworfen werden kann, die zur Dienstbestrafung führen würde, nicht dasselbe leisten, was man von den in gleicher Lage befindlichen Beamten im allgemeinen fordern muß und von ihnen auch tatsächlich mitgeleistet wird, die Minderleistung kann hiernach auf eine natürliche Veranlagung zurückzuführen sein, die bei der Anstellung des Beamten nicht erkannt worden ist, sie kann auch auf einem Nachlassen der geistigen Kräfte beruhen, das aber nicht zur Feststellung einer Dienstunfähigkeit ausreicht; solche Beamte können nach der Begründung nicht beanspruchen, in ihren Leistungen ebenso bewertet zu werden, wie ihre voll leistungsfähigen Mitarbeiter, die u. U. noch ihre Arbeit mit erledigen müssen. Auch Beamte, die infolge vorübergehender Krankheit nicht voll leistungsfähig sind oder deren Leistungsfähigkeit in den letzten Dienstjahren vor Erreichung der Altersgrenze naturgemäß nachläßt, soll die Bestimmung im allgemeinen nicht angewendet werden. Die Begründung bemerkt weiter, daß das Aufsteigen im Gehalt in jeder Dienstaltersstufe bis zu zwei Jahren versagt werden kann; der Beamte soll in solchen Fällen also erst bis zu zwei Jahren später aufsteigen; bleibt er auch dann weiter in seinen Leistungen zurück, so soll ihm beim nächsten Mal wieder das Aufsteigen versagt werden; bei ständigen Minderleistungen würde ein solcher Beamter statt alle zwei Jahre nur alle vier Jahre aufsteigen.

Durch den § 21 des Deutschen Beamtengesetzes ist demnach der im § 4 Abs. 1 Satz 1 des Reichsbesoldungsgesetzes enthaltene Rechtssatz, nach dem die planmäßigen Beamten einen Rechtsanspruch auf die Gewährung der Dienstalterszulagen haben — wie in der Begründung gleichfalls hervorgehoben wird — im gewissen Umfange außer Kraft gesetzt worden.

Nach dem Inkrafttreten des § 21 des Deutschen Beamtengesetzes ergibt sich demnach als Rechtszustand, daß der Beamte auf Grund des § 4 des Reichsbesoldungsgesetzes jedenfalls so lange alle zwei Jahre einen Anspruch auf Aufrücken in den Dienstaltersstufen hat, als ihm gegenüber seitens der Verwaltung eine Entscheidung auf Grund des § 21 des Deutschen Beamtengesetzes nicht getroffen ist.

Was die Frage anlangt, wann von § 21 des Deutschen Beamtengesetzes Gebrauch gemacht werden soll, so ist hierzu auf die

Begründung des Gesetzes zu verweisen. Hiernach soll eine so schwerwiegende Entscheidung wie sie § 21 vorsieht, gegen einen Beamten nur ganz ausnahmsweise getroffen werden. Es soll deshalb dem Beamten Gelegenheit zu geben sein, durch Darlegung der Gründe für sein Verhalten bei der höheren Stelle die Abwendung der Maßnahme zu erwirken; die Vorschrift soll in erster Linie erzieherisch wirken und gründet sich auf den nationalsozialistischen Leistungsgrundsatz.

3. Auf Grund der Besoldungsangleichungsvorschriften in Verbindung mit der Preußischen Durchführungsverordnung vom 15. Juli 1933 GS. S. 248 und der Sparverordnung vom 12. September 1931 bedurften alle Besoldungsdienstalter der Genehmigung der Aufsichtsbehörde (vgl. hierzu auch den Runderlaß des Reichs- und Preuß. Ministers des Innern vom 14. Februar 1935 MBliV. S. 201). Dies gilt aber nicht für spätere Festsetzungen des Besoldungsdienstalters, es sei denn, daß es sich um Härtefälle handelt (vgl. Vierter Teil Kap. II § 1 Abs. 2 der Sparverordnung vom 12. September 1931).

§ 9.

(1) Die planmäßigen Beamten erhalten, wenn sie ihren dienstlichen Wohnsitz im Deutschen Reich haben, einen Wohnungsgeldzuschuß nach der als Anlage 4 beigefügten Aufstellung.

(2) Der Reichsminister der Finanzen ist ermächtigt, den Hundertsatz des auszuzahlenden Wohnungsgeldzuschusses zu erhöhen.

(3) Ledige Unteroffiziere und Mannschaften, denen kasernenmäßige Unterkunft gewährt wird, erhalten keinen Wohnungsgeldzuschuß. Satz 1 gilt entsprechend für die Polizeibeamten beim Reichswasserschutz sowie für die planmäßigen Führer des Reichsarbeitsdienstes von der Besoldungsgruppe AD 9 an abwärts. Die Bordunterkunft derjenigen ledigen Unteroffiziere und Mannschaften, die zur planmäßigen Besatzung in Dienst gestellter Kriegsfahrzeuge gehören, steht im Sinne vorstehender Bestimmung der kasernenmäßigen Unterkunft gleich.

(4) Verheiratete weibliche Beamte erhalten den Wohnungsgeldzuschuß zur Hälfte. Sie erhalten keinen Wohnungsgeldzuschuß, wenn der Ehemann Beamter oder Angestellter des Reichs, eines Landes, einer Gemeinde oder einer sonstigen Körperschaft des öffentlichen Rechts ist.

Besoldungsvorschriften.

Nr. 48. (1) Nach welcher von den sieben Tarifklassen der Wohnungsgeldzuschuß — vorbehaltlich des § 10 Abs. 1 — jeweils zu gewähren ist, ist bei den einzelnen Besoldungsgruppen der Besoldungsordnungen A, B und C vermerkt. Die Einreihung in die Tarifklassen richtet sich lediglich nach der Zugehörigkeit zu einer bestimmten Besoldungsgruppe oder Dienstaltersstufe; alle Zulagen — auch die in den Anmerkungen zu den Besoldungsordnungen festgesetzten Zulagen — und sonstigen Bezüge blieben hierbei außer Betracht.

(2) Würde ein Beamter beim Übertritt in eine Besoldungsgruppe mit höherem oder gleichem Endgrundgehalt den Wohnungsgeldzuschuß nach einer niedrigeren Tarifklasse als bisher zu beziehen haben, so wird ihm der Wohnungsgeldzuschuß nach der bisherigen Tarifklasse weitergewährt.

(3) Würde ein Beamter nach dem Übertritt in eine Besoldungsgruppe mit höherem oder gleichem Endgrundgehalt den Wohnungsgeldzuschuß nach einer höheren Tarifklasse später zu beziehen haben, als er ihn in der verlassenen Besoldungsgruppe erhalten hätte, so wird ihm der höhere Wohnungsgeldzuschuß von dem Zeitpunkt ab gewährt, von dem ab er ihn in der verlassenen Besoldungsgruppe erhalten hätte.

Nr. 49. Unter die Bestimmung des § 9 Abs. 3 Satz 2 fallen die Polizeibeamten der BesGr. RWS 5 bis RWS 8.

Nr. 50. (1) Hat ein verheirateter weiblicher Beamter wegen völliger Erwerbsunfähigkeit des Ehemanns allein für den Unterhalt der Familie zu sorgen oder ist er zur ehelichen Gemeinschaft nicht verpflichtet, so kann ihm von der obersten Reichsbehörde der volle Wohnungsgeldzuschuß bewilligt werden.

(2) Verwitwete oder geschiedene weibliche Beamte erhalten den vollen Wohnungsgeldzuschuß.

(3) Ist der Wohnungsgeldzuschuß nach § 9 Abs. 4 auf die Hälfte herabzusetzen oder völlig einzuziehen, so wird die Änderung vom Ersten des Monats an wirksam, welcher auf das für die Herabsetzung oder Einziehung maßgebende Ereignis (z. B. die Verheiratung) folgt. Hat sich das Ereignis am ersten Tage eines Monats zugetragen, so wird die Herabsetzung von diesem Tage an wirksam. Eine nach derselben Bestimmung gebotene Erhöhung des Wohnungsgeldzuschusses wird vom Ersten des Monats an wirksam, in den das maßgebende Ereignis (z. B. der Tod des Ehemanns) fällt.

(4) Den Beamten und Angestellten des Reichs stehen im Sinne des § 9 Abs. 4 Satz 2 die Soldaten der Wehrmacht sowie die Beamten und Angestellten der Deutschen Reichsbahn-Gesellschaft gleich.

1. Dienstlicher Wohnsitz ist nach Nr. 61 der Reichsbesoldungsvorschriften in der Regel der Amtssitz, d. h. der Sitz der Behörde oder Dienststelle, bei der der Beamte angestellt ist. Hieraus ergibt sich, daß bei Gemeindebeamten dienstlicher Wohnsitz stets die politische Gemeinde usw. ist, bei der sie angestellt sind. Wird einem Gemeindebeamten ausnahmsweise von seiner Anstellungsgemeinde gestattet, sich in einer Nachbargemeinde eine Wohnung zu nehmen, so ist für den Wohnungsgeldzuschuß trotzdem die Einstufung seiner Anstellungsgemeinde in das Ortsklassenverzeichnis maßgebend. Dies ist dann von praktischer Bedeutung, wenn die Nachbargemeinde einer anderen Ortsklasse als die Anstellungsgemeinde angehört.[1][2])

2. Die Hundertsätze des Wohnungsgeldzuschusses sind mehrfach geändert und zuletzt mit Wirkung vom 1. Oktober 1927 auf 120% festgesetzt worden (vgl. den Runderlaß des Reichsministers der Finanzen vom 17. Dezember 1927 Reichsbesoldungsblatt 1927 S. 153).[3])

§ 10.

(1) Ledige Beamte erhalten an Stelle des Wohnungsgeldzuschusses, der sich nach § 9 ergeben würde, den der nächstniedrigeren Tarifklasse. An Stelle des Wohnungsgeldzuschusses VII treten hierbei die um 40 vom Hundert gekürzten Sätze.

(2) Die einschränkende Bestimmung im Abs. 1 gilt nicht für Geistliche.

Besoldungsvorschriften.

Nr. 51. (1) Die Vorschrift umfaßt nur ledige Beamte; verwitwete und geschiedene Beamte erhalten den gleichen Wohnungsgeldzuschuß wie verheiratete Beamte.

(2) Schwerkriegsbeschädigten ledigen Beamten, die infolge ihrer Beschädigung eine Person ständig in ihren Hausstand aufnehmen müssen, oder die aus einem anderen in ihrer Beschädigung liegenden Grunde eine größere Wohnung nehmen müssen, als sie ledige Beamte in der Regel innehaben, kann die oberste Reichsbehörde den Wohnungsgeldzuschuß

---

[1]) Demnach stimmt der Begriff des dienstlichen Wohnsitzes im Sinne des § 9 des Reichsbesoldungsgesetzes nicht mit dem des Wohnsitzes im Sinne des § 7 BGB. überein.

[2]) Vgl. aber die Ausnahmefälle in Anm. 2 S. 84.

[3]) Dies wird im Anhang IV S. 189 bereits berücksichtigt.

der nichtledigen Beamten zubilligen. Die Bewilligung ist widerruflich.

(3) Nr. 50 Abs. 3 Satz 3 gilt entsprechend.

---

1. Die Gewährung eines niedrigeren Wohnungsgeldzuschusses war ursprünglich auf ledige Beamte bis zum vollendeten 45. Lebensjahre beschränkt. Diese Regelung hatte im Gegensatz zum preußischen Recht gestanden, das eine solche Beschränkung nicht kannte. Durch die 24. Ergänzung zum Reichsbesoldungsgesetz wurde die beim Reich bestehende Rechtslage an die preußische angepaßt, jedoch unter Wahrung des Besitzstandes der bei seinem Inkrafttreten bereits angestellten ledigen Beamten über 45 Jahre. Aus dieser Besitzstandwahrung können aber weder für die preußischen Staatsbeamten noch für die Beamten der Gemeinden und Gemeindeverbände Folgerungen hergeleitet werden; denn da es im preußischen Recht niemals eine privilegierte Stellung der über 45 Jahre alten ledigen Beamten gegeben hat, so fehlt jeglicher Anlaß für eine Besitzstandwahrung.

§ 11.

Bei Einräumung einer Dienstwohnung wird diese dem Beamten mit einem Betrag, den die zuständige Behörde unter Mitwirkung der örtlichen Beamtenvertretung und unter Berücksichtigung des örtlichen Mietwerts festgesetzt, auf seine Dienstbezüge angerechnet.

Besoldungsvorschriften.

Nr. 52. (1) Als Dienstwohnungen im Sinne des § 11 gelten nur solche Wohnungen oder einzelne Zimmer, die den Beamten auf Grund des Reichshaushaltsplans (des Voranschlags der Deutschen Reichspost) als Dienstwohnungen zugewiesen sind.

(2) Ausnahmsweise kann auch nach Feststellung des Reichshaushaltsplans durch den Reichstag (des Voranschlags der Deutschen Reichspost durch den Verwaltungsrat) mit Wirkung bis zum Ende des laufenden Rechnungsjahrs einer Wohnung die Eigenschaft einer Dienstwohnung beigelegt werden. Die Entscheidung hierüber trifft die oberste Reichsbehörde im Einvernehmen mit dem Reichsminister der Finanzen. Für den Dienstbereich der Deutschen Reichspost trifft diese Entscheidung das Reichspostministerium.

Nr. 53. (1) Der Betrag, der dem Beamten gemäß § 11 bei Einräumung einer Dienstwohnung auf seine Dienstbezüge angerechnet wird, ist die Dienstwohnungsvergütung.

(2) Bei der Festsetzung der Höhe der Dienstwohnungsvergütung hat die örtliche Beamtenvertretung gutachtlich mitzuwirken. Vor der Entscheidung ist der beteiligte Beamte zu hören.

(3) Der bei der Festsetzung der Dienstwohnungsvergütung zu berücksichtigende örtliche Mietwert der Dienstwohnung ist durch den Vergleich mit den Mieten zu ermitteln, die in derselben Gemeinde für Wohnungen gezahlt werden, die nach ihrer Lage und Art und nach anderen den Mietwert beeinflussenden besonderen Umständen vergleichbar sind. Unzulässig ist es, den Mietwert auf Grund des Bauwerts oder auf Grund von Abschätzungen festzusetzen, die auf die für gleichartige und gleichwertige Wohnungen vereinbarten Mieten keine Rücksicht nehmen. Wegen des während der Geltungsdauer des Reichsmietengesetzes vom 24. März 1922 (RGBl. I S. 273) zu beachtenden Verfahrens vgl. Nr. 58.

(4) Die Entscheidung über die Höhe der Dienstwohnungsvergütung ist dem Dienstwohnungsinhaber schriftlich bekanntzugeben. Sie ist endgültig. Ist sie jedoch gegen den Widerspruch der Beamtenvertretung erfolgt, so kann der Dienstwohnungsinhaber binnen zweier Wochen von der Bekanntgabe ab Beschwerde an die der zuständigen Behörde (Nr. 57) vorgesetzte Behörde einlegen, wenn nicht bereits die oberste Reichsbehörde entschieden hat. Über das Beschwerderecht ist der Beamte bei der Bekanntgabe zu belehren.

(5) Die Dienstwohnungsvergütung darf den Betrag des Wohnungsgeldzuschusses (einschließlich der Erhöhung nach § 9 Abs. 2), der dem Dienstwohnungsinhaber jeweils tatsächlich zusteht, nicht übersteigen (höchste Dienstwohnungsvergütung).

Nr. 54. Den Auslandsbeamten werden ihre Dienstbezüge (vgl. Nr. 3) um den Mietwert der Dienstwohnung einschließlich des Mietwerts der etwa vom Reiche gestellten Geräteausstattung nach den vom Reichsminister der Finanzen im Einvernehmen mit den beteiligten obersten Reichsbehörden aufzustellenden Grundsätzen gekürzt. Nr. 53 Abs. 5 gilt nicht.

Nr. 55. Die unentgeltliche Einräumung einer Dienstwohnung ist unzulässig.

Nr. 56. Mit der nach Nr. 53 und 54 ermittelten Dienstwohnungsvergütung sind alle Leistungen abgegolten, die nach den Dienstwohnungsvorschriften (Nr. 60) dem Reich obliegen. Die Kostenteile für Heizung und Warmwasserversorgung (vgl. Nr. 60) sind in jedem Falle neben der Dienstwohnungsvergütung zu zahlen.

Nr. 57. (1) Zuständig für die Festsetzung der Dienstwohnungsvergütungen ist für den Dienstbereich der Deutschen Reichspost die Oberpostdirektion, im übrigen das Landesfinanzamt.

(2) Hinsichtlich der Dienstwohnungen von Beamten, die ihren dienstlichen Wohnsitz nicht im Deutschen Reich haben, ist die oberste Reichsbehörde zuständig, für die Dienstwohnungen von Zollbeamten in Grenzorten jedoch das Landesfinanzamt.

Nr. 58. (1) Bis zum Außerkrafttreten des Reichsmietengesetzes vom 24. März 1922 gelten für die Festsetzung der Dienstwohnungsvergütung folgende Bestimmungen.

(2) Die Höhe der Dienstwohnungsvergütung wird nach Hundertteilen der Friedensmiete bemessen. Wieviel Hundertteile der Friedensmiete jeweils als Dienstwohnungsvergütung zu erheben sind, wird vom Reichsminister der Finannanzen im Einvernehmen mit dem Reichspostminister festgesetzt.

(3) Die Friedensmiete ist von der zuständigen Behörde für alle reichseigenen Dienstwohnungen durch Vergleich mit dem Mietzins zu ermitteln, der für die mit dem 1. Juli 1914 beginnende Zeit in der Gemeinde für Wohnungen vereinbart war, die nach ihrer Lage und Art und nach anderen den Mietwert beeinflussenden besonderen Umständen vergleichbar sind. Unzulässig ist es, die Friedensmiete auf Grund des Bauwerts oder der vor dem Kriege tatsächlich gezahlten, im allgemeinen unter der ortsüblichen Friedensmiete gehaltenen Dienstwohnungsvergütung oder des einbehaltenen Wohnungsgeldzuschusses festzusetzen.

(4) Für Dienstwohnungen, die in der Zeit nach dem 1. Juli 1914 fertiggestellt worden sind, ist die Friedensmiete in gleicher Weise wie für Altwohnungen zu ermitteln.

(5) Bei der Abschätzung der Friedensmiete nach Abs. 3 hat gemäß Nr. 53 die örtliche Beamtenvertretung gutachtlich mitzuwirken.

(6) Soweit in den Dienstwohnungsvorschriften die Abgeltung bestimmter Leistungen durch die Dienstwohnungsvergütung vom Ortsgebrauch abhängig gemacht ist, ist zu prü-

fen, ob die Leistung ortsüblich mit der Friedensmiete abgegolten war oder nicht. Im ersten Falle hat das Reich, im anderen Falle der Wohnungsinhaber die Kosten zu tragen. Bei Abgaben und Lasten, die nach dem 1. Juli 1914 eingeführt sind, hat die zuständige Behörde zu prüfen, wer nach den Bestimmungen, durch die diese Abgaben usw. eingeführt sind, Abgabeschuldner ist. In Zweifelsfällen entscheidet der Reichsminister der Finanzen im Einvernehmen mit dem Reichspostminister.

Nr. 59. Die grundsätzlichen Bestimmungen über die Festsetzung der Mieten für solche Wohnungen in reichseigenen oder vom Reiche angemieteten Gebäuden, die vom Reiche Beamten überlassen werden, ohne daß diese Wohnungen Dienstwohnungen im Sinne der Nr. 52 sind, erläßt der Reichsminister der Finanzen im Einvernehmen mit dem Reichspostminister, für die an Soldaten überlassenen Kasernenwohnungen im Einvernehmen mit dem Reichswehrminister. Wegen der kasernenmäßigen Unterkunft der ledigen Unteroffiziere und Mannschaften und Polizeibeamten beim Reichswasserschutz vgl. § 9 Abs. 3.

Nr. 60. Die Vorschriften über Benutzung und Unterhaltung der Dienstwohnungen sowie über die Bestreitung der für Wasser-, Gas- und Elektrizitätsbezug, für Zentralheizung usw. zu entrichtenden Abgaben werden vom Reichsminister der Finanzen im Einvernehmen mit dem Reichspostminister erlassen (Dienstwohnungsverschriften).

1. Allgemein sei vorausgeschickt, daß eine Gemeinde zwei Möglichkeiten hat, ihren Beamten Wohnungen zur Verfügung zu stellen. Sie kann

a) dem Beamten eine Dienstwohnung zuweisen,[1])

b) sie kann ihm eine Wohnung in einem stadteigenen Gebäude vermieten.

Was die Dienstwohnung anlangt, so kann sie sich in einem gemeindeigenen Gebäude befinden; es ist aber auch möglich, daß die Gemeinden ihrerseits eine Wohnung in einem Privathaus für sich mietet, dann aber dem Beamten als Dienstwohnung zuweist. Für die Beurteilung des Rechtsverhältnisses zwischen der Gemeinde und dem Beamten macht es keinen Unterschied, ob sich die Dienstwohnung in einem gemeindeeigenen Gebäude befindet, oder ob es sich um eine von der Gemeinde angemietete Wohnung in einem Privathause handelt.

[1]) Vgl. auch § 19 Abs. 2 des Deutschen Beamtengesetzes.

Wählt die Gemeinde den Weg, dem Beamten eine Dienstwohnung zuzuweisen, so hat der Beamte die Pflicht, diese Dienstwohnung zu beziehen. Nähere Weisungen bezüglich der Dienstwohnung können von der Gemeinde dem Beamten im Wege einseitiger Anordnung erteilt werden. Stirbt der Beamte, so ist die hinterbliebene Familie in Ermangelung anderweitiger Festsetzungen nach dem noch in Kraft befindlichen § 5 des Kommunalbeamtengesetzes[1]) in dem Genusse der von dem verstorbenen Beamten bewohnten Dienstwohnung nach Ablauf des Sterbemonats noch drei fernere Monate zu belassen; hinterläßt der Beamte keine Familie, so ist nach der gleichen Vorschrift denjenigen, auf welche sein Nachlaß übergeht, unter der gleichen Voraussetzung ein vom Todestage an zu rechnende einmonatige Frist zur Räumung der Dienstwohnung zu gewähren.

Im übrigen ist hervorzuheben, daß für Kommunalbeamte allgemeine Vorschriften über Dienstwohnungen — insbesondere über die Regelung der Fragen der Ausstattung, der Reparaturen usw. — fehlen, während es für Reichs- und Staatsbeamte dahingehende Bestimmungen gibt (vgl. das Urteil des Reichsgerichts vom 25. März 1930 RGZ. Bd. 128 S. 62 und Schönebeck „Dienstwohnungen unter Berücksichtigung der preußischen Verhältnisse" im Jahrbuch der Landgemeinden 1936 S. 231 ff.).[2]) Die Gemeinden müssen daher etwaige Anordnungen über Dienstwohnungen örtlich selbst treffen.

Weist eine Gemeinde einem Beamten keine Dienstwohnung zu, sondern vermietet sie ihm eine in einem gemeindeeigenen Gebäude vorhandene Wohnung, so regelt sich das Mietverhältnis zwischen der Gemeinde und Beamten nach bürgerlichem Recht.[3]) Dieses hat auch dann Anwendung zu finden, wenn die Gemeinde das Mietverhältnis aus irgendwelchen Gründen beenden will oder wenn der Beamte stirbt.

2. Im Hinblick darauf, daß die Beamtenvertretungen aufgelöst sind (vgl. die Runderlasse des Ministers des Innern vom 20. Mai 1933 MBliV. I S. 601 und vom 27. Mai 1933 MBliV. S. 602) hatte der Preuß. Finanzminister in dem Runderlaß vom 22. Dezember 1934 Preuß. BesBl. S. 385 auf Grund des damals noch in Kraft befindlichen Preuß. Besoldungsgesetzes angeordnet, daß eine Abänderung der Bestimmungen in den §§ 10 und 14. des Preuß. Besoldungsgesetzes und den entsprechenden Vorschriften in den Preuß. Besoldungsvorschriften geboten erscheine. Es sei beabsich-

---

[1]) Welche Rechtslage nach dem 1. Juli 1937, dem Tage des Inkrafttretens des Deutschen Beamtengesetzes, gegeben sein wird, wird sich abschließend erst nach der Herausgabe der Durchführungsbestimmungen beurteilen lassen.

[2]) Vgl. die Vorschriften über Reichsdienstwohnungen (Dienstwohnungsvorschriften) vom 30. Januar 1937 Reichsbesoldungsblatt S. 9 ff.

[3]) Handelt es sich um den Bürgermeister selber, so bedarf der Mietvertrag auf Grund des § 115 Abs. 2 der Deutschen Gemeindeordnung der Genehmigung der Aufsichtsbehörde.

tigt, die Abänderung der jetzigen Bestimmungen bei gegebener Gelegenheit dahingehend zu bewirken, daß an Stelle der Mitwirkung der Beamtenvertretung der beteiligte Beamte selbst bei Festsetzung des Friedensmietwertes seiner Dienstwohnung bzw. der Vergütung gehört werde; er bestimme hiermit, daß bereits jetzt hiernach zu verfahren sei. Eine ähnliche Anordnung hat der Reichsminister der Finanzen in einem nicht veröffentlichten Erlaß vom 31. August 1934 A 4550/6447 I B getroffen (vgl. Soelch, Woothke, Rackow S. 226 Anmerkung 5). Es erscheint selbstverständlich, daß die Gemeinden entsprechend verfahren, d. h. also vor der Festsetzung des Friedensmietwertes einer Dienstwohnung den beteiligten Beamten anhören.

3. Seit dem 1. April 1933 wird bei Reichsbeamten für die Anrechnung der Dienstwohnung auf den Wohnungsgeldzuschuß der nach den drei Gehaltskürzungsverordnungen gekürzte Wohnungsgeldzuschuß, nicht mehr — wie vorher — der ungekürzte Wohnungsgeldzuschuß zugrunde gelegt. Ein Reichsbeamter braucht also für die Dienstwohnung im ungünstigsten Fall nur auf den gekürzten Wohnungsgeldzuschuß zu verzichten, ist also nicht mehr — wie vor dem 1. April 1933 u. U. genötigt, die Dienstwohnung, praktisch betrachtet, aus dem (nach den drei Gehaltskürzungsverordnungen) gekürzten Grundgehalt zu bezahlen (vgl. die Verordnung des Reichsministers der Finanzen vom 23. März 1933 [Reichsbesoldungsblatt S. 1312]). Es erscheint selbstverständlich, daß die Gemeinden und Gemeindeverbände hinsichtlich ihrer Beamten ebenso wie das Reich verfahren.

4. Zur Frage des örtlichen Mietwerts vgl. Nr. 53 Abs. 3 der Reichsbesoldungsvorschriften.

§ 12.

(1) Für die Einteilung der Orte oder von Ortsteilen in Ortsklassen ist das Ortsklassenverzeichnis, wie es durch die Verordnung über die Achtzehnte Ergänzung des Besoldungsgesetzes vom 23. Oktober 1924 (Reichsbesoldungsblatt S. 289) festgestellt worden ist, mit den inzwischen ergangenen Berichtigungen, Änderungen und Ergänzungen maßgebend.

(2) Die Einreihung von Orten oder Ortsteilen in das Ortsklassenverzeichnis im Falle von Neuaufstellung des Verzeichnisses erfolgt durch den Reichsminister der Finanzen mit Zustimmung des Reichsrats nach Maßgabe von Grundsätzen, die vom Reichsrat und einem Ausschuß des Reichstags festgelegt werden.

(3) Das Ortsklassenverzeichnis ist alsbald neu aufzustellen. Der Zeitpunkt für spätere Neuaufstellungen wird durch den Reichsrat und den Reichstag bestimmt. In der Zeit zwi-

schen Neuaufstellungen kann der Reichsminister der Finanzen mit Zustimmung des Reichsrats einzelne Orte oder Ortsteile bei hervortretendem Bedürfnis nach Maßgabe der zuletzt aufgestellten Grundsätze in eine andere Ortsklasse einreihen. Zur Einreihung in niedrigere Ortsklassen ist in jedem Falle die Zustimmung des Reichsrats oder der Landesregierung erforderlich.

(4) Welcher Ortsklasse ein Ort außerhalb des Deutschen Reichs zuzuweisen ist, bestimmt der Reichsminister der Finanzen.

(5) Der Reichsminister der Finanzen kann Anlagen (Kasernen, Bahnanlagen usw.) und Ortsteile geringen Umfanges (Abbauten usw.), die mit der Gemeinde, in deren Bezirk sie liegen, nicht im Zusammenhange stehen, von der Ortsklasse dieser Gemeinde ausnehmen und einer anderen Ortsklasse zuteilen, wenn ihr Verbleiben in der Ortsklasse ihrer Gemeinde eine erhebliche Härte bedeutet.

(6) Die nach Abs. 2 bis 5 getroffenen Anordnungen sind dem Reichstag mitzuteilen.

1. Wegen des Ortsklassenverzeichnisses und der zu ihm ergangenen Änderungen wird auf das Reichsbesoldungsblatt verwiesen.

§ 13.

(1) Der Wohnungsgeldzuschuß wird nach der Ortsklasse des dienstlichen Wohnsitzes gewährt.

(2) Bei Versetzungen sowie bei Dienstleistungen, die eine Verlegung des dienstlichen Wohnsitzes zur Folge haben, wird der Wohnungsgeldzuschuß vom Ersten des auf die Änderung des dienstlichen Wohnsitzes folgenden Monats nach der Ortsklasse des Versetzungsorts oder Dienstleistungsorts gezahlt. Ändert sich der dienstliche Wohnsitz am ersten Werktag eines Monats, so tritt der Wechsel in der Ortsklasse schon mit diesem Monat ein.

(3) Hat die Verlegung des dienstlichen Wohnsitzes an einen Ort, der zu einer niedrigeren Ortsklasse gehört, eine Verminderung des Wohnungsgeldzuschusses zur Folge, so wird hierdurch ein Entschädigungsanspruch nicht begründet.

1. Eine Versetzung liegt nicht vor, wenn ein Beamter aus dem Dienst einer Gemeinde freiwillig in den einer anderen Gemeinde übertritt.

Besoldungsvorschriften.

Nr. 61. (1) Dienstlicher Wohnsitz im Sinne der §§ 9, 13 ist in der Regel der Amtssitz, d. h. der Sitz der Behörde oder Dienststelle, bei der der Beamte angestellt ist.

(2) Statt dessen kann in Ausnahmefällen die oberste Reichsbehörde im Einvernehmen mit dem Reichsminister der Finanzen einzelnen Beamten oder Beamtengattungen den Ort, welcher den Mittelpunkt ihrer dienstlichen Obliegenheiten bildet, als dienstlichen Wohnsitz im Sinne der §§ 9, 13 anweisen.

(3) Ebenso kann ausnahmsweise die oberste Reichsbehörde bis auf weiteres einem einzelnen Beamten auf Antrag den tatsächlichen Wohnort als dienstlichen Wohnsitz anweisen, sofern er ihn auf Anordnung seiner vorgesetzten Dienststelle innehat.

(4) Den im Ausland an der deutschen Grenze beschäftigten Beamten kann die oberste Reichsbehörde einen im Deutschen Reich in der Nähe des Beschäftigungsorts gelegenen Ort als dienstlichen Wohnsitz anweisen. Eine solche Anweisung eines dienstlichen Wohnsitzes gilt als Versetzung im Sinne des § 13.

---

1. Vgl. Anm. 1 zu § 9 S. 76.

2. Zuständig für Anordnungen gemäß Abs. 2 und 3 ist die Gemeinde oder der Gemeindeverband. Als Beispiele für Abs. 2 und 3 seien die Anstalten der Provinzialverbände angeführt, ferner Kinderheime, die von Gemeinden an der Nordsee unterhalten werden.

Nr. 62. (1) Bei Soldaten der Wehrmacht gilt als dienstlicher Wohnsitz der Standort (Garnisonort).

(2) Nr. 61 Abs. 3 gilt auch für die Soldaten der Wehrmacht.

Nr. 63. Eine Dienstleistung, die eine Verlegung des dienstlichen Wohnsitzes zur Folge hat, liegt dann vor, wenn von der vorgesetzten Behörde wegen der voraussichtlich längeren Dauer der Dienstleistung der Umzug des Beamten angeordnet wird.

Nr. 64. (1) Wenn versetzte Beamte und Beamte, deren Umzug gemäß Nr. 63 angeordnet ist, ihren Hausstand am Versetzungsort oder Ort der Dienstleistung wegen Wohnungsmangels nicht einrichten können und auch von der vorgesetzten Behörde anerkannt wird, daß tatsächlich die Erlangung einer ihren Verhältnissen entsprechenden Wohnung unmöglich ist, gilt bis zum Letzten des Monats, in dem die Fortführung des Hausstandes am bisherigen Wohnort aufhört, dieser als dienstlicher Wohnsitz im Sinne der §§ 9, 13.

(2) Zieht ein Beamter mit eigenem Hausstand, der versetzt ist, vor dem festgesetzten Dienstantrittstage mit Genehmigung seiner vorgesetzten Behörde nach dem Versetzungsort um, so wird der Wohnungsgeldzuschuß vom Ersten des auf die Verlegung des Hausstandes folgenden Monats ab nach dem Satze des Versetzungsortes gezahlt.

(3) Erfolgt der Umzug in den Fällen des Abs. 1 und 2 am ersten Werktag eines Monats, so tritt der Wechsel im Wohnungsgeldzuschuß schon mit diesem Monat ein.

Vorbemerkung.

Es ist zwischen Kinderzuschlägen in den im Besoldungsgesetz geregelten Fällen und sog. Kinderbeihilfen in gesetzlich nicht geregelten Fällen zu unterscheiden. Die Kinderzuschläge in gesetzlich geregelten Fällen beziehen sich auf Kinder bis zu 21 Jahren; auf die Kinderzuschläge besteht ein Rechtsanspruch der Beamten, sofern die Voraussetzungen für ihre Gewährung im einzelnen erfüllt sind. Kinderbeihilfen können — ohne daß ein Rechtsanspruch besteht — für Kinder von Reichsbeamten vom vollendeten **21.** bis **24.** Lebensjahr auf Antrag widerruflich bewilligt werden (vgl. den Runderlaß des Reichsministers der Finanzen vom 28. März 1928 Reichsbesoldungsblatt S. 57).[1]) Es kann keinem Zweifel unterliegen, daß die Gemeinden und Gemeindeverbände diesen Runderlaß entsprechend anwenden können.

§ 14 Abs. 1.

(1) Die Beamten erhalten für jedes eheliche Kind bis zum vollendeten einundzwanzigsten Lebensjahr einen Kinderzuschlag von monatlich zwanzig Reichsmark.

Besoldungsvorschriften.

Nr. 65. (1) Die Kinderzuschläge werden vom Ersten des Monats an gezahlt, in den das für die Gewährung maßgebende Ereignis fällt.

[1]) Vgl. den Ergänzungserlaß vom 9. Februar 1937 Reichsbesoldungsblatt S. 74. Hiernach können vom 1. April 1937 ab im Falle der Unterbrechung der Schul- oder Berufsausbildung durch Erfüllung der gesetzlichen Arbeits- oder Wehrdienstpflicht Kinderbeihilfen auch für einen der Zeit dieses Dienstes entsprechenden Zeitraum über das 24. Lebensjahr hinaus gewährt werden (vgl. ferner Nachtrag II S. 210).

(2) Kommt der Beamte seiner Unterhaltspflicht für ein eheliches, für ehelich erklärtes oder an Kindes Statt angenommenes Kind nicht oder nur teilweise nach, so wird der Kinderzuschlag nicht oder nur bis zur Höhe seiner Aufwendungen gewährt. Das gleiche gilt sinngemäß für Stiefkinder.

(3) Für ein verheiratetes Kind wird kein Kinderzuschlag gewährt, es sei denn, daß der Ehegatte es nicht unterhalten kann.

(4) Beamten kann der Kinderzuschlag entzogen werden, solange das Kind im Ausland lebt und seine deutsche Erziehung nicht gewährleistet ist.

(5) Ein am ersten Tage eines Monats geborenes Kind vollendet ein Lebensjahr nach § 187 Abs. 2 des Bürgerlichen Gesetzbuchs mit Ablauf des letzten Tages des vorhergehenden Monats.

(6) Ist für ein eheliches, für ehelich erklärtes oder an Kindes Statt angenommenes Kind oder für ein Stiefkind ein Vormund oder Pfleger bestellt, so kann die vorgesetzte Behörde auf Antrag des Vormundschaftsgerichts bestimmen, daß der Kinderzuschlag nicht an den Beamten, sondern an den Vormund oder Pfleger oder an das Vormundschaftsgericht zu zahlen ist.

Nr. 66. Bei Berechnung der den Hinterbliebenen von Beamten, Soldaten, Wartegeldempfängern und Ruhegehaltsempfängern für das auf den Sterbemonat folgende Vierteljahr zustehenden Gnadenbezüge sind alle für den Sterbemonat zustehenden Kinderzuschläge mit zu berücksichtigen. Außerdem werden Kinderzuschläge für solche Kinder gezahlt, für die die Voraussetzungen zum Bezuge erst während des Vierteljahrs eintreten oder wieder eintreten.

---

1. § 14 Abs. 1 ist mit Wirkung vom 1. August 1931 durch § 4 der zweiten Gehaltskürzungsverordnung dahin geändert worden, daß die Kinderzuschläge wie folgt bemessen sind:

für das 1. Kind	10 RM.
für das 2. Kind	20 RM.
für das 3. und 4. Kind	je 25 RM.
für das 5. und für jedes weitere Kind	je 30 RM.

2. Die Reihenfolge der Kinder für die Bemessung der Kinderzuschläge bestimmt sich nach dem Lebensalter; sie beginnt bei dem ältesten Kind; Kinder, für die weder ein Kinderzuschlag noch eine Kinderbeihilfe gezahlt wird, zählen nicht mit (vgl. hierzu näher

Nr. 28 der Durchführungsbestimmungen zur zweiten Gehaltskürzungsordnung Reichsbesoldungsblatt 1931 S. 99, in der Fassung der Änderungen Reichsbesoldungsblatt 1931 S. 131, 1935 S. 1.[1])

3. Nach dem Runderlaß des Reichsministers der Finanzen vom 28. Januar 1927 Reichsbesoldungsblatt S. 11 kann der Kinderzuschlag auch bei verspätetem Antrag auf seine Bewilligung mit Rückwirkung vom Ersten des Monats an gezahlt werden, in den das für die Gewährung maßgebende Ereignis fällt, wenn die sonstigen Vorbedingungen für die Gewährung des Kinderzuschlags auch für die zurückliegende Zeit erfüllt sind; über die im § 197 BGB. festgesetzte Frist von vier Jahren hinaus dürfen indessen Nachzahlungen nicht geleistet werden.

§ 14 Abs. 2.

(2) Den ehelichen Kindern stehen gleich

1. für ehelich erklärte Kinder;
2. an Kindes Statt angenommene Kinder;
3. Stiefkinder, die in den Hausstand des Beamten aufgenommen sind;
4. uneheliche Kinder, wenn die Vaterschaft des Beamten festgestellt ist und er das Kind in seinen Hausstand aufgenommen hat oder auf andere Weise nachweislich für seinen vollen Unterhalt aufkommt, oder wenn der volle Unterhalt von dem weiblichen Beamten als Mutter gewährt werden muß.

Besoldungsvorschriften.

Nr. 67. (1) Unter an Kindes Statt angenommenen Kindern sind nur solche zu verstehen, die nach § 1741 des Bürgerlichen Gesetzbuchs angenommen sind.[2])

(2) Stiefkinder sind die ehelichen, für ehelich erklärten oder an Kindes Statt angenommenen Kinder des anderen Ehe-

---

[1]) Nr. 63 Abs. 2 Satz 3 der Preußischen Besoldungsvorschriften bleibt nach dem Runderlaß des Finanzministers vom 14. April 1936 Preuß. Besoldungsblatt S. 127, 132 als ein auch im Reich bestehender Besoldungsgrundsatz aufrechterhalten.

Demnach bleiben Kinder, für die Kinderzulagen oder Kinderbeihilfen — insbesondere auf Grund von Vorschriften anderer öffentlich-rechtlicher Dienstherrn gezahlt werden — bei der Feststellung der Zahl und der Reihenfolge der kinderzuschlagfähigen Kinder außer Betracht.

[2]) Für die Gewährung des Kinderzuschlags ist nach wie vor der Tag der Bestätigung des Annahmevertrags durch das zuständige Gericht maßgebend (vgl. den Runderlaß des Finanzministers vom 14. April 1936 Preuß. Besoldungsblatt S. 127, 132).

gatten, die nicht zugleich eigene Kinder sind, sowie die unehelichen Kinder der Ehefrau, nicht aber die unehelichen Kinder des Ehemannes.

(3) Auch für uneheliche Kinder wird der Kinderzuschlag, wenn die sonstigen Voraussetzungen gegeben sind, bis zum vollendeten einundzwanzigsten Lebensjahr, nicht nur für die Dauer der gesetzlichen Unterhaltspflicht des Vaters gewährt. Wenn jedoch das uneheliche Kind die deutsche Staatsangehörigkeit nicht besitzt, so wird der Kinderzuschlag nur so lange gewährt, als der Beamte zur Zahlung einer Unterhaltsrente verpflichtet ist.

(4) Die Vaterschaft des Beamten für ein uneheliches Kind kann nur durch Urteil oder durch Anerkennung in einer öffentlichen Urkunde festgestellt werden.

(5) Die Gewährung des vollen Unterhalts für ein uneheliches Kind ist nur anzunehmen, wenn der Beamte für den Unterhalt des Kindes mindestens einen Betrag in Höhe der Unterhaltsrente aufwendet, zu deren Entrichtung er rechtlich verpflichtet ist. Wenn die festgesetzte Unterhaltsrente niedriger ist als der Kinderzuschlag, so wird dieser nur in Höhe der Unterhaltsrente gewährt. Hat der Beamte das Kind durch eine einmalige Zuwendung oder in ähnlicher Weise abgefunden, so erhält er den Kinderzuschlag, wenn der der Berechnung der Abfindungssumme zugrunde liegende Monatsbetrag mindestens den Betrag der Unterhaltsrente erreicht oder wenn der Unterschiedsbetrag hinzugezahlt wird.

(6) Ein weiblicher Beamter als Mutter eines unehelichen Kindes erhält keinen Kinderzuschlag, solange der uneheliche Vater das Kind unterhält.

(7) Die vorgesetzte Dienstbehörde kann bestimmen, daß der Kinderzuschlag für ein uneheliches Kind nicht an den Beamten, sondern an den Vormund des Kindes oder an das Vormundschaftsgericht auszuzahlen ist.

(8) Die Aufnahme in den Hausstand des Beamten (bei Stiefkindern und unehelichen Kindern) ist auch in den Fällen anzunehmen, in denen er das Kind auf seine Kosten zum Zwecke der Erziehung oder Ausbildung in einer Erziehungs- oder Lehranstalt oder bei Verwandten oder bei einer anderen Familie unterbringt, ohne daß der Familienzusammenhang mit dem Hausstand des Beamten dauernd aufgehoben sein soll.

§ 14 Abs. 3.

(3) Für Kinder vom vollendeten sechzehnten bis zum vollendeten einundzwanzigsten Lebensjahre wird der Kinderzuschlag jedoch nur gewährt, wenn sie

1. sich in der Schulausbildung oder in der Ausbildung für einen künftig gegen Entgelt auszuübenden Lebensberuf befinden und wenn sie
2. nicht ein eigenes Einkommen von mindestens monatlich dreißig Reichsmark haben.

Besoldungsvorschriften.

Nr. 68. (1) Als Schulausbildung gilt auch die weitere Ausbildung an Lehrerbildungsanstalten, höheren Lehranstalten (z. B. Realschulen, Gymnasien, Lyzeen), Hochschulen, Fachschulen (z. B. Handelsschulen, Haushaltsschulen, Bauschulen) und ähnlichen Anstalten, wenn die Ausbildung nach einem staatlich genehmigten Lehrplan erfolgt und der Unterricht von staatlich zugelassenen Lehrern erteilt wird. Es ist nicht erforderlich, daß der Schulbesuch die Ausbildung für einen künftig gegen Entgelt auszuübenden Lebensberuf bezweckt, wohl aber, daß er die Zeit und Arbeitskraft des Kindes ausschließlich oder ganz überwiegend in Anspruch nimmt. Der Besuch von Handarbeits-, Musik- oder Fortbildungsschulen gilt hiernach in der Regel nicht als Schulausbildung; soweit der Besuch von Schulen die Gewährung eines Kinderzuschlags hiernach nicht begründet, kann unter Umständen die Gewährung eines solchen nach Abs. 2 in Frage kommen.

(2) Eine Berufsausbildung liegt nur dann vor, wenn die Ausbildung für einen später gegen Entgelt auszuübenden Lebensberuf erfolgt und die Arbeitskraft des Kindes ausschließlich oder ganz überwiegend in Anspruch nimmt. Als Berufsausbildung gilt z. B. die Beschäftigung als Lehrling oder Volontär, als Anwärter für den Reichs-, Staats- oder sonstigen öffentlichen Dienst (z. B. auch als Supernumerar, Referendar), die Ausbildung als Kindergärtnerin, Haushaltspflegerin oder Krankenpflegerin. Eine Ausbildung, die nach Art und Umfang lediglich zur weiteren Vervollkommnung dienen kann, ohne daß sie die Grundlage einer späteren entgeltlichen Berufsausübung bilden soll — z. B. der Besuch von Koch-, Plätt-, Näh-, Stick- oder Zuschneidekursen sowie die Teilnahme an gelegentlichen Musik- und Malstunden — ist nicht als Berufsausbildung anzusehen. Das gleiche gilt

für eine Ausbildung im Hause, im Geschäfts- oder im Gewerbebetrieb sowie in der Landwirtschaft der Eltern. Nicht förmliche Ausbildungen (z. B. die Tätigkeit als Laufbursche, Dienstmädchen sowie die Ausbildung für die Tätigkeit als Hausfrau) gelten ebenfalls nicht als Berufsausbildung.

(3) Regelmäßige Ferien, regelmäßiger Erholungsurlaub, die üblichen Übergangszeiten zwischen Schul- und Berufsausbildung, vorübergehende Erkrankung unterbrechen die Schul- oder Berufsausbildung nicht.

Nr. 69. (1) Eigenes Einkommen des Kindes ist nicht nur das Einkommen, mit dem das Kind selbständig veranlagt wird, sondern auch das Einkommen, das bei der Veranlagung mit dem eines anderen Steuerpflichtigen zusammengerechnet wird. Zum eigenen Einkommen des Kindes zählen auch Sachbezüge jeder Art; bezieht ein Kind ein Einkommen, das teilweise oder ganz aus Sachbezügen besteht, so sind für die Ermittlung des Gesamteinkommens die Sachbezüge mit den Ortspreisen zu veranschlagen, wie sie von den Finanzämtern im Vollzuge des Einkommensteuergesetzes festgesetzt sind.

(2) Wird für ein Kind, für das ein Kinderzuschlag zu zahlen ist, auf Grund eines Hinterbliebenengesetzes ein Waisengeld oder auf Grund eines sonstigen Versorgungsgesetzes eine Waisenrente — gleichgültig an wen — aus Mitteln des Reichs, eines Landes oder einer sonstigen Körperschaft des öffentlichen Rechts oder wird auf Grund der §§ 30, 87 des Reichsversorgungsgesetzes eine Kinderzulage gewährt, so werden diese Bezüge dem sonstigen eigenen Einkommen des Kindes nicht hinzugerechnet.

Nr. 70. (1) Vollendet ein Kind, für das ein Kinderzuschlag bezogen wird, das sechzehnte Lebensjahr, so ist die Zahlung des Kinderzuschlags einzustellen, wenn nicht der zum Bezug berechtigte Beamte schriftlich der zur Anweisung zuständigen Behörde die für den Weiterbezug eines Kinderzuschlags maßgebenden Verhältnisse darlegt und diese Angaben auf Verlangen glaubhaft macht.

(2) Bis zum 15. März jedes Jahres hat der Beamte eine Erklärung abzugeben, daß die für den Bezug des Kinderzuschlags maßgebenden Verhältnisse im abgelaufenen Rechnungsjahr unverändert fortbestanden haben und weiterhin fortbestehen.

(3) Jede Tatsache, die die Einstellung der Zahlung des Kinderzuschlags zur Folge hat, hat der Beamte unverzüglich anzuzeigen. Auf diese Vorschriften ist der Beamte bei der erstmaligen Anweisung eines Kinderzuschlags ausdrücklich hinzuweisen.

(4) Abs. 2 und 3 gilt auch für Kinder, die das sechzehnte Lebensjahr noch nicht vollendet haben.

1. Die Auslegung des § 14 Abs. 3 führt in der Praxis vielfach zu Schwierigkeiten. Zu seiner Verdeutlichung seien zwei Beispiele angeführt:

a) Kinderzuschläge werden **nicht** für die Kinder von Beamten gewährt, die sich im **Arbeitsdienst** befinden oder ihrer **Wehrpflicht** genügen; denn in diesen Fällen betragen die Bar- und Sachbezüge der Kinder — auch die Sachbezüge rechnen nach Nr. 69 Abs. 1 der Reichsbesoldungsvorschriften zum eigenen Einkommen der Kinder — mehr als 30 RM. Die gleiche Rechtslage besteht insbesondere auch dann, wenn die Söhne von Beamten als Offiziersanwärter in die Wehrmacht eintreten. Das gleiche gilt hinsichtlich des Landjahres.

b) Eine Ausbildung von Beamtentöchtern in dem **Haushalt** der Eltern ist **keine Berufsausbildung** im Sinne des § 14 Abs. 3 (vgl. Nr. 68 Abs. 2 der Besoldungsvorschriften); ein Kinderzuschlag kann daher nicht gewährt werden.

§ 14 Abs. 4.

(4) Für Kinder, die wegen körperlicher oder geistiger Gebrechen dauernd erwerbsunfähig sind und die nicht ein eigenes Einkommen von mindestens monatlich dreißig Reichsmark haben, wird der Kinderzuschlag ohne Rücksicht auf das Lebensalter weitergewährt.

Besoldungsvorschriften.

Nr. 71. (1) Das Bestehen einer dauernden Erwerbsunfähigkeit ist, wenn sie nicht offenkundig ist, durch ein amtsärztliches Zeugnis nachzuweisen. Das Zeugnis ist spätestens alle drei Jahre neu einzufordern.

(2) Besteht der Zustand der dauernden Erwerbsunfähigkeit im Zeitpunkt der Vollendung des einundzwanzigsten Lebensjahrs, so wird der Kinderzuschlag weitergewährt, solange dieser Zustand fortbesteht. Besteht die Erwerbsunfähigkeit nicht mehr, so erlischt der Anspruch auf den Kinderzuschlag endgültig; er lebt nicht wieder auf, wenn sie später wieder eintritt.

(3) Wären für ein Kind, das am 1. Oktober 1927, nicht aber bereits am 1. April 1920, das einundzwanzigste Lebensjahr überschritten hatte, alle Voraussetzungen für den ununterbrochenen Bezug des Kinderzuschlags seit dem Zeitpunkt der Vollendung des einundzwanzigsten Lebensjahrs gegeben gewesen, wenn § 14 Abs. 4 bereits gegolten hätte, so ist der Kinderzuschlag mit Wirkung vom 1. Oktober 1927 ab anzuweisen. Abs. 2 Satz 2 findet Anwendung.

(4) Nr. 69 findet Anwendung.

§ 14 Abs. 5.

(5) Die oberste Reichsbehörde kann im Rahmen der Vorschriften der Abs. 1, 3 und 4 Kinderzuschläge auch für Pflegekinder und Enkel gewähren, wenn der Beamte diese in seinem Haushalt aufgenommen hat und für ihren Unterhalt und ihre Erziehung keine Vergütung erhält.

Besoldungsvorschriften.

Nr. 72. (1) Voraussetzung für die Gewährung des Kinderzuschlags für Pflegekinder und Enkel ist, daß nicht eine andere Person vorhanden ist, die zum Unterhalte des Kindes gesetzlich verpflichtet und hierzu imstande ist.

(2) Nr. 67 Abs. 8 findet Anwendung.

Nach dem Rundschreiben des Reichsministers der Finanzen vom 22. August 1931 — A 5010—6807 I B — dürfen Kinderzuschläge für Pflegekinder und Enkel nicht mehr neu bewilligt werden (vgl. Sölch, Woothke, Rackow S. 262 Anm. 1 a).

§ 14 Abs. 6.

(6) Für ein und dasselbe Kind kann der Kinderzuschlag nur einmal gewährt werden.

Besoldungsvorschriften.

Nr. 73. (1) Wäre für ein Kind ein Kinderzuschlag einerseits nach § 14, andererseits nach § 31 zu zahlen, so wird nur der Kinderzuschlag nach § 31 gezahlt. Der Kinderzuschlag nach § 31 wird auch dann gezahlt, wenn für das Kind auf Grund einer dem § 14 entsprechenden Vorschrift eines Landes, einer Gemeinde oder einer sonstigen Körperschaft des öffentlichen Rechts ein Kinderzuschlag zu zahlen wäre. Ein Kinderzuschlag nach § 14 wird nicht gezahlt, wenn für das Kind ein Kinderzuschlag aus Mitteln eines Landes, einer Gemeinde oder einer sonstigen Körperschaft des öffentlichen Rechts auf Grund einer dem § 31 entsprechenden Vorschrift zu zahlen ist.

(2) Die Vorschrift des § 74 des Reichsgesetzes zur Änderung von Vorschriften auf dem Gebiete des allgemeinen Beamten-, des Besoldungs- und des Versorgungsrechts vom 30. Juni 1933 (Reichsgesetzbl. I S. 433) bleibt unberührt.

---

1. § 74 des Beamtenrechtsänderungsgesetzes vom 30. Juni 1933 lautet:

„Werden Versorgungsberechtigte im öffentlichen Dienst im Sinne des § 57 Nr. 2 des Reichsbeamtengesetzes und der sonstigen reichsrechtlichen Ruhensvorschriften (§§ 64, 66 bis 72 dieses Kapitels) verwendet, so sind ihre Bezüge aus dieser Beschäftigung ohne Rücksicht auf die Versorgungsbezüge zu bemessen. Das gleiche gilt für eine auf Grund der Beschäftigung zu gewährende neue Versorgung."

In der Durchführungsverordnung vom 4. Juni 1934 Reichsbesoldungsblatt 1934 S. 5/6 heißt es hierzu:

„Zu den Dienstbezügen und der neuen Versorgung gehören auch etwaige Kinderzuschläge (Nr. 73 der Besoldungsvorschriften vom 12. März 28 — RBB. S. 33/42 — ist insoweit überholt)."

Der Abs. 2 der Nr. 73 der Besoldungsvorschriften — der in sie erst 1935 eingefügt wurde — hat den Abs. 1 im wesentlichen überflüssig gemacht.

§ 14 Abs. 7.

(7) Die Kinderzuschläge fallen fort mit dem Ablauf des Monats, der auf den Monat folgt, in dem das für den Wegfall maßgebende Ereignis sich zugetragen hat.[1])

Besoldungsvorschriften.

Nr. 74. Die Kinderzuschläge fallen jedenfalls mit dem Zeitpunkt fort, mit dem das Recht zum Bezuge des Grundgehalts aufhört; vgl. jedoch § 31.

---

1. § 31 des Gesetzes regelt die Fälle der Gewährung von Kinderzuschlägen neben den Versorgungsbezügen.

---

[1]) Zur Frage des Wegfalls des Kinderzuschlags für uneheliche Kinder vgl. den Runderlaß des Reichsministers der Finanzen vom 9. Februar 1937 Heeres-Verordnungsblatt 1937 S. 95.

§ 14 Abs. 8.

(8) Verheiratete weibliche Beamte erhalten Kinderzuschläge für gemeinsame Kinder nur, wenn der Ehemann bei Berücksichtigung seiner sonstigen Verpflichtungen außerstande ist, ohne Gefährdung des standesmäßigen Unterhalts der Familie diese zu unterhalten. Entsprechendes gilt für die geschiedenen weiblichen Beamten.

Besoldungsvorschriften.

Nr. 75. Als gemeinsame Kinder gelten auch Stiefkinder des weiblichen Beamten, zu deren Unterhalt der Ehemann gesetzlich verpflichtet ist.

§ 15.

(1) Zulagen, die in diesem Gesetze nicht vorgesehen sind, dürfen nur gewährt werden, soweit der Reichshaushaltsplan dies bestimmt oder besondere Mittel dazu zur Verfügung stellt. In gleicher Weise können in Ausnahmefällen Vergütungen für Nebenämter und Nebenbeschäftigungen gewährt werden.

---

1. Es ist davon auszugehen, daß die Reichsbeamten im Regelfall nur das Grundgehalt, den Wohnungsgeldzuschuß und etwaige Kinderzuschläge erhalten. Zu diesen Bezügen treten hinzu:

a) die im Besoldungsgesetz selbst vorgesehenen Zulagen; hierzu ist zu verweisen auf die in Nr. 31 der Besoldungsvorschriften aufgeführten ruhegeldfähigen und unwiderruflichen Stellenzulagen;

b) diejenigen Zulagen, die der Reichshaushaltsplan bestimmt oder für die er Mittel vorsieht; hierzu gehören u. a.
   1. die örtlichen Sonderzuschläge,
   2. die Ministerialzulagen (vgl. Anm. 4),
   3. die Ausgleichszulagen in § 3 ff. der 24. Ergänzung zum Reichsbesoldungsgesetz vom 13. Dezember 1935 RGBl. I S. 1489,
   4. Dienstaufwandsentschädigungen,
   5. Kinderbeihilfen in gesetzlich nicht geregelten Fällen.

2. Es kann keinem Zweifel unterliegen, daß auch die Beamten der Gemeinden und Gemeindeverbände im Regelfall nur Grundgehalt, Wohnungsgeldzuschuß und etwaige Kinderzuschläge zu bekommen haben. Daneben können (bzw. müssen) auf Grund einer entsprechenden Anwendung der § 15 des Reichsbesoldungsgesetzes u. a. gezahlt werden:

a) die in Nr. 31 der Besoldungsvorschriften aufgeführten Stellenzulagen,

b) örtliche Sonderzuschläge (vgl. Anm. 3),
c) Ausgleichzulagen gemäß § 3 des preußischen Besoldungsgesetzes vom 17. Januar 1936 GS. S. 3,[1])
d) Kinderbeihilfen in gesetzlich nicht geregelten Fällen (vgl. S. 83 Vorbemerkung vor § 14),
e) etwaige in der örtlichen Besoldungsordnung vorgesehene widerrufliche Stellenzulagen (vgl. Anm. 7),
f) Kassenfehlgelder (vgl. Anm. 8),
g) Gebührenbeteiligung für Vollziehungsbeamte (vgl. Anm. 9).

3. Örtliche Sonderzuschläge.

Für die Staatsbeamten gilt das Gesetz über die Gewährung von Wirtschaftsbeihilfe an unmittelbare Staatsbeamte und Lehrpersonen vom 18. März 1922 GS. S. 63 in der Fassung des Art. III des Gesetzes vom 21. November 1922 GS. S. 431. Hiernach wurde der Finanzminister ermächtigt, an Orten mit besonders schwierigen wirtschaftlichen Verhältnissen in Anlehnung an die Regelung für die Reichsbeamten entsprechende örtliche Sonderzuschläge festzusetzen. In Ausführung dieses Gesetzes sind die Einzelheiten der Regelung im Erlaß vom 22. Dezember 1928 Preuß. BesBl. 1931 S. 74 zusammengefaßt.

Werden die Grundsätze der in Preußen für Staatsbeamte bestehenden Regelung angewendet, so ist damit für die Gemeinden und Gemeindeverbände die Verpflichtung im Sinne der Sparverordnung bereits erfüllt, wenn die Gemeinden und Gemeindeverbände für ihren Hoheitsbereich nach dem für Staatsbeamte geltenden Recht verfahren. Sie können ohne ausdrückliche gesetzliche Vorschrift nicht veranlaßt werden, außerhalb ihrer Zuständigkeitsgrenzen eine für die Staatsbeamten bestehende Regelung zu übernehmen, die auf die Verhältnisse des preußischen Staatsgebiets zugeschnitten ist. Wenn demnach ein Ruhegehaltsempfänger seinen Wohnsitz von seinem früheren Dienstort, für den ein Sonderzuschlag nicht zuständig ist, an einen nicht zuschlagsfreien Ort verlegt, so ist es selbstverständlich Angelegenheit der früheren Anstellungskörperschaft, ob sie den für Staatsbeamte an dem neuen Wohnort des Ruhegehaltsempfängers zuständigen Sonderzuschlag gewähren will; von Aufsichts wegen können die Gemeinden und Gemeindeverbände jedenfalls nicht zur Zahlung angehalten werden (vgl. die nicht veröffentlichten Erlasse des Reichs- und Preuß. Ministers des Innern vom 9. September 1935 V P 278 und vom 2. Juli 1936 V a V 1107/36).

Demnach kann aber kein Zweifel bestehen, daß die Gemeinden und Gemeindeverbände jedenfalls berechtigt sind, ihre Ruhegehaltsempfänger hinsichtlich des örtlichen Sonderzuschlags ebenso wie die Staatsbeamten zu stellen, d. h. z. B. den örtlichen Sonderzuschlag

[1]) Vgl. hierzu auch den Runderlaß des Finanzministers vom 10. Dezember 1936 Preuß. Besoldungsblatt S. 259.

auch dann zu zahlen, wenn der Ruhegehaltsempfänger, der während der aktiven Dienstzeit den örtlichen Sonderzuschlag nicht erhalten hat, nach der Versetzung in den Ruhestand an einen Ort verzieht, an dem örtliche Sonderzuschläge gezahlt werden.

4. Bei den Ministerialzulagen handelt es sich um Sonderzulagen, die nur den Beamten der Zentralbehörden gewährt werden; ihre Zahlung an Beamte der Gemeinden und Gemeindeverbände kommt nicht in Betracht.

5. Ausgleichszulagen; vgl. hierzu Abschnitt IV des Runderlasses des Preußischen Finanzministers vom 16. März 1936 Preuß. BesBl 1936 S. 61 ff.

6. Kinderbeihilfen in gesetzlich nicht geregelten Fällen; vgl. hierzu die Vorbemerkung vor § 14 S. 85.

7. Schließlich sind die Gemeinden und Gemeindeverbände auch befugt, ihren Beamten neben dem Grundgehalt und dem Wohnungsgeldzuschuß widerrufliche Stellenzulagen zu geben; richtig ist allerdings, daß nach den Absichten des Besoldungsgesetzes von 1927 die Zahl der gesetzlich vorgesehenen Zulagen nach Möglichkeit nicht vermehrt werden soll. Aber es sind Fälle denkbar, in denen die Gewährung widerruflicher Zulagen beinahe unvermeidlich ist; z. B. eine Gemeinde will an ihrem Krankenhaus nicht sofort die Stelle eines leitenden Krankenhausarztes schaffen und muß die Geschäfte des leitenden Krankenhausarztes daher einem der vorhandenen Krankenhausärzte übertragen; um eine Vertretung des leitenden Krankenhausarztes handelt es sich hierbei nicht; daher findet der allgemeine beamtenrechtliche Grundsatz, daß der Vertreter nur sein Gehalt bezieht und kein höheres Gehalt für die Vertretung erhalten darf, keine Anwendung; die Gemeinde ist unter diesen Umständen berechtigt, einen ihrer Krankenhausärzte besoldungsmäßig herauszuheben; dies geschieht im Wege einer widerruflichen nichtruhegehaltsfähigen Stellenzulage; bei der Schaffung der Stelle des leitenden Krankenhausarztes wird alsdann die Zulage widerrufen.

Zur Bewilligung derartiger Zulagen bedarf es nach dem Vierten Teil Kap. II der Sparverordnung vom 12. September 1931 der Genehmigung der Aufsichtsbehörde.

8. Kassenfehlgelder (Mankogelder) dienen dazu, um Kassenbeamte instandzusetzen, geringe Fehlbeträge in der Kasse, wie sie bei jedem Beamten auch trotz sorgfältiger Amtsführung vorzukommen pflegen, zu decken.

Das Reichsgericht bemerkt zu den Mankogeldern in einem Urteil in Strafsachen vom 9. März 1936 3 D 53/36, das im „Gemeindetag" 1936 S. 637 auszugsweise veröffentlicht ist, folgendes: Eine allgemeine Rechtspflicht des Beamten, die Mankogelder erhalten, damit auch Buchungsfehler auszugleichen, bestehe nicht; diese seien vielmehr wieder durch Buchungsvorgänge zu beseitigen. Die Mankogelder seien regelmäßig nur zur Deckung von wirklichen Kassenfehlbeträgen bestimmt; in der Hauptsache sei dabei an solche gedacht, die durch Fehler beim Geldwechseln entstanden seien. Die Einrichtung beruhe auf der Erwägung, daß auch einem sorgsam und zuverlässig arbeitenden Beamten ein Versehen unterlaufen könne, dessen Wiedergutmachung auf eigene Kosten ihm billigerweise nicht zugemutet werden solle. Die Mankogelder gingen auch keineswegs regelmäßig in das Eigentum des Beamten über; vielmehr verblieben sie in dem Eigentum der Behörde und würden häufig gemeinsam mit etwaigen Kassenüberschüssen zu einem besonderen Vermögensstock angesammelt, über den der Beamte zur Deckung von Kassenfehlbeträgen verfügen dürfe; das hänge von den besonderen Verwaltungsanordnungen der Behörde ab.

Soweit die Mankogelder in das Eigentum des Beamten übergehen, sie also einen Bestandteil der Besoldung im weiteren Sinne bilden, ist für ihre Bewilligung eine Genehmigung der Aufsichtsbehörde nach dem Vierten Teil Kap. II der Sparverordnung vom 12. September 1931 nicht erforderlich; Voraussetzung ist jedoch, daß die Gemeinden Mankogelder nur in angemessenen Grenzen bewilligt. Eine mißbräuchliche Festsetzung von zu hohen Mankogeldern würde eine verschleierte Besoldungserhöhung darstellen und daher gesetzeswidrig sein.

9. Beteiligung von Vollziehungsbeamten an den aufkommenden Gebühren. Für Vollziehungsbeamte im Reichsfinanzdienst wird in dem Runderlaß des Reichsministers der Finanzen vom 18. April 1925 Amtsbl. der Reichsfinanzverwaltung S. 75 (abgeändert durch den Runderlaß vom 5. Februar 1936 Amtsbl. der Reichsfinanzverwaltung S. 13, abgeändert durch den Runderlaß vom 19. Mai 1927 III o 1278) folgendes angeordnet:

Bestimmungen über die Gewährung von Entschädigungen an Vollziehungsbeamte aus dem Aufkommen an Vollstreckungsgebühren.

1. Den Beamten der Finanzämter (Hauptzollämter) einschließlich der nachgeordneten Dienststellen, die gemäß §§ 40, 41 der Beitreibungsordnung Vollstreckungsmaßnahmen ausführen, ist vom 1. April 1925 ab als Entschädigung für die durch Erledigung von Vollstreckungsaufträgen erwachsenen Aufwendungen nach Maßgabe der nachstehenden Bestimmungen ein Anteil an dem Aufkommen aus den Vollstreckungsgebühren zu gewähren.

2. Der Gebührenanteil beträgt vom 1. Januar 1926 ab $^{3}/_{10}$ der an die Kasse abgelieferten Pfändungs- und Versteigerungsgebühren (§ 2 Nr. 1 und 2, §§ 3, 4 der Verordnung über die Kosten des Mahn- und Zwangsverfahrens vom 22. November 1924), die infolge einer von dem Vollziehungsbeamten ausgeführten Vollstreckungsmaßnahme aufgekommen sind. Der Gebührenanteil wird erst fällig, nachdem der Vollstreckungsauftrag endgültig abgewickelt ist.

3. Ein Gebührenanteil ist nur für die Tage zu gewähren, an denen der Beamte Vollziehungsmaßnahmen ausgeführt hat. Die

Entschädigung darf für den einzelnen Beamten 3 Reichsmark täglich nicht übersteigen.

4. Der Gebührenanteil ist nach Maßgabe des Eingangs der Gebühren monatlich durch das Finanzamt, soweit Zollbeamte Vollstreckungen vornehmen, durch das Hauptzollamt festzusetzen und anzuweisen.

5. Ein Rechtsanspruch auf die Entschädigung besteht nicht. Die Entschädigung kann gekürzt oder versagt werden, wenn der Beamte seinen Obliegenheiten im Vollstreckungsdienst nicht in gebührender Weise nachgekommen ist.

Es bestehen keine Bedenken, daß die Gemeinden und Gemeindeverbände ihre Vollziehungsbeamten in gleichem Umfange an den aufkommenden Gebühren beteiligen wie es das Reich bei seinen Beamten in dem oben angeführten Erlaß vorgesehen hat. Eine derartige Regelung, die zweckmäßigerweise in die Besoldungsordnung aufgenommen wird, bedarf nach dem Vierten Kap. II der Sparverordnung vom 12. September 1931 der Genehmigung der Aufsichtsbehörde.

Anm. 10:

10. Die Frage der Nebenämter und Nebenbeschäftigungen ist inzwischen reichsrechtlich abschließend in den §§ 9ff. des Beamtenrechtsänderungsgesetzes vom 30. Juni 1933 in Verbindung mit der zu dieser Durchführung ergangenen Verordnung vom 29. August 1933 RGBl. I S. 612 (abgeändert durch die Verordnung vom 21. April 1934 RGBl. I S. 339) geregelt worden. Die angeführten Bestimmungen gelten auch für die Beamten der Gemeinden und Gemeindeverbände. Zu ihrer Durchführung ist in Preußen die Verordnung vom 15. Juli 1933 GS. S. 248 und der Runderlaß des Ministers des Innern vom 7. Februar 1934 MBliV. S. 180 ergangen.[1])

Mit Wirkung vom 1. Juli 1937 treten an Stelle der §§ 9ff. des Beamtenrechtsänderungsgesetzes die §§ 10—14 des Deutschen Beamtengesetzes vom 26. Januar 1937 und eine nach § 14 a. a. O. noch zu erlassende Durchführungsverordnung.

11. Liquidationsrecht der Krankenhausärzte.

Die Frage des sogenannten Liquidationsrechts der Krankenhausärzte hat ihre endgültige Klärung noch nicht gefunden. Schwierigkeiten für die Lösung der Frage ergeben sich insofern, als die Ärzte **Beamte** sind, sie aber auf der anderen Seite eine Sonderbehandlung im Hinblick auf den Vergleich mit den Ärzten in Privatkrankenhäusern erfahren müssen.

---

[1]) Vgl. hierzu Schönebeck, Seel, Krauthausen „Das geltende Kommunalbeamtenrecht" S. 87 ff.

In diesem Zusammenhang dürfte der Erlaß des Reichs- und Preuß. Ministers des Innern vom 29. Juli 1935 — V a V 156 II von Interesse sein, der die Frage regelt, ob das Einkommen der Krankenhausärzte auf Grund des Liquidationsrechts den drei Gehaltskürzungsverordnungen unterliegt. Hiernach ist zu unterscheiden zwischen den Einkünften aus dem Liquidationsrecht, die

a) als Entgelt für eine hauptamtliche oder mit dem Hauptamt im Zusammenhang stehende nebenamtliche Tätigkeit,

b) als außerdienstliches Privateinkommen anzusehen sind.

Eine hauptamtliche Tätigkeit oder mit dem Hauptamt in Zusammenhang stehende Nebentätigkeit ist immer dann anzunehmen, wenn die Tätigkeit zu den amtlichen Dienstpflichten des Arztes gehört. Diese ergeben sich aus dem Dienstvertrag, der Dienstanweisung oder dem allgemeinen Brauch und der Verkehrsauffassung.

Eine private Nebentätigkeit wird immer dann anzunehmen sein, wenn die Kranken, für welche dem Arzt das Liquidationsrecht zugebilligt worden ist, zu dem Arzt in einem unmittelbaren Vertragsverhältnis stehen. Ob dies der Fall ist oder nicht, ist nach den besonderen Umständen des einzelnen Falles zu entscheiden. Maßgebend für die Entscheidung ist dabei u. U. die Art der Berechnung und der Einziehung der Gebühren. Wesentlich ist auch die Art der Behandlung; jedoch kennzeichnet der Umstand, daß die ärztliche Behandlung im Krankenhaus stattfindet, die Tätigkeit des Arztes noch nicht ohne weiteres als eine dienstliche. Ebenso läßt auf der anderen Seite die Tatsache, daß die Gebühren von dem behandelnden Arzt selbst berechnet und eingezogen werden, noch nicht ohne weiteres den Schluß zu, daß die behandelnde Tätigkeit des Arztes als eine private anzusehen ist. Eine wichtige und ausschlaggebende Bedeutung ist auch den Bedingungen, zu den die Kranken in das Krankenhaus aufgenommen werden, beizumessen.

Im Fall zu a) finden die drei Gehaltskürzungsverordnungen Anwendung, im Falle zu b) nicht.

Reichhaltiges Material zur Frage des Liquidationsrechts der Krankenhausärzte befindet sich in der bisherigen Rechtsprechung zur Frage der Gewerbesteuerpflicht der Einkünfte aus dem Liquidationsrecht (vgl. z. B. die Entscheidung des Reichsfinanzhofs vom 7. Mai 1936 Reichsverwaltungsblatt Bd. 57 S. 681).

Besoldungsvorschriften.

Nr. 76. (1) Das Diätendienstalter (DDA.) entspricht dem BDA. der planmäßigen Beamten. Es beginnt mit dem Tage der Einstellung als außerplanmäßiger Beamter, soweit nicht im BesG. oder in diesen BV. etwas anderes bestimmt oder zugelassen ist. Von diesem Zeitpunkt ab sind die Zeitabschnitte für das Verbleiben in den Dienstaltersstufen zu rechnen.

(2) Unter Diätendienstjahren sind die Jahre vom Beginne des DDA. an zu verstehen.

Nr. 77. Die außerplanmäßige Dienstzeit beginnt mit dem Tage, von dem ab der bisherige Anwärter nach erlangter Befähigung zur Verwaltung eines Amtes in ein festes Verhältnis zur Verwaltung tritt und Diäten erhält.

Nr. 78. (1) Die außerplanmäßigen Beamten haben auf die Dienstalterszulagen keinen Rechtsanspruch.

(2) Eine Dienstalterszulage kann versagt werden, wenn gegen das dienstliche oder außerdienstliche Verhalten des Beamten eine erhebliche Ausstellung vorliegt. Vor der Verfügung ist dem Beamten und der örtlichen Beamtenvertretung Gelegenheit zu geben, sich zu den Gründen der beabsichtigten Maßregel zu äußern. Wird die Dienstalterszulage versagt, so sind dem Beamten die Gründe hierfür schriftlich zu eröffnen.

(3) Gegen die Versagung steht dem Beamten die Beschwerde an die oberste Reichsbehörde zu, wenn sie nicht von dieser verfügt ist. Wird der Beschwerde stattgegeben, so ist die Dienstalterszulage rückwirkend zu gewähren.

(4) Sind die Ausstellungen, auf Grund deren eine Dienstalterszulage versagt worden ist, wieder behoben, so ist die Dienstalterszulage wieder zu bewilligen, und zwar vom Ersten des Monats ab, in dem die Wiederbewilligung erfolgt. Aus besonderen Gründen kann die versagte Dienstalterszulage von einem früheren Zeitpunkt an nachgewährt werden.

(5) Die Versagung einer Dienstalterszulage wirkt ohne weiteres nur für ein Jahr. Nach dessen Ablauf erhält der Beamte wieder den seinem vollen DDA. entsprechenden Diätensatz, wenn nicht neuerdings die Versagung verfügt wird.

(6) Die Versagung einer Dienstalterszulage wird mit der Zustellung einer schriftlichen Verfügung wirksam. Eine Dienstalterszulage kann nach ihrer Fälligkeit nicht mehr versagt werden.

---

1. Vgl. die Vorbemerkung vor Nr. 7 der Reichsbesoldungsvorschriften S. 34.

2. Von den Kommunalbeamten wird zur Zeit — wie die allgemeinen Ausführungen S. 34 ergeben — eine außerplanmäßige

Dienstzeit wohl nur in sehr seltenen Fällen abgeleistet. Soweit dies aber der Fall ist, hat Nr. 77 der Reichsbesoldungsvorschriften entsprechende Anwendung zu finden.

Es erscheint wichtig, die Frage zu erörtern, in welchem Rechtsverhältnis sich der Anwärter vor dem Beginn der außerplanmäßigen Dienstzeit befinden kann. Sölch, Woothke, Rackow S. 301 Anm. 2 weisen darauf hin, daß der Anwärter im Reichsdienst vor Beginn der außerplanmäßigen Dienstzeit Beamter im Vorbereitungsdienst sein, daß er in der Probedienstleistung oder im privatrechtlichen Vertragsverhältnis als Angestellter oder Arbeiter stehen könne und daß schließlich vor dem Beginn der außerplanmäßigen Dienstzeit keinerlei Beziehung zur Verwaltung zu bestehen brauche. Die gleiche Rechtslage wird auch hinsichtlich der Beamten der Gemeinden und Gemeindeverbände anzunehmen sein.

Zu Nr. 78.

1. Während der planmäßige Beamte auf die Gewährung von Dienstalterszulagen einen Rechtsanspruch[1]) hat, ist die Rechtslage bei den außerplanmäßigen Beamten nicht die gleiche. Den außerplanmäßigen Beamten kann vielmehr beim Vorliegen der in der Nr. 78 näher angeführten Voraussetzungen eine Dienstalterszulage versagt werden.

Besoldungsvorschriften.

Nr. 79. Das DDA. und die außerplanmäßige Dienstzeit werden in allen in § 17 und Nr. 81 bis 88 nicht geregelten Fällen von der obersten Reichsbehörde im Einvernehmen mit dem Reichsminister der Finanzen festgesetzt.

Zu Nr. 79. An Stelle der obersten Reichsbehörde tritt bei den Gemeindebeamten der Bürgermeister usw.

§ 16.[2])

(1) Die außerplanmäßigen Beamten erhalten bei voller Beschäftigung im Reichsdienst Diäten nach Maßgabe der als Anlage 5 beiliegenden Aufstellung sowie den Wohnungsgeldzuschuß, den sie in der ersten Dienstaltersstufe der Besoldungsgruppe beziehen würden, in der sie beim regelmäßigen Verlauf ihrer Dienstlaufbahn zuerst planmäßig angestellt werden.

(2) § 1 Abs. 1 Satz 2, § 3, §§ 9 bis 15 gelten entsprechend.

---

[1]) Vgl. hierzu jedoch S. 71 ff.

[2]) Die früheren Absätze 3 und 4 des § 16 sind gestrichen worden.

Besoldungsvorschriften.

Nr. 80. Außerplanmäßige Beamte, deren erste planmäßige Anstellung voraussichtlich in einer Besoldungsgruppe erfolgen wird, die bei einer regelmäßig verlaufenden Dienstlaufbahn erst im Wege der Beförderung erreicht wird, erhalten die Diätensätze der Gruppe, in der die erste planmäßige Anstellung regelmäßig stattfindet.

Zu § 16.

1. Daß sich die Diäten der außerplanmäßigen (in Preußen nichtplanmäßigen) Staatsbeamten nach der — inzwischen durch die Verordnung des Reichsministers der Finanzen vom 30. März 1936 RGBl. I S. 336 neugefaßten — Anlage 5 zum Reichsbesoldungsgesetz (Diätenordnung für die außerplanmäßigen Beamten[1]) richten, wird in Abschnitt III des Runderlasses des Finanzministers vom 16. März 1936 Preuß. Besoldungsblatt S. 61/62 klargestellt. Anlage 5 zum Reichsbesoldungsgesetz ist daher auf die Beamten der Gemeinden und Gemeindeverbände entsprechend anzuwenden.

§ 17 Abs. 1.

(1) Das Diätendienstalter beginnt mit dem Tage des Eintritts als außerplanmäßiger Beamter, soweit nicht in diesem Gesetz oder in den Ausführungsbestimmungen dazu etwas anderes bestimmt oder zugelassen ist.

Besoldungsvorschriften.

Nr. 81. (1) Die Vorschriften über das BDA. der planmäßigen Beamten in Nr. 7, 8, 10, 41, 42, 44 Abs. 1, 2 und 45 gelten sinngemäß für das DDA. und die außerplanmäßige Dienstzeit, die Vorschrift in Nr. 13 für das DDA. der außerplanmäßigen Beamten.[2])

(2) Der außerplanmäßige Beamte ist von der Festsetzung des Beginns seines DDA. und seiner außerplanmäßigen Dienstzeit schriftlich zu benachrichtigen.

---

[1]) Vgl. Anhang V S. 190 und Preuß. Besoldungsblatt 1936 S. 111, 114 und Nachtrag II S. 210.

[2]) Nach dem Runderlaß des Finanzministers vom 14. April 1936 Preuß. Besoldungsblatt S. 127, 134 bleibt Nr. 89 der Preuß. Besoldungsvorschriften aufrechterhalten. Hier ist bestimmt:

Wenn ein nichtplanmäßiger Beamter den Dienst bei einer Behörde mit dem Beginn eines Monats antreten sollte, ihn aber, weil der Erste dieses Monats ein Sonntag oder allgemeiner Feiertag war, erst am darauffolgenden Werktag angetreten hat, so ist der Beginn der AnwDA so festzusetzen, als wenn der Dienst am ersten Tage des Monats angetreten wäre.

Nr. 82. (1) Ob und wieweit zum Ausgleich von Härten die außerplanmäßige Dienstzeit in einer anderen Dienstlaufbahn des Reichsdienstes, eine außerhalb des Reichsbeamtenverhältnisses zurückgelegte Dienstzeit oder die Zeit einer praktischen Beschäftigung auf das DDA. oder als außerplanmäßige Dienstzeit oder nach beiden Richtungen angerechnet werden kann, bestimmt die oberste Reichsbehörde im Einvernehmen mit dem Reichsminister der Finanzen. Nr. 28 Abs. 4 gilt sinngemäß.

(2) Eine solche Anrechnung auf das DDA. und als außerplanmäßige Dienstzeit kann nicht erfolgen, soweit sich dadurch für den betreffenden Beamten ein günstigeres DDA. oder eine längere außerplanmäßige Dienstzeit ergeben würde, als sie im Durchschnitt diejenigen außerplanmäßigen Beamten, zu welchen er übertritt, bei gleichem Alter haben, wenn sie die seitherige außerplanmäßige Dienstzeit nur in derselben Dienstlaufbahn zurückgelegt haben. Was hierbei unter einem gleichen Alter zu verstehen ist, bestimmt sich nach Nr. 28 Abs. 5 Satz 2.

Nr. 82a. (1) Die zur Erfüllung der gesetzlichen Wehr- und Reichsarbeitsdienstpflicht nach Beginn der außerplanmäßigen Dienstzeit verbrachte Zeit wird den Zivilanwärtern auf das Diätendienstalter und als außerplanmäßige Dienstzeit angerechnet.

(2) Das gleiche gilt, soweit durch solche vor dem Beginn der außerplanmäßigen Dienstzeit verbrachte Zeiten der Eintritt in das außerplanmäßige Beamtenverhältnis nachweislich verzögert worden ist.

(3) Die Bestimmungen in Abs. 1 und 2 sind auch auf die vor Einführung der gesetzlichen Wehr- und Arbeitsdienstpflicht freiwillig abgeleisteten Dienstzeiten anzuwenden. Die Anrechnung darf jedoch ein Jahr nicht überschreiten.

Nr. 83. (1) Das DDA. (Nr. 76) der Beamten, welche bestimmungsgemäß ein Hochschulstudium von mindestens drei Jahren zu vollenden haben, beginnt,

a) wenn ein Hochschulstudium von drei Jahren vorgeschrieben ist, mit dem 1. Januar des auf die Ablegung der das Hochschulstudium abschließenden Prüfung folgenden Jahres,

b) wenn ein Hochschulstudium von vier oder viereinhalb

Jahren vorgeschrieben ist, mit dem 1. Januar des Jahres, in dem die das Hochschulstudium abschließende Prüfung abgelegt worden ist,

c) wenn ein Hochschulstudium von mindestens fünf Jahren vorgeschrieben ist, mit dem 1. Januar des Jahres, welches dem Jahre vorhergeht, in dem die das Hochschulstudium abschließende Prüfung abgelegt worden ist,

d) ist ein Hochschulstudium von sieben Halbjahren vorgeschrieben, so ist nach Abschnitt a zu verfahren, wenn das letzte vorgeschriebene Studienhalbjahr ein Sommerhalbjahr, nach Abschnitt b, wenn es ein Winterhalbjahr ist.

(2) Wird die das Hochschulstudium abschließende Prüfung aus einem nicht in der Person des Betreffenden liegenden Grunde erst in einem auf das Ende des vorgeschriebenen Hochschulstudiums folgenden Kalenderjahr abgelegt, so kann die oberste Reichsbehörde den Beginn des DDA. so festsetzen, wie wenn die Prüfung in dem Kalenderjahr abgelegt worden wäre, in das das Ende des vorgeschriebenen Hochschulstudiums fällt.

(3) Ist der Beginn oder das Ende des vorgeschriebenen Hochschulstudiums oder die Ablegung der das Hochschulstudium abschließenden Prüfung infolge eines Kriegsdienstes oder durch die Erfüllung der gesetzlichen Wehr- und Arbeitsdienstpflicht verzögert worden, so setzt die oberste Reichsbehörde den Beginn des Diätendienstalters so fest, wie wenn die Verzögerung nicht eingetreten wäre. Die vor dem Kriege in Erfüllung der gesetzlichen Dienstpflicht zurückgelegte Heeres- oder Marinedienstzeit darf hierbei nur bis zur Dauer eines Jahres berücksichtigt werden.

(4) Ist in den Fällen des Abs. 1 zwischen der Erlangung der Hochschulreife und dem Ende des vorgeschriebenen Hochschulstudiums bestimmungsgemäß eine Vorbereitungszeit (praktische Ausbildung, praktische Tätigkeit) von mindestens einem Jahre abzuleisten, so wird das nach Abs. 1 bis 3 festgesetzte DDA. um ein Jahr vorgerückt.

(5) Hat der Beamte die etwa vorgeschriebene zweite (letzte) Staatsprüfung durch eigenes Verschulden in einem späteren Kalenderjahr abgelegt, als möglich gewesen wäre, so wird der nach Abs. 1 bis 4 festgesetzte Beginn des DDA. um so viele Kalenderjahre hinausgeschoben, als die Prüfung verspätet abgelegt worden ist. Eine Verzögerung von weniger

als sechs Monaten — allein oder neben vollen Jahren — bleibt jedoch außer Betracht.

(6) Die im Abs. 1 genannten Personen können erst dann die Diätensätze der BesGr. A 2 erhalten, wenn sie als Beamte im Reichsdienst voll beschäftigt sind, die etwa vorgeschriebene zweite (letzte) Staatsprüfung mit Erfolg abgelegt und den — vor oder nach der zweiten (letzten) Staatsprüfung — vorgeschriebenen Vorbereitungsdienst zurückgelegt haben.

(7) Die außerplanmäßige Dienstzeit (Nr. 77) der hochschulmäßig vorgebildeten Beamten beginnt mit demselben Tage, von dem an nach Abs. 6 Diäten gezahlt werden.

(8) Zeitabschnitte, die nicht im Reichs- oder Landesbeamtenverhältnisse zurückgelegt sind, müssen bei der Festsetzung des DDA. und der außerplanmäßigen Dienstzeit abgerechnet werden, soweit nicht aus besonderen Gründen eine Anrechnung nach Nr. 82 erfolgt.

(9) Vorstehende Bestimmungen gelten auch für die aus dem Landesdienst in den Reichsdienst übertretenen hochschulmäßig vorgebildeten Beamten.

---

1. Vgl. die Vorbemerkung vor Nr. 7 der Reichsbesoldungsvorschriften S. 34.

2. Es dürfte rechtlich vertretbar erscheinen, die Vorschriften über die Verbesserung des Diätendienstalters der hochschulmäßig vorgebildeten Beamten nicht nur dann anzuwenden, wenn das Hochschulstudium Voraussetzung für die Annahme der Beamten war — z. B. also ausdrücklich in der Stellenausschreibung vorgesehen war — sondern auch dann, wenn es zum mindesten als geeignete Vorbildung anzusehen ist, z. B. wenn ein ehemaliger Gerichtsassessor oder Regierungsassessor als Stadtrat in Besoldungsgruppe A 2 c 2 angestellt wird.

§ 17 Abs. 2.

(2) Zivilanwärter erhalten vom Beginne des sechsten, Versorgungsanwärter vom Beginne des fünften, die vor dem 1. Januar 1925 eingestellten weiblichen Beamten der Deutschen Reichspost vom Beginne des neunten Diätendienstjahrs an Diäten in Höhe der Grundgehälter der ersten Dienstaltersstufe der planmäßigen Beamten ihrer Eingangsgruppe. Die zur Zeit des Inkrafttretens dieses Gesetzes im Dienste befindlichen außerplanmäßigen Beamten rücken wie die planmäßigen Beamten weiter im Grundgehalt auf.

Besoldungsvorschriften.

Nr. 84. (1) Bei außerplanmäßigen Beamten, deren erste planmäßige Anstellung voraussichtlich in einer Besoldungsgruppe erfolgen wird, die bei einer regelmäßig verlaufenden Dienstlaufbahn erst im Wege der Beförderung erreicht wird, gilt als Eingangsgruppe die Besoldungsgruppe, in der die erste planmäßige Anstellung regelmäßig stattfindet.

(2) Die zur Zeit des Inkrafttretens des BesG. im Dienste befindlichen außerplanmäßigen Beamten rücken weiter im Grundgehalt auf in gleicher Weise, wie wenn sie als planmäßige Beamte angestellt worden wären. Dabei ist Abs. 2 Satz 2 der Anmerkung zur Diätenordnung für die außerplanmäßigen Beamten (Anlage 5 zum BesG.) zu beachten.

(3) Verzögert sich die planmäßige Anstellung eines außerplanmäßigen Beamten auf eigenen Wunsch des Beamten oder wegen unzureichender Befähigung oder aus einem sonstigen in der Person des Beamten liegenden Grunde — ausgenommen Krankheit —, so erhält er weitere Dienstalterszulagen nur im Rahmen des § 17 Abs. 2 Satz 1; eine bereits erworbene höhere Dienstalterszulage verbleibt ihm.

§ 17 Abs. 3.

(3) Bei Beamten, die bestimmungsgemäß einen Vorbereitungsdienst zu vollenden haben, beginnt das Diätendienstalter unmittelbar nach Ablauf der für den Vorbereitungsdienst vorgeschriebenen Zeit, soweit nicht in besonderen Fällen in den Ausführungsbestimmungen etwas anderes bestimmt oder zugelassen ist. Die Zeit des Vorbereitungsdienstes verlängert sich um so viel, als der Beamte die etwa vorgeschriebene Prüfung durch eigenes Verschulden verspätet abgelegt hat. Die Verwaltung kann die Zeit des Vorbereitungsdienstes auch aus anderen Gründen verlängern.

Besoldungsvorschriften.

Nr. 84 a. Den Versorgungsanwärtern ist die Zeit des bestimmungsmäßigen Vorbereitungsdienstes, soweit sie ein Jahr übersteigt, auf das DDA. und als außerplanmäßige Dienstzeit anzurechnen.

Nr. 85. Die nähere Bestimmung darüber, unter welchen Voraussetzungen die Prüfung als verspätet abgelegt anzusehen ist oder aus anderen Gründen die Zeit des Vorbereitungsdienstes zu verlängern ist, trifft die oberste Reichsbehörde.

Nr. 86. (1) Bei den Beamten der BesGr. A 4a und A 4c bis A 12, für die ausnahmsweise in den Annahmebedingungen oder Laufbahnvorschriften kein Vorbereitungsdienst vorgeschrieben ist, ist von dem nach § 17 Abs. 1, 4, 5 und Nr. 82, 87, 88 berechneten DDA. und der außerplanmäßigen Dienstzeit stets ein Jahr — bei Versorgungsanwärtern (auch Inhabern des Beamtenscheins) der BesGr. A 4a und A 4c ein Jahr, bei Versorgungsanwärtern (auch Inhabern des Beamtenscheins und Inhabern des Anstellungsscheins) der BesGr. A 5 bis A 12 ein halbes Jahr — als Vorbereitungszeit abzuziehen.

(2) Die abzuziehende Vorbereitungszeit vermindert sich um die Zeit, die nur deshalb nicht auf das DDA. und als außerplanmäßige Dienstzeit angerechnet werden darf, weil sie vor dem vollendeten zwanzigsten Lebensjahr zurückgelegt ist (vgl. Nr. 88).

§ 17 Abs. 4.[1])

(4) Die Zeit einer vollen Beschäftigung gegen Entlohnung im privatrechtlichen Vertragsverhältnis wird auf das Diätendienstalter angerechnet, sofern der Beamte mit Aussicht auf dauernde Verwendung ständig und hauptsächlich mit den Dienstverrichtungen eines Beamten betraut gewesen ist und die Beschäftigung in unmittelbarem Anschluß daran bei der gleichen Dienstlaufbahn zur Übernahme in das Beamtenverhältnis geführt hat. Von der hiernach anzurechnenden Zeit ist ein von der obersten Reichsbehörde zu bestimmender Teil als Vorbereitungszeit abzuziehen.

Besoldungsvorschriften.

Nr. 87. (1) Eine Beschäftigung gegen Entlohnung liegt vor, wenn die Bezahlung so geringfügig ist, daß sie außer allem Verhältnis zu der sonst für Arbeiten derselben Art üblichen Entlohnung steht (Taschengeld), oder wenn lediglich Aufwandsgebühren (z. B. Ersatz von Fahrtauslagen, Ersatz von Aufwand für Schreibbedürfnisse) gezahlt werden.

(2) Eine Beschäftigung mit Aussicht auf dauernde Verwendung ist nur dann anzunehmen, wenn der Anwärter bei der Aufnahme in das privatrechtliche Vertragsverhältnis in eine

[1]) Vgl. S. 34 ff.

Bewerberliste eingetragen worden ist oder war, oder wenn eine dauernde Verwendung — wenn auch unter bestimmten Voraussetzungen oder Bedingungen — von der Verwaltung in Aussicht genommen war. Eine Beschäftigung mit Aussicht auf dauernde Verwendung ist nicht anzunehmen bei Lohnangestellten, die nur für bestimmte wiederkehrende Gelegenheiten angenommen sind (z. B. Sonntagsaushilfen, Stundenhelfer usw.).

(3) Daß der Beschäftigte ständig und hauptsächlich mit den Dienstverrichtungen eines Beamten betraut war, ist dann anzunehmen, wenn er voll beschäftigt worden ist, und zwar überwiegend mit Arbeiten, die sonst bei der betreffenden Dienstlaufbahn von planmäßigen oder außerplanmäßigen Beamten verrichtet werden oder zu der fraglichen Zeit von planmäßigen oder außerplanmäßigen Beamten verrichtet worden sind.

(4) Zu der Annahme, daß die Beschäftigung in unmittelbarem Anschluß bei der gleichen Dienstlaufbahn (Nr. 16 Abs. 1 und 2) zur Übernahme in das — planmäßige oder außerplanmäßige — Beamtenverhältnis geführt hat, ist es erforderlich, daß die Beschäftigung weder unmittelbar vor der Übernahme in das Beamtenverhältnis noch zu einer früheren Zeit eine erhebliche Unterbrechung erfahren hat. Die vor einer erheblicheren Unterbrechung liegende Beschäftigungszeit wird nicht auf das DDA. angerechnet.

(5) Als erheblichere Unterbrechung ist hierbei nicht anzusehen:

a) die Zeit eines Kriegsdienstes,

b) die Zeit vor und nach Ableistung eines Kriegsdienstes, eines Wehr- oder Arbeitsdienstes, wenn sie je einen Monat nicht übersteigt,

c) die Zeit einer Krankheit und einer angemessenen Erholungszeit nach einer Krankheit,

d) die Zeit eines mit Fortbezug der Entlohnung gewährten Urlaubs,

e) die Zeit eines Urlaubs ohne Entlohnung von nicht mehr als einem Monat,

f) die Zeit einer Dienstunterbrechung ohne Urlaub von nicht mehr als einem Monat aus irgendeinem anderen billigerweise zu berücksichtigenden Grunde,

g) die Zeit einer Dienstunterbrechung ohne Urlaub von mehr als einem Monat, wenn ein Beschäftigter, auf den Abs. 2 bereits vor seinem Ausscheiden zutraf, lediglich deshalb außer Beschäftigung gesetzt worden ist, weil keine Gelegenheit zu seiner dienstlichen Verwendung bestand; Voraussetzung ist dabei, daß seine Wiederverwendung bei seiner Entlassung aus der Beschäftigung beabsichtigt war, daß er der ersten Aufforderung zum Wiedereintritt Folge geleistet hat, und daß die Wiedereinstellung innerhalb sechs Monaten nach dem Ausscheiden erfolgt ist,

h) die Zeit eines Wehr- oder Arbeitsdienstes.

(6) Die nach § 17 Anm. 4 auf das DDA. anzurechnende Zeit wird auch als außerplanmäßige Dienstzeit angerechnet.

(7) Von den Zeitabschnitten, die nach Abs. 5 nicht als erheblichere Unterbrechung anzusehen sind, werden angerechnet: Die Zeit unter a gegebenenfalls nach Nr. 37, die Zeit unter d, die Zeit unter h in entsprechender Anwendung der Nr. 82 a Abs. 2 und 3 und die Zeit unter c, diese, soweit sie drei Monate nicht überschreitet, auf das DDA. und als außerplanmäßige Dienstzeit, die Zeit unter b, e, f oder g weder auf das DDA. noch als außerplanmäßige Dienstzeit.

---

1. Vgl. die Vorbemerkung vor Nr. 7 der Reichsbesoldungsvorschriften S. 34.

§ 17 Abs. 5.

(5) Die vor dem vollendeten zwanzigsten Lebensjahre zurückgelegte Dienstzeit gilt stets als Vorbereitungszeit.

Besoldungsvorschriften.

Nr. 88. Die vor dem vollendeten zwanzigsten Lebensjahre zurückgelegte Dienstzeit wird weder auf das DDA. noch als außerplanmäßige Dienstzeit angerechnet.

§ 18.

(1) Beamte, die gleichzeitig mehr als eine Stelle im Reichsdienst bekleiden, erhalten nur die Dienstbezüge der Stelle, die auf den höchsten Satz Anspruch gibt.

(2) Beamte, die im Reichsdienst nur ein Nebenamt bekleiden, erhalten keinen Wohnungsgeldzuschuß und keine Kinderzuschläge.

(3) Bezieht ein Beamter ein Grundgehalt aus Reichsmitteln und zugleich aus Mitteln eines Landes, einer Gemeinde oder einer sonstigen Körperschaft des öffentlichen Rechtes, so erhält er vom Wohnungsgeldzuschuß und von den Kinderzuschlägen aus Reichsmitteln nur den Teilbetrag, der dem aus Reichsmitteln bezahlten Grundgehalt entspricht. Die Höhe des Wohnungsgeldzuschusses richtet sich nach dem höchsten Grundgehalte.

---

1. Im Zusammenhang mit § 18 ist auf den am 1. Juli 1937 in Kraft tretenden § 38 des Deutschen Beamtengesetzes vom 26. Januar 1937 zu verweisen. Diese Bestimmung lautet:

§ 38.

(1) Der Beamte erhält, wenn nicht ein anderer Zeitpunkt festgesetzt ist, seine Dienstbezüge vom Tage des Antritts seines Amts an. Die Dienstbezüge werden durch das Besoldungsrecht geregelt. Der Beamte kann auf die laufenden Dienstbezüge weder ganz noch teilweise verzichten. Hat der Beamte gleichzeitig mehrere in der Besoldungsordnung vorgesehene Ämter inne, die nicht im Verhältnis von Haupt- und Nebenamt stehen, so erhält er, wenn nicht einheitliche Dienstbezüge vorgesehen sind, Dienstbezüge nach Bestimmung des Reichsministers der Finanzen nur aus einem Amt.

(2) Die Versorgung richtet sich nach den Vorschriften des Abschnitts VIII.

Es wird abzuwarten sein, inwiefern in den Ausführungsbestimmungen zu § 38 des Deutschen Beamtengesetzes höhere Weisungen über das Verhältnis des § 18 des Reichsbesoldungsgesetzes zum § 38 a. a. O. ergehen.

2. Neben dieser Vorschrift ist auf den § 33 der Amtsordnung vom 13. Juli 1935 hinzuweisen. Diese Bestimmung lautet:

§ 33.

(1) Bei enger örtlicher und wirtschaftlicher Verbundenheit

a) zwischen mehreren Ämtern innerhalb des gleichen Kreises oder

b) einer kreisangehörigen Gemeinde, die einem Amte nicht angehört, und einem Amte oder mehreren Ämtern innerhalb des gleichen Kreises

kann der Amtsbürgermeister des einen Amtes für die Dauer seiner Amtszeit zum Amtsbürgermeister auch der anderen

Ämter und der Bürgermeister zum Amtsbürgermeister des Amtes oder der Ämter berufen werden. Ebenso kann der Amtsbürgermeister gleichzeitig zum Bürgermeister berufen werden.

(2) Die Verteilung der Dienstbezüge, des Ruhegehaltes und der Versorgung der Hinterbliebenen des Amtsbürgermeisters (Bürgermeisters) auf die beteiligten Ämter und Gemeinden nimmt die obere Aufsichtsbehörde vor.

Zur näheren Erläuterung des § 33 der Amtsordnung wird auf den Runderlaß des Reichs- und Preuß. Minister des Innern vom 25. Juli 1935 MBliV. S. 927 und auf die Bemerkungen in dem Kommentar von Loschelder, von Derschau zur Amtsordnung S. 82 ff. verwiesen.

§ 19.

Mit einem Amte verbundene Nebenbezüge, namentlich Feuerungs- und Beleuchtungsmittel, Dienstbekleidung, Jagdnutzung, Nutzung von Dienstgrundstücken und dergleichen, werden den Beamten mit einem angemessenen Betrag auf die Dienstbezüge angerechnet. Die Höhe dieses Betrags setzt die oberste Reichsbehörde im Einvernehmen mit dem Reichsminister der Finanzen fest.

---

1. Unter „Nebenbezügen" versteht das Gesetz solche Bezüge, die nicht Geldbezüge sind (vgl. Sölch, Woothke, Rackow S. 77).

2. In materieller Beziehung erscheint es wichtig, hervorzuheben, daß es unzulässig ist, die mit einem Amt verbundenen Nebenbezüge dem Beamten etwa unentgeltlich zu liefern; vielmehr müssen sie nach der zwingenden Vorschrift des § 19 auf die Dienstbezüge angerechnet werden.

3. Zuständig für die Festsetzung des Anrechnungsbetrages ist die Gemeinde. Genehmigung der Aufsichtsbehörde ist nicht erforderlich; wohl könnte die Aufsichtsbehörde bei mißbräuchlicher Bewilligung von Nebenbezügen ohne gleichzeitige Anrechnung nach § 19 einschreiten.

4. Was die Dienstkleidung anlangt, so wird in der Praxis häufig so verfahren, daß die Beamten sich die Dienstkleidung selbst beschaffen und daß ihnen von der Anstellungsbehörde ein Kleidergeld gewährt wird; nach Sölch, Woothke, Rackow S. 342 soll hiergegen nichts einzuwenden sein, wenn das Verfahren im wirtschaftlichen Endergebnis auf das gleiche wie bei der Lieferung von Dienstkleidung hinausläuft.

5. Unter „angemessen" im Sinne des § 19 ist nicht immer der Betrag zu verstehen, der dem vollen Wert des Nebenbezuges entspricht; vielmehr muß von der Erwägung ausgegangen werden, welchen

wirtschaftlichen Wert die Nebenbezüge für den Beamten haben, insbesondere welche sonst nötigen Ausgaben er sich infolge des Nebenbezuges ersparen kann (vgl. Sölch, Woothke, Rackow S. 342).

6. Wird ein Kleidergeldzuschuß gewährt, so ist er nach der Sparverordnung genehmigungspflichtig.

7. Von der Dienstkleidung ist begrifflich die Schutzkleidung zu unterscheiden; sie wird dem Beamten von der Anstellungsbehörde nur zum Gebrauch zur Verfügung gestellt, bleibt aber im Eigentum der Anstellungsbehörde, auf sie findet § 19 keine Anwendung.

8. Eine eingehende Sonderregelung besteht für kommunale Polizeivollzugsbeamte; es wird insoweit auf die Bekleidungsvorschrift für die Polizei und Landjägerei in Preußen Teil I (Anzugsordnung[1]) und die Polizeibekleidungsvorschrift II. Teil Verwaltungsvorschrift[2]) verwiesen.

§ 20.[3])

(1) Unteroffiziere und Mannschaften erhalten neben der Besoldung Dienstbekleidung, in der Marine Dienstbekleidung oder Kleidergeld.

(2) Offiziere und Deckoffiziere bis zur Besoldungsgruppe C 4 aufwärts erhalten neben der Besoldung eine Entschädigung für besondere Abnutzung der Dienstbekleidung nach näherer Bestimmung des Reichshaushaltsplans. Das gleiche gilt für Beamte der Wehrmacht, die wie Offiziere zum dauernden Tragen der Dienstbekleidung verpflichtet sind.

(3) Die Soldaten der Wehrmacht von der Besoldungsgruppe C 4 bis zur Besoldungsgruppe C 22 haben Anspruch auf freie ärztliche Behandlung sowie nach Maßgabe des Reichshaushaltsplans Anspruch auf freie Krankenhauspflege und auf Gebrauch von Heil- und Kurmitteln. Außerdem haben sie Anspruch auf freie ärztliche Behandlung ihrer Ehefrau und der nach § 14 zu berücksichtigenden Kinder durch den Truppen- oder Garnisonarzt.

(4) Für die in Natur gewährte Verpflegung werden den Angehörigen der Wehrmacht Beträge in einer durch den Reichshaushaltsplan festzusetzenden Höhe einbehalten.

(5) Entschädigungen an eingeschiffte Angehörige der Marine und an das Maschinenpersonal der in Dienst gestellten Kriegsfahrzeuge werden durch den Reichshaushaltsplan geregelt.

(6) Die nach § 20 Abs. 1 bis 3 den Angehörigen der Wehrmacht gewährten Naturalbezüge und Entschädigungen fallen unter § 8 Nr. 6 des Einkommensteuergesetzes vom 10. August 1925 (RGBl. I S. 189), nicht dagegen Dienstwohnungen, kasernenmäßige Unterkunft und Teile der Dienstbezüge, die für Verpflegung einbehalten werden.

(7) Abs. 1, 2, Abs. 3 Satz 1 und Abs. 6 gelten entsprechend für die Polizeibeamten beim Reichswasserschutze.

§ 20a.

Die planmäßigen Führer des Arbeitsdienstes bis zur Besoldungsgruppe AD 4 aufwärts erhalten neben der Besoldung eine Entschädigung für besondere Abnutzung der Dienstbekleidung nach näherer Bestimmung des Reichshaushaltplans.

---

[1]) Kameradschaft Verlagsgesellschaft m. b. H.

[2]) Karl Heymanns Verlag.

[3]) Von einem Abdruck der zu § 20 gehörenden Reichsbesoldungsvorschriften wird abgesehen.

§ 21.[1])

(1) Die Dienstbezüge werden monatlich im voraus gezahlt. Der Reichsminister der Finanzen kann mit Zustimmung des Reichsrats und des Ausschusses des Reichstags für den Reichshaushalt bestimmen, daß die Dienstbezüge der planmäßigen Beamten und der Offiziere der Wehrmacht bei Überweisung auf ein Konto vierteljährlich im voraus gezahlt werden dürfen.

(2) Abs. 1 gilt entsprechend für Ruhegehälter und Wartegelder.

(3) Für welche Zeitabschnitte die Dienstbezüge der Mannschaften und Unteroffiziere der Wehrmacht gezahlt werden, bestimmt der Reichswehrminister im Einvernehmen mit dem Reichsminister der Finanzen. Satz 1 gilt entsprechend für die Polizeibeamten beim Reichswasserschutze.

(4) Der Reichsminister der Finanzen ist ermächtigt, Vorschriften über die Abrundung der auszuzahlenden Beträge zu erlassen.

Besoldungsvorschriften.

Nr. 90. (1) Die Dienstbezüge werden am letzten Werktag gezahlt, der dem Zeitabschnitt vorhergeht, für den die Zahlung bestimmt ist.

(2) Die oberste Reichsbehörde kann im Einvernehmen mit dem Reichsminister der Finanzen für einzelne Kassen, die wegen der besonders großen Anzahl der von ihnen zu versorgenden Zahlungsempfänger die Auszahlungen nicht an einem Tage erledigen können, anordnen, daß die Dienstbezüge an den letzten beiden Werktagen gezahlt werden.

(3) Abs. 2 gilt nicht bei Überweisung der Dienstbezüge auf ein Konto.

(4) An Zahlungsempfänger, die am Zahlungstage beurlaubt sind und sich außerhalb ihres dienstlichen Wohnsitzes aufhalten, darf am Tage vor dem Beginn des Urlaubs, frühestens jedoch am fünften Werktag vor dem Zahlungstag (Abs. 1), gezahlt werden.

(5) Durch vorstehende Bestimmungen wird der Zeitpunkt der Fälligkeit der Dienstbezüge nicht berührt.

Nr. 91. Sind Dienstbezüge nur für einen Teil eines Monats zu zahlen, oder ändert sich im Laufe eines Monats die

[1]) Zu §§ 21 ff. vgl. Preuß. Besoldungsblatt 1936 S. 135/136.

Zahlstelle oder die Höhe der Dienstbezüge, so ist für jeden Tag ein Dreißigstel der monatlichen Dienstbezüge zu zahlen. Für den 31. eines jeden Monats wird nichts gezahlt; in Schaltjahren werden für den 29. Februar zwei Dreißigstel, in den übrigen Jahren für den 28. Februar drei Dreißigstel der monatlichen Dienstbezüge gezahlt.

Nr. 92. (1) Die Anweisungen der Zahlstellen zur Auszahlung der Dienstbezüge der planmäßigen Beamten sind so abzufassen, daß eine Neuanweisung in der Regel nur beim Übertritt in eine andere Besoldungsgruppe und beim Wechsel der Zahlstelle erforderlich wird.

(2) Der Anweisung ist zur Ermöglichung der Nachprüfung des BDA. eine Aufzeichnung über die Dienstlaufbahn des Beamten beizufügen.

Nr. 93. (1) Wer zur Anweisung der Dienstbezüge der Beamten zuständig ist, bestimmt die oberste Reichsbehörde.

(2) Der Reichsminister der Finanzen kann zu Nr. 90 und 92 nähere Bestimmungen erlassen.

Nr. 94. Ergänzende Bestimmungen über die Gewährung der Besoldung an Soldaten der Wehrmacht unter besonderen Verhältnissen, z. B. bei Urlaub, Krankheit, unerlaubter Entfernung, Fahnenflucht, Untersuchung, Dienstenthebung, Freiheitsstrafen, Degradation, Herabsetzung um einen Dienstgrad, Ausscheiden usw., erläßt der Reichswehrminister im Einvernehmen mit dem Reichsminister der Finanzen.

Nr. 95. Ist gestrichen worden.[1])

1. Für Reichsbeamte § 21 Abs. 1 Satz 1 des Reichsbesoldungsgesetzes und Nr. 90 Abs. 1 der Reichsbesoldungsvorschriften, wonach die Dienstbezüge monatlich im voraus gezahlt werden, vorübergehend durch die Verordnung des Reichspräsidenten vom 18. Juli 1931 RGBl. I S. 381 nebst den dazu ergangenen

ersten	DurchfVO.	vom	18. Juli 1931	RBesBl. Nr. 1940,
zweiten	„	„	14. November 1931	RBesBl. Nr. 1960,
dritten	„	„	13. Juli 1932	RBesBl. Nr. 1099,
vierten	„	„	26. April 1934	RBesBl. Nr. 2335,
fünften	„	„	11. Juni 1934	RBesBl. Nr. 2099,

vorläufig außer Kraft gesetzt. Nach § 1 a. a. O. werden die Dienstbezüge der Reichsbeamten, die Versorgungsbezüge der Wartegeldempfänger und Ruhegeldempfänger des Reichs und die Versor-

[1]) Vgl. den Nachtrag I S. 210.

gungsbezüge von Hinterbliebenen von Reichsbeamten vorübergehend in der Weise ausgezahlt, daß die Hälfte des Monatsbezugs vom bisherigen Auszahlungstage, der Rest zehn Tage später ausgezahlt wird.

Die Dienstbezüge sind nach wie vor am Monatsersten fällig, nur die Auszahlung ist hinausgeschoben worden (vgl. Sölch, Woothke, Rackow S. 355); stirbt ein Beamter z. B. am 5. eines Monats, so haben die Erben Anspruch auf die Auszahlung der am 10. zu zahlenden Gehaltshälfte (vgl. a. a. O. S. 355).

2. Nach § 4 Abs. 1 der Verordnung vom 18. Juli 1931 in der Fassung der späteren Änderungen sind die Länder und die Gemeinden (Gemeindeverbände) berechtigt und verpflichtet, den §§ 1 bis 3 entsprechende Regelungen zu treffen.

Nach § 4a a. a. O. konnte die oberste Landesbehörde — soweit es vom Reichsminister der Finanzen nicht geschehen war — für das Land und die Gemeinden (Gemeindeverbände) eine anordnen, daß die Bezüge ganz oder teilweise später als am 1. und 10. des Monats auszuzahlen sind. Von dieser Ermächtigung hatte Preußen — jedoch nur für sich, nicht auch für die Gemeinden (Gemeindeverbände) in dem Runderlaß vom 23. September 1931 Preuß. BesBl. S. 299 Gebrauch gemacht.

Die für die preußischen Staatsbeamten jetzt geltenden Bestimmungen sind in Abschnitt XIII des Runderlasses des Finanzministers vom 16. März 1936 Preuß. BesBl. S. 61, 70 zusammengefaßt. Auf sie braucht hier nicht näher eingegangen zu werden.

Keinem Zweifel kann unterliegen, daß die Gemeinden und Gemeindeverbände unmittelbar auf Grund des § 1 der Durchführungsverordnung vom 18. Juli 1931 verpflichtet sind, keine günstigeren Zahlungsmodalitäten einzuführen, als sie im § 1 a. a. O. vorgesehen sind, d. h. daß sie die Dienstbezüge am 1. und 10. des Monats auszahlen müssen.

Es wäre demnach rechtlich unzulässig, wenn die Gemeinden (Gemeindeverbände) die Bezüge am 1. des Monats in einer Summe auszahlen wollten.

Bezüglich der Abrundung der Bezüge der Staatsbeamten ist Nr. 112 der Preußischen Besoldungsvorschriften aufrechterhalten (vgl. den Runderlaß des Finanzministers vom 14. April 1936 Preuß. BesBl. S. 127, 135). Hier heißt es:

(1) Für jeden Beamten ist der Monatsbetrag der einzelnen Besoldungsteile (Grundgehalt, Stellenzulage, Wohnungsgeldzuschuß usw.) je für sich auf volle Reichspfennig aufzurunden. Am Jahresschluß findet ein nachträglicher Ausgleich von Pfennigspitzen nicht statt. Die aus den aufgerundeten Einzelbeträgen sich ergebende Summe bildet den Monatssollbetrag. In den Ausgabeanweisungen ist sowohl das Monats- als auch das Jahressoll unter Beachtung dieser Abrundungsbestimmungen festzusetzen.

(2) Diese Vorschrift tritt mit Wirkung vom 1. Juni 1928 in Kraft.

Beispiel:[1])

a) Grundgehalt jährlich 2950,— RM., monatlich 245,83 1/3 RM., rund	245,84 RM.
b) Wohnungsgeldzuschuß (Sonderklasse) monatlich	72,— RM.
c) örtlicher Sonderzuschlag (3 v. H. von 2950,— RM.) jährlich 88,50 RM., monatlich 7,37 1/2 RM., rund	7,38 RM.
zusammen	325,22 RM.
Kürzung 20 v. H. von 325,22 RM. = 65,04 RM.[2]) hiervon ab 2,50 RM.	62,54 RM.
	262,68 RM.

Es wird anzunehmen sein, daß die Gemeinden (Gemeindeverbände) die Nr. 112 der Preußischen Besoldungsvorschriften entsprechend anzuwenden haben.

Ziff. 113 der Preußischen Besoldungsvorschriften ist aufrechterhalten (vgl. den Runderlaß des Finanzministers vom 14. April 1936 Preuß. BesBl. S. 127, 135); Nr. 113 a. a. O. hat durch Abschnitt XIV des Runderlasses des Finanzministers vom 16. März 1936 Preuß. BesBl. S. 61, 71 folgende Fassung erhalten:

1. Sind Dienstbezüge nur für einen Teil eines Monats zu zahlen oder ändert sich im Laufe eines Monats die Zahlstelle oder die Höhe der Dienstbezüge, so ist für jeden Tag ein Dreißigstel der monatlichen Dienstbezüge zu zahlen. Für den 31. eines jeden Monats wird nichts gezahlt; in Schaltjahren werden für den 29. Februar zwei Dreißigstel, in den übrigen Jahren für den 28. Februar drei Dreißigstel der monatlichen Dienstbezüge gezahlt.
2. Ein von der früheren Beschäftigungsbehörde etwa zuviel gezahlter Betrag ist durch die neue Dienststelle einzubehalten, ohne daß ein Ausgleich zwischen den Verrechnungsstellen stattfindet.

3. Beispiele:

Es sind hiernach zu zahlen:

a) wenn die Beschäftigung beginnt am 20. März für 20. März bis 31. März (Monatssatz 300,— RM.) 11/30 = 110,— RM.
am 28. Februar (Monatssatz 300,— RM.) 3/30 = 30,— RM.

---

[1]) Preuß. BesBl. 1936 S. 71; hier ist das frühere Beispiel durch ein neues ersetzt worden.

[2]) In der Fußnote Preuß. Besoldungsblatt 1936 S. 71 heißt es: „Bruchteile eines Reichspfennigs bleiben unberücksichtigt — II Nr. 5 (2) RdErl. v. 16. 12. 1931 PrBesBl. S. 347."

b) bei im Laufe des Monats höher werdendem Vergütungssatz: 1.—15. März (Monatssatz 300,— RM.) $^{15}/_{30}$ = 150,— RM.
16.—31. März (Monatssatz 350,— RM.) $^{15}/_{30}$ = 175,— RM.

c) wenn die Beschäftigung am 1. Februar beginnt und bis Ende Februar fortgeführt wird:
1.—12. Februar (Monatssatz 300,— RM.) $^{12}/_{30}$ = 120,— RM.
13.—22. Februar (Monatssatz 350,— RM.) $^{10}/_{30}$ = 116,67 RM.
23. bis Monatsschluß (Monatssatz 400,— RM.) $^{8}/_{30}$ = 106,67 RM.

Es wird anzunehmen sein, daß Ziff. 113 der Preußischen Besoldungsvorschriften von den Gemeinden und Gemeindeverbänden entsprechend anzuwenden ist.

§ 22.[1])

Die Überleitung der am 30. September 1927 im Amte gewesenen Beamten ergibt sich aus der als Anlage 6 beigefügten Übersicht.

§ 23.[2])

(1) Das Besoldungsdienstalter der am 30. September 1927 im Amte befindlichen planmäßigen Beamten aus dem Stande der Versorgungsanwärter (§ 5 Abs. 3 bis 7) wird in der Weise verbessert, daß neben der bereits angerechneten Dienstzeit noch die im Heere, in der Marine oder in der Schutzpolizei oder im Dienste des Reichswasserschutzes vom Beginne des vierzehnten bis zum Ende des neunzehnten Dienstjahrs zurückgelegte Zeit zur Hälfte angerechnet wird.

(2) Bei der Festsetzung des Besoldungsdienstalters der am 30. September 1927 noch nicht planmäßig angestellten, aber im Dienste befindlichen oder vorgemerkten Versorgungsanwärter wird neben der nach § 5 Abs. 3 bis 7 anzurechnenden Dienstzeit noch die im Heere, in der Marine oder in der Schutzpolizei oder im Dienste des Reichswasserschutzes vom Beginne des sechzehnten bis zum Ende des neunzehnten Dienstjahrs zurückgelegte Zeit zur Hälfte angerechnet.

---

1) Von einem Abdruck der zu § 22 gehörenden Reichsbesoldungsvorschriften wird abgesehen.

2) Von einem Abdruck der zu § 23 gehörenden Reichsbesoldungsvorschriften wird abgesehen.

§ 24.

(1) Beamte, die infolge einer Umbildung der Reichsbehörden aus Anlaß der Umgestaltung des Staatswesens aus dienstlichen Rücksichten in Stellen von geringerem Diensteinkommen verwendet werden, erhalten während der Dauer dieser Verwendung die Dienstbezüge, die sie in ihrer früheren Stelle nach den Vorschriften dieses Gesetzes bezogen hätten.

(2) Abs. 1 gilt nicht für die Soldaten der Wehrmacht.

---

1. Eine entsprechende Anwendung dieses Paragraphen auf die Beamten der Gemeinden und Gemeindeverbände kommt nicht in Betracht, ganz abgesehen davon, daß die Vorschrift jetzt auch für Reichsbeamte keine praktische Bedeutung mehr hat (vgl. Sölch, Woothke, Rackow S. 375).

Vorbemerkung zu §§ 25—30.

Für die Beamten der Gemeinden und Gemeindeverbände ist nach wie vor §§ 19—29 des preußischen Besoldungsgesetzes vom 17. Dezember 1927 entsprechend anzuwenden (vgl. Preuß. Besoldungsblatt 1936 S. 135).

§ 25.[1])

Die Bezüge der beim Inkrafttreten dieses Gesetzes im einstweiligen Ruhestande befindlichen Beamten werden mit Wirkung vom 1. Oktober 1927 nach den geltenden Vorschriften neu festgesetzt.

§ 26.[2])

(1) Die Bezüge der beim Inkrafttreten dieses Gesetzes im dauernden Ruhestande befindlichen Beamten und der Ruhegehalt oder Übergangsgebührnisse beziehenden Soldaten sowie die Bezüge der Hinterbliebenen der bis dahin im Dienste oder im einstweiligen oder dauernden Ruhestande verstorbenen Beamten und Soldaten werden mit Wirkung vom 1. Oktober 1927 ab in der Weise erhöht, daß dem für die Berechnung des ruhegehaltsfähigen Diensteinkommens bisher maßgebend gewesenen Grundgehalte bei einem Grundgehalte

---

[1]) Von einem Abdruck der zu § 25 gehörenden Reichsbesoldungsvorschriften wird abgesehen.

[2]) Von einem Abdruck der zu § 26 gehörenden Reichsbesoldungsvorschriften wird abgesehen.

bis einschließlich 1800 Reichsmark	25 vom Hundert,
von mehr als 1800 Reichsmark bis einschließlich 3500 Reichsmark	22 vom Hundert,
von mehr als 3500 Reichsmark bis einschließlich 6000 Reichsmark	19 vom Hundert,
von mehr als 6000 Reichsmark bis einschließlich 12 000 Reichsmark	16 vom Hundert

hinzutreten. Der sich hierbei als neues Grundgehalt ergebende Betrag ist auf volle Reichsmark aufzurunden. Er darf nicht höher sein als 13 200 Reichsmark.

(2) Soweit sich bei der Unterstellung des niedrigeren Grenzbetrags (1800, 3500, 6000 Reichsmark) als bisheriges Grundgehalt ein höherer Betrag ergibt, ist dieser als neues Grundgehalt der Berechnung des ruhegehaltsfähigen Diensteinkommens zugrunde zu legen.

§ 27.

(1) Bei den infolge der einschränkenden Vorschriften der Ziffer 24 der Ausführungsbestimmungen zum Pensionsergänzungsgesetz in der Eingangsgruppe verbliebenen Altversorgungsberechtigten werden die im § 26 angegebenen Hundertsätze um 8 (auf 33, 30, 27, 24 vom Hundert) erhöht.

(2) Eine gleiche Erhöhung der im § 26 angegebenen Hundertsätze erhalten, sofern nicht bereits Abs. 1 Anwendung findet, diejenigen Altversorgungsberechtigten, die im Falle der Ausdehnung der in Ziffer 25 der vorerwähnten Ausführungsbestimmungen vorgesehenen Fußnoten auf sie in eine höhere Besoldungsgruppe einzureihen gewesen wären. Ebenso werden die Beamten der Besoldungsklasse Nr. 21 des Reichsbesoldungsgesetzes vom 15. Juli 1909 behandelt.

(3) Für eine Erhöhung nach Abs. 1 oder 2 kommen nur diejenigen dort bezeichneten Altversorgungsberechtigten in Frage, deren gesetzliches Ruhegehalt für September 1927 zusammen mit dem Frauenzuschlage nicht den Betrag des Ruhegehalts erreicht hat, zu dem ihnen auf Grund des § 1 des Pensionsergänzungsgesetzes vom 1. April 1920 ab ein Zuschuß gewährt worden ist oder hätte gewährt werden müssen.

§ 28.[1])

(1) Zu dem nach §§ 26, 27 erhöhten Grundgehalte wird der Wohnungsgeldzuschuß (§§ 9, 36 Satz 1) nach der bisherigen Tarifklasse hinzugerechnet.

(2) Der Jahresbetrag der erhöhten Ruhegehälter, Witwen- und Waisengelder ist so aufzurunden, daß bei der Teilung durch drei sich volle Markbeträge ergeben.

§ 29.

Bei der Regelung nach § 26 finden bei den mit Ruhegehalt nach dem Wehrmachtversorgungsgesetz abgefundenen Soldaten die Vorschriften des § 36 dieses Gesetzes in der Fassung vom 19. September 1925 Anwendung.

§ 30.[2])

Neben den nach §§ 26 ff. erhöhten Bezügen wird der Frauenzuschlag nach den bis zum 30. September 1927 geltenden Vorschriften gewährt.

---

1. Hinsichtlich der Beamten der Gemeinden und Gemeindeverbände vgl. § 24 des preußischen Besoldungsgesetzes vom 17. Dezember 1927.

§ 31.

Neben dem Wartegelde, Ruhegehalt und Witwengelde werden allgemein Kinderzuschläge nach den für die Beamten im Dienste geltenden Vorschriften gewährt. Nach denselben Vorschriften erhalten ledige waisengeldberechtigte Waisen die Kinderzuschläge bis zum vollendeten einundzwanzigsten Lebensjahre, wenn Witwengeld nicht zu zahlen ist.

Besoldungsvorschriften.

Nr. 113. (1) § 14 Abs. 4 gilt auch für hinterbliebene Kinder ohne Rücksicht auf das Lebensalter. Der Kinderzuschlag wird in diesen Fällen auch nach dem Tode beider Eltern weitergewährt.

(2) Kinderzuschläge für Stiefkinder und uneheliche Kinder werden nur neben dem Wartegeld und Ruhegehalt gewährt.

---

[1]) **Von einem Abdruck der zu § 28 gehörenden Reichsbesoldungsvorschriften wird abgesehen.**

[2]) **Von einem Abdruck der zu § 30 gehörenden Reichsbesoldungsvorschriften wird abgesehen.**

§ 32.[1])

Das nach §§ 25 ff. neu ermittelte Grundgehalt ist bei Anwendung der Ruhensvorschriften auf die dort bezeichneten Bezüge auch der Berechnung des früheren Diensteinkommens zugrunde zu legen.

§ 33.

In Einzelfällen, in denen sich aus den Vorschriften des § 26 besondere Härten ergeben, kann die oberste Reichsbehörde im Einvernehmen mit dem Reichsminister der Finanzen einen Ausgleich gewähren.

§ 34.

Änderungen der in diesem Gesetz vorgesehenen Amtsbezeichnungen erfolgen durch den Reichspräsidenten.

---

1. Zur Frage der Amtsbezeichnungen der Kommunalbeamten vgl. Schönebeck-Seel-Krauthausen „Das geltende Kommunalbeamtenrecht" S. 59 ff.[2])

§ 35.

Die Versetzung in ein Amt, das mit einem niedrigeren Endgrundgehalt ausgestattet ist als das bisher bekleidete Amt, gilt gleichwohl als Versetzung in ein Amt von nicht geringerem planmäßigen Diensteinkommen im Sinne des § 23 des Reichsbeamtengesetzes, wenn das Endgrundgehalt der bisherigen Besoldungsgruppe zuzüglich der dem Beamten verliehenen ruhegehaltsfähigen und unwiderruflichen Stellenzulagen nicht höher ist als das Endgrundgehalt der neuen Besoldungsgruppe zuzüglich der dem Beamten in der neuen Besoldungsgruppe verliehenen ruhegehaltsfähigen und unwiderruflichen Stellenzulagen.

Bei § 35 handelt es sich nicht um eine besoldungsrechtliche Vorschrift im engeren Sinne. § 35 kann daher auch nicht auf die Gemeinden und Gemeindeverbände entsprechend angewendet werden.

---

[1]) Von einem Abdruck der zu § 32 gehörenden Reichsbesoldungsvorschriften ist abgesehen.

[2]) Soweit das Recht des Bürgermeisters zur Verleihung von Amtsbezeichnungen im § 37 der Deutschen Gemeindeordnung seine Stütze findet, wird sich hieran durch § 37 Abs. 1 des Deutschen Beamtengesetzes nichts ändern; denn durch diese Vorschrift bleiben andere gesetzliche Bestimmungen unberührt.

§ 36.

Das der Berechnung des Ruhegehalts zugrunde zu legende Diensteinkommen der Reichsbeamten besteht aus dem Grundgehalte, das der Beamte zuletzt bezogen hat, dem Wohnungsgeldzuschusse für die Ortsklasse B, und zwar auch dann, wenn der Beamte einen Wohnungsgeldzuschuß nicht oder nur teilweise bezogen hat, und den Zulagen, die in diesem Gesetz oder im Reichshaushaltsplan als ruhegehaltsfähig bezeichnet sind. § 10 gilt entsprechend.

Besoldungsvorschriften.

Nr. 115. (1) Das Ruhegehalt der mit Wirkung von einem späteren Tage als dem 1. Oktober 1927 in den dauernden Ruhestand versetzten Beamten sowie das Wartegeld sind vom Ersten des Monats an, in dem der Ruhegehalt- oder Wartegeldempfänger heiratet oder das 45. Lebensjahr vollendet, in sinngemäßer Anwendung des § 10 BesGr. umzurechnen.[1])

(2) Nr. 65 Abs. 5 gilt sinngemäß.

---

1. Auf die Beamten der Gemeinden und Gemeindeverbände ist z. Zt. noch das Zivilpensionsgesetz entsprechend anzuwenden (vgl. allgemein zum Pensionsrecht Schönebeck-Seel-Krauthausen „Das geltende Kommunalbeamtenrecht" S. 100 ff.).

2. Für die Zeit nach dem 1. Juli 1937 vgl. § 80 des Deutschen Beamtengesetzes.

§ 37.

(1) Waren die bisherigen Dienstbezüge eines Beamten nach dem Stande vom 30. September 1927 höher als die ihm auf Grund dieses Gesetzes zustehenden Dienstbezüge, so ist ihm der Unterschiedsbetrag, soweit es sich um ruhegehaltsfähige Bezüge handelt, als ruhegehaltsfähiger Zuschuß, im übrigen als nichtruhegehaltsfähiger Zuschuß über den Reichshaushaltsplan bis zu dem Zeitpunkt weiter zu gewähren, in dem er durch die Erhöhung der neuen Bezüge ausgeglichen wird. Hierbei bleiben außer Anrechnung

1. neu zu gewährende Kinderzuschläge,
2. Erhöhungen des Wohnungsgeldzuschusses insoweit, als sie lediglich infolge der Hinaufsetzung eines Ortes in eine höhere Ortsklasse oder der Versetzung an einen Ort einer höheren Ortsklasse eintreten.

---

[1]) Vgl. § 10 der 24. Änderung des Besoldungsgesetzes.

(2) Abs. 1 gilt nicht hinsichtlich der örtlichen Sonderzuschläge.

1. Diese Bestimmung ist durch die Notverordnung vom 6. Oktober 1931 aufgehoben worden; sie enthielt eine Übergangsvorschrift für Beamte, deren Bezüge am 30. September 1927 höher als nach diesem Gesetz waren.

Ihr entsprach § 38 des preußischen Besoldungsgesetzes vom 17. Dezember 1927; diese Vorschrift — die seiner Zeit von den Gemeinden usw. entsprechend anzuwenden war, ist durch die Zweite Sparverordnung vom 23. Dezember 1931 (GS. S. 293) aufgehoben worden.

§ 38.

(1) Die Reichsregierung ist ermächtigt, mit Zustimmung des Reichsrats und des Ausschusses des Reichstags für den Reichshaushalt, Beamte, die in den diesem Gesetze beigefügten Besoldungsordnungen nicht aufgeführt sind, einer der vorhandenen Besoldungsgruppen zuzuteilen.

(2) Abs. 1 gilt sinngemäß für Wartegeldempfänger, Ruhegehaltsempfänger und Hinterbliebene.

(3) Der Reichsminister der Finanzen ist ermächtigt, an Stelle der in anderen Gesetzen für die Bemessung von Bezügen angeführten Gruppen des Besoldungsgesetzes vom 30. April 1920 (Reichsgesetzbl. S. 805) die entsprechenden neuen Besoldungsgruppen zu bestimmen.

---

1. Zu § 38 Abs. 1 und 2.

Durch den Runderlaß des Finanzministers vom 14. April 1936 Preuß. BesBl. S. 127, 135 ist klargestellt, daß § 36 Abs. 1 und 2 des Preußischen Besoldungsgesetzes mit der Maßgabe nach Abschnitt II Abs. 4 des Runderlasses vom 16. März 1936 Preuß. BesBl. S. 61 bestehen bleibt.

Für die Gemeinden (Gemeindeverbände) ist sowohl § 38 des Reichsbesoldungsgesetzes wie § 38 des Preußischen Besoldungsgesetzes ohne unmittelbares Interesse.

§ 39.

(1) Änderungen der durch dieses Gesetz geregelten Dienst- und Versorgungsbezüge, ebenso Änderungen der Einreihung der Beamten in die Gruppen der Besoldungsordnungen können durch Gesetz erfolgen.

(2) Werden Beamte oder Versorgungsberechtigte durch eine solche Änderung hinsichtlich ihrer Bezüge oder hinsichtlich ihrer Einreihung in die Gruppen der Besoldungsord-

nung mit rückwirkender Kraft schlechter gestellt, so sind die Unterschiedsbeträge nicht zurückzuerstatten.

(3) In allen übrigen Fällen können zuviel gezahlte Dienst- und Versorgungsbezüge zurückgefordert werden, und zwar auch dann, wenn eine Bereicherung nicht mehr vorliegt.

Besoldungsvorschriften.

Nr. 116a. (1) Zuviel erhobene Dienstbezüge sind grundsätzlich zurückzuzahlen.

(2) Dienstbezüge im Sinne dieser Bestimmungen sind alle den Beamten mit Beziehung auf ihr Amt geleisteten Zahlungen.

(3) Bei der Rückforderung von Dienstbezügen sind die wirtschaftlichen Verhältnisse des zur Rückzahlung verpflichteten Beamten zu berücksichtigen; durch Bewilligung entsprechender Teilzahlungen sind Härten zu vermeiden, jedoch sind die Teilzahlungen so zu bemessen, daß die Schuld in angemessener Zeit getilgt wird.

(4) Von der Rückforderung zuviel erhobener Bezüge kann aus Billigkeitsgründen mit Zustimmung der obersten Reichsbehörde ganz oder teilweise abgesehen werden. Jedenfalls ist von der Rückforderung abzusehen, wenn die Bezüge nicht durch Anrechnung auf noch auszuzahlende Bezüge eingezogen werden können und das Einziehungsverfahren Kosten verursachen würde, die die zuviel erhobenen Bezüge übersteigen.

(5) Abs. 1 bis 4 gelten entsprechend für Wartegelder, Ruhegehälter und Hinterbliebenenbezüge.

(6) Die Vorschriften des § 104 der Reichshaushaltsordnung werden durch vorstehende Bestimmungen nicht berührt.

Nr. 115 der Ausführungsbestimmungen zum Preußischen Besoldungsgesetz vom 17. Dezember 1927 (Preuß. Besoldungsvorschriften) vom 30. März 1928/31. Dezember 1930 in der Fassung der Ersten Änderung vom 3. Juni 1935

---

(1) Zuviel bezogene Dienstbezüge sind grundsätzlich zurückzuzahlen.

(2) Dienstbezüge im Sinne dieser Bestimmungen sind alle dem Beamten mit Beziehung auf ihr Amt geleisteten Zahlungen.

(3) Bei Rückforderung von Dienstbezügen sind die wirtschaftlichen Verhältnisse des zur Rückzahlung verpflichteten Beamten zu berücksichtigen; durch Bewilligung entsprechender Teilzahlungen sind Härten zu vermeiden, jedoch sind die Teilzahlungen so zu bemessen, daß die Schuld in angemessener Zeit getilgt wird.

Preuß. Besoldungsblatt S. 176 (auch veröffentlicht als Anlage 1 zu dem Runderlaß des Finanzministers vom 16. November 1935 Preuß. Besoldungsblatt S. 297, 299).

(4) Von der Rückforderung zuviel erhobener Bezüge kann aus Billigkeitsgründen mit Zustimmung des Fachministers ganz oder teilweise abgesehen werden, sofern dem Beamten nicht noch ein aufrechenbarer Anspruch gegen den Staat aus der Preußischen Einbehaltungsverordnung vom 8. Juni 1932 (GSS. 199) und dem Gesetz vom 26. März 1934 (GSS. 230) zusteht. Die Aufrechnung des Einbehaltungsbetrages ist in diesem Falle mit Zustimmung des Fachministers zulässig. Soweit ausnahmsweise auch von der Aufrechnung des Einbehaltungsbetrages abgesehen werden soll, bedarf es hierzu der Zustimmung des Finanzministers. Von der Rückforderung ist in jedem Falle abzusehen, wenn die Bezüge nicht durch Anrechnung auf noch auszuzahlende Bezüge eingezogen oder nach Satz 1 aufgerechnet werden können und das Einziehungsverfahren Kosten verursachen würde, die die zuviel erhobenen Bezüge übersteigen.

(5) Abs. 1 bis 4 gelten entsprechend für Wartegelder, Ruhegelder und Hinterbliebenenbezüge.

(6) Die Vorschriften des § 104 der Reichshaushaltsordnung werden durch vorstehende Bestimmungen nicht berührt.

---

1. Die Rechtslage ist vom 1. April 1936 so, daß die Gemeinden den § 39 des Reichsbesoldungsgesetzes — der übrigens erst mit Wirkung vom 2. Juli 1933 durch Kap. IX des Beamtenrechtsänderungsgesetzes seine jetzige Fassung erlangt hat —, die Nr. 116 a Abs. 1 bis 3 der Reichsbesoldungsvorschriften und Nr. 115 Abs. 4 bis 6 der insoweit noch aufrechterhaltenen Preußischen Besoldungsvorschriften (vgl. den Runderlaß des Preußischen Finanzministers 14. April 1936 Preuß. Besoldungsblatt 1936 S. 127, 136 und den Runderlaß des Reichs- und Preußischen Erziehungsministers vom 28. September 1936 Preuß. Besoldungsblatt S. 226) entsprechend anwenden müssen.

2. Von besonderer Bedeutung für die Praxis ist vor allem § 39 Abs. 3 des Reichsbesoldungsgesetzes. Hiernach können[1]) in allen übrigen Fällen — d. h. mit Ausnahme der Fälle, in denen Beamte, Ruhestandsbeamte, Hinterbliebene durch eine Änderung ihrer Bezüge mit rückwirkender Kraft schlechter gestellt werden — zuviel gezahlte Dienst- und Versorgungsbezüge zurück-

---

[1]) In § 39 des Preußischen Besoldungsgesetzes vom 17. Dezember 1927 hieß es „sind".

gefordert werden, und zwar auch dann, wenn eine Bereicherung nicht mehr vorliegt. Der Beamte oder der Versorgungsempfänger ist also im Regelfall verpflichtet, zuviel erhobene Bezüge auf eine dahingehende Anforderung der Anstellungsbehörde zurückzuzahlen; er kann sich hierbei nicht auf den Wegfall der Bereicherung (vgl. § 818 Abs. 3 BGB.[1]) berufen.

Kann an der Verpflichtung des Beamten usw. zur Zurückzahlung der zuviel erhaltenen Bezüge kein Zweifel bestehen, so würde es dem durch Nr. 116 Abs. 2 der Reichsbesoldungsvorschriften verdeutlichten Sinn des § 39 nicht entsprechen, wollte die Anstellungsbehörde im Einzelfall stets die zu zahlende Summe sofort in einem Betrage zurückverlangen; nach Maßgabe der Nr. 116 Abs. 2 der Reichsbesoldungsvorschriften wird sie dem Beamten vielmehr angemessene Teilzahlungen unter Berücksichtigung seiner wirtschaftlichen Verhältnisse bewilligen.

Diese an und für sich klare Rechtslage erfährt durch die noch aufrechterhaltene Nr. 115 Abs. 4 bis 6 der Preußischen Besoldungsvorschriften eine Komplizierung. Hiernach kann die Anstellungsbehörde von der Rückforderung ganz oder teilweise absehen, sofern dem Beamten nicht noch ein aufrechenbarer Anspruch gegen den Staat aus der Einbehaltungsverordnung vom 8. Juni 1932 GS. S. 199 und dem Gesetz vom 26. März 1934 GS. S. 230 zusteht. Die Anstellungsbehörde — nur sie, nicht auch der Beamte — kann also den erst beim Tode des Beamten fälligen Anspruch auf Rückzahlung der einbehaltenen Beträge schon jetzt dazu verwenden, um ihren Anspruch auf Rückzahlung überhobener Beträge zu tilgen. Offensichtlich beruht diese Regelung darauf, daß es bei der Aufrechnung — die in gleicher Weise dem öffentlichen wie dem bürgerlichen Recht angehört — die Schuld des Aufrechnenden nicht fällig zu sein braucht, es vielmehr genügt, daß der Aufrechnende zur Leistungsbewirkung befugt ist; dies wird regelmäßig vor der Fälligkeit der Fall sein.

Es kann also — wie Schönebeck „Gemeindetag" 1935 S. 634 ausführt — die Anstellungsbehörde als Gläubigerin der fälligen Forderung auf Rückzahlung der überhobenen Gehaltsbeträge gegen die (nicht fällige) Forderung des Beamten auf Zurückzahlung der einbehaltenen Beträge aufrechnen, denn sie wäre nach allgemeinen Rechtsgrundsätzen befugt, die einbehaltenen Beträge in bar schon

[1]) § 818 BGB. lautet: Die Verpflichtung zur Herausgabe erstreckt sich auf die gezogenen Nutzungen sowie auf dasjenige, was der Empfänger auf Grund eines erlangten Rechtes oder als Ersatz für die Zerstörung, Beschädigung oder Entziehung des erlangten Gegenstandes erwirbt.

Ist die Herausgabe wegen Beschaffenheit des Erlangten nicht möglich oder ist der Empfänger aus einem anderen Grunde zur Herausgabe außerstande, so hat er den Wert zu ersetzen.

Die Verpflichtung zur Herausgabe oder zum Ersatz des Wertes ist ausgeschlossen, soweit der Empfänger nicht mehr bereichert ist.

jetzt zurückzuzahlen. Nicht aber kann der Beamte als Gläubiger der (nicht fälligen) Forderung auf Zurückzahlung der einbehaltenen Beträge mit dieser Forderung gegen die fällige Forderung der Anstellungsbehörde auf Zurückzahlung der überhobenen Gehaltsbeträge aufrechnen; denn der Anstellungsbehörde, die zur Zahlung der einbehaltenen Beträge zur Zeit nicht verpflichtet ist, kann nach allgemeinen Rechtsgrundsätzen nicht zugemutet werden, sich statt Barzahlung mit der Befreiung von einer Verbindlichkeit abfinden zu lassen (vgl. Schönebeck a. a. O.).

Schließlich kann die Anstellungsbehörde nach Nr. 115 Abs. 4 der Preußischen Besoldungsvorschriften, ohne von ihrer Befugnis zur Aufrechnung des Einbehaltungsbetrages Gebrauch zu machen, die zuviel erhobenen Dienstbezüge niederschlagen.

Unrichtig wäre die Auffassung, daß nach Nr. 115 Abs. 4 der Preußischen Besoldungsvorschriften zuviel erhobene Bezüge schlechthin in jedem Falle gegen Ansprüche der Beamten aus der Preußischen Einbehaltungsverordnung aufgerechnet werden dürfen. Vielmehr sind zuviel erhobene Bezüge grundsätzlich zurückzuzahlen (vgl. den Runderlaß des Reichs- und Preußischen Ministers des Innern vom 14. November 1935 MBliV. S. 1373[1]); eine Aufrechnung kommt hiernach nur dann in Frage, wenn nach Lage des Falles und unter Berücksichtigung aller sonstigen Umstände, insbesondere der wirtschaftlichen Verhältnisse der Beamten, eine Niederschlagung des überhobenen Betrages — ganz oder teilweise — gerechtfertigt erscheint; ergibt die Prüfung, daß der Beamte nach seiner wirtschaftlichen Lage zu einer Rückzahlung imstande und die Rückforderung nicht unbillig ist, so kann der Einbehaltungsbetrag nicht aufgerechnet werden (vgl. den angeführten Erlaß).

Eine Anstellungsbehörde wird also, wenn sich herausstellt, daß ein Beamter usw. Bezüge zuviel erhoben hat,

a) in erster Linie die Zurückzahlung — evtl. in angemessenen Teilbeträgen — fordern,

b) in zweiter Linie gegen den Einbehaltungsbetrag aufrechnen,

c) ohne Aufrechnung den einbehaltenen Betrag schlechthin niederschlagen.

Soweit Nr. 115 Abs. 4 der Preußischen Besoldungsvorschriften eine Zuständigkeit des Fachministers bzw. des Finanzministers vorsehen, ist bei den Gemeinden und Gemeindeverbänden stets die Zuständigkeit ihres Leiters gegeben (vgl. den Runderlaß des Reichs- und Preußischen Ministers des Innern vom 6. April 1936 — RMBliV. S. 497). Es fragt sich jedoch, ob es nicht zweckmäßig ist, daß z. B. eine Gemeinde dann, wenn beim Staat die Zustimmung des Finanzministers erforderlich ist, immer eine Beteiligung des Finanzdezernenten (Kämmerers) vorsieht.

---

[1]) Auch veröffentlicht im Preußischen Besoldungsblatt 1935 S. 297.

Eine Ausnahme von Nr. 115 Abs. 4 der Preußischen Besoldungsvorschriften besteht dann, wenn es sich um Gehalts- usw. Bezüge handelt, die auf Grund von nachträglichen Besoldungsangleichungsmaßnahmen zurückzuzahlen sind; in diesen Fällen ist es zulässig, die Niederschlagung schlechthin auszusprechen, ohne von der Aufrechnung Gebrauch zu machen (vgl. den Runderlaß des Preußischen Ministers des Innern und des Finanzministers vom 2. Februar 1934 — MBliV. S. 444 b —, aufrechterhalten durch den Runderlaß des Reichs- und Preußischen Ministers des Innern vom 6. April 1936 RMBliV. S. 497).

Zu der Frage, ob die Gemeinden vor dem Ausspruch der Niederschlagung von überhobenem Gehalt die Gemeinderäte anzuhören haben, ist folgendes zu bemerken:

Nach § 55 Abs. 1 Ziffer 10 der Deutschen Gemeindeordnung muß der Bürgermeister den Gemeinderäten Gelegenheit zur Äußerung auch vor Verzicht auf Ansprüche der Gemeinden geben, soweit es sich nicht um Geschäfte der laufenden Verwaltung handelt, die geldlich von unerheblicher Bedeutung sind. Zu den Ansprüchen im Sinne des § 55 Abs. 1 Ziffer 10 gehören auch öffentlich-rechtliche Ansprüche, daher auch Ansprüche auf Gehalt usw. Der Bürgermeister muß daher vor der Niederschlagung von überhobenem Gehalt die Gemeinderäte anhören, es sei denn, daß es sich um einen Betrag von unerheblicher Bedeutung handelt.

Schließlich dürfte in diesem Zusammenhang der Runderlaß des Reichs- und Preuß. Ministers für Wissenschaft, Erziehung und Volksbildung vom 28. September 1936 Preuß. BesBl. S. 226 interessieren, der folgenden Wortlaut hat:

„Die Ansprüche der Lehrer (Beamten) auf Nachzahlung von Dienstbezügen verjähren zwar schon in vier Jahren (§ 197 des Bürgerlichen Gesetzbuches). Dagegen gibt es für Ansprüche der Landesschulkasse (Staatskasse) auf Rückerstattung von überzahlten Dienstbezügen keine abgekürzte Verjährung. Für diese Ansprüche gilt vielmehr nach § 195 des BGB. die regelmäßige Verjährungsfrist von 30 Jahren.

Ob die Wiedereinziehung von Dienstbezügen in einem einzelnen Falle durch Teilzahlungen gemildert oder ob von der Rückforderung ganz oder teilweise abgesehen werden kann, ist nach den hierüber bestehenden Vorschriften zu entscheiden (Nr. 116 a der Reichsbesoldungsvorschriften und Nr. 115 Abs. 4 und 5 der Preußischen Besoldungsvorschriften, Preuß. BesBl. 1935 S. 177)."

§ 40.

Für die Dauer von zunächst acht Jahren, beginnend mit dem 1. April 1928, fällt von je drei freien oder frei werdenden planmäßigen Beamtenstellen der Besoldungsordnung A, Aufsteigende Gehälter, Anlage 1 zu diesem Gesetz eine Stelle weg. Dies gilt nicht, wenn eine Wahrnehmung der Geschäfte durch eine Hilfskraft nach gesetzlicher Vorschrift unzulässig ist. Im übrigen sind Ausnahmen nur mit Zustimmung des Reichsministers der Finanzen statthaft. Über die zugelassenen Ausnahmen sind dem Ausschuß für den Reichshaushalt vierteljährlich Übersichten vorzulegen.

---

§ 40 ist inzwischen für die Reichsbeamten selbst durch Zeitablauf gegenstandslos geworden.

Vorbemerkung.

Inhaltlich sind an Stelle der §§ 41 und 42 des Besoldungsgesetzes inzwischen die Besoldungsangleichungsvorschriften in den §§ 40 ff. des Beamtenrechtsänderungsgesetzes vom 30. Juni 1933 getreten.

§ 41.

Soweit Länder, Gemeinden (Gemeindeverbände) und Organe des öffentlichen Rechtes (Handelskammern, Handwerkskammern, Landwirtschaftskammern, Krankenkassenverwaltungen, Berufsgenossenschaften usw.) die Besoldung in einem den Vorschriften dieses Gesetzes entsprechenden Ausmaß erhöhen, finden die allgemeinen Grundsätze des § 40 nach näherer Bestimmung des Landesrechts entsprechende Anwendung.

§ 42.

Soweit Länder, Gemeinden (Gemeindeverbände) und Organe des öffentlichen Rechtes die Besoldung in einem den Vorschriften dieses Gesetzes entsprechenden Ausmaß erhöhen, sind sie verpflichtet, bei der Überleitung der vorhandenen Stellen in die neue Besoldungsordnung für jeden einzelnen Fall zu prüfen, ob die in den entsprechenden Gruppen der alten Besoldungsordnung befindlichen Beamten nach ihrer Anzahl und nach ihren Aufgaben sämtlich oder nur zum Teil in die neue Besoldungsordnung zu überführen sind. Die Länderregierungen treffen Vorschriften über die Überwachung der Einhaltung dieser Vorschrift durch die Gemeinden (Gemeindeverbände) und die Organe des öffentlichen Rechtes.

§ 43.

Die Vorschriften des § 40 finden auf die Reichspostverwaltung entsprechende Anwendung.

§ 44.

(1) Dieses Gesetz tritt mit Wirkung vom 1. Oktober 1927 in Kraft.

(2) Mit dem gleichen Zeitpunkt tritt das Besoldungsgesetz vom 30. April 1920 (Reichsgesetzbl. S. 805) außer Kraft.

Besoldungsvorschriften.

Nr. 117 (betrifft die Post).

Nr. 118. (1) Die in den Vorbemerkungen 2 und 3 zur Anlage 6 zum BesG. getroffenen Übergangsregelungen haben den Vorrang vor den in der Anlage selbst etwa enthaltenen ungünstigeren Überleitungsbestimmungen.

(2) Jedoch erhalten die in der Vorbemerkung 3 genannten Registratoren nicht die Bezüge der BesGr. A 4 c, sondern die der BesGr. A 4 d, wenn sie die Bezüge der alten Besoldungsgruppe A VII auf Grund der abgelegten Sonderprüfung erhalten haben.

Nr. 119. Diese BV. treten mit Wirkung vom 1. Oktober 1927 in Kraft. Mit dem gleichen Zeitpunkt treten die Besoldungsvorschriften vom 16. Juni 1920 in der Fassung der Bekanntmachung vom 14. Juli 1924 (RBB. S. 221) sowie der Siebenten Ergänzung der Besoldungsvorschriften vom 2. Juli 1925 (RBB. S. 161) außer Kraft, soweit sie nicht nach Nr. 37 und 112 Abs. 1 dieser BV. weiterhin anzuwenden sind.

§ 45.

Die Ausführungsbestimmungen zu diesem Gesetz erläßt der Reichsminister der Finanzen mit Zustimmung des Reichsrats. Der Reichsminister der Finanzen ist ermächtigt, mit Zustimmung des Reichsrats und des Ausschusses des Reichstags für den Reichshaushalt Bestimmungen für solche Fälle zu treffen, in denen die besondere Lage der Verhältnisse eine abweichende Regelung geboten erscheinen läßt.

Anhang I.

Gesetz über die Angleichung der Besoldung der unmittelbaren Staatsbeamten an die Besoldung der Reichsbeamten.

Vom 17. Januar 1936. GS. S. 3.

Das Staatsministerium hat das folgende Gesetz beschlossen:

§ 1.

(1) Das Reichsbesoldungsgesetz vom 16. Dezember 1927 (Reichsgesetzbl. I S. 349) gilt vom 1. April 1936 ab in der jeweiligen Fassung entsprechend für die Bezüge der unmittelbaren Staatsbeamten, die bisher durch das Preußische Besoldungsgesetz vom 17. Dezember 1927 (GS. S. 223) geregelt sind. Dabei treten an die Stelle der bisherigen preußischen Besoldungsgruppen die entsprechenden Reichsbesoldungsgruppen nach Maßgabe der Anlage und an die Stelle der nach dem Reichsbesoldungsgesetze für die Durchführung zuständigen Behörden des Reichs die entsprechenden Behörden Preußens.

(2) Die in der Besoldungsordnung (Anlage 1 zum Preußischen Besoldungsgesetz vom 17. Dezember 1927 — GS. S. 223 —) unter Abschnitt „C. Gehälter mit Mindestgrundgehaltssätzen" aufgeführten Beamten und die wissenschaftlichen Assistenten mit planmäßiger Vergütung bei Wissenschaftlichen Hochschulen und die ihnen gleichgestellten Hilfskräfte bei Wissenschaftlichen Hochschulen, Anstalten und Instituten erhalten ihre Dienstbezüge weiter nach Maßgabe der Bestimmungen des Preußischen Besoldungsgesetzes.

§ 2.

Der Finanzminister wird ermächtigt, die Besoldungsordnung für die unmittelbaren Staatsbeamten in der hiernach geltenden Fassung bekanntzumachen.

§ 3.

(1) Sind die Dienstbezüge, die einem Beamten nach dem Preußischen Besoldungsgesetze vom 17. Dezember 1927 am 31. März 1936 zugestanden haben, höher als die ihm nach diesem Gesetze zustehenden Dienstbezüge, so erhält er eine Ausgleichszulage. Diese besteht in dem Unterschiedsbetrage zwischen den bisherigen und den neuen

Bezügen. Bei der Berechnung des Unterschiedsbetrags bleiben außer Ansatz

a) Kinderbeihilfen und Kinderzulagen in gesetzlich nicht geregelten Fällen,

b) Ministerialzulagen, Dienstaufwandentschädigungen und nichtruhegehaltfähige Gebührenanteile.

(2) Soweit die Ausgleichszulage einem Beamten gewährt wird, der infolge der Einweisung in die ergänzte Reichsbesoldungsordnung eine Minderung des Wohnungsgeldzuschusses und des örtlichen Sonderzuschlags erfährt, bestimmt sich ihre Höhe nach dem jeweiligen dienstlichen Wohnsitze.

(3) Die Ausgleichszulage wird gewährt, bis sie durch Erhöhung der neuen Bezüge, insbesondere durch Aufsteigen in den Dienstaltersstufen oder in eine andere Besoldungsgruppe, ausgeglichen wird. Hierbei werden nicht angerechnet Änderungen des Wohnungsgeldzuschusses und des örtlichen Sonderzuschlags, die durch Versetzung in einen anderen Ort oder durch Einweisung des Dienstorts in eine andere Ortsklasse eintreten.

(4) Beim Übertritt in eine Besoldungsgruppe mit gleichem oder höherem Endgrundgehalte sind für die Ermittlung des nächsthöheren Grundgehaltssatzes (§ 7 des Reichsbesoldungsgesetzes) ausschließlich die Grundgehaltssätze der Reichsbesoldungsordnung maßgebend.

(5) Die Ausgleichszulage ist ruhgehaltfähig, soweit die Dienstbezüge, zu deren Ausgleiche sie dient, ruhegehaltfähig waren.

§ 4.

(1) Soweit ein Beamter beim Inkrafttreten dieses Gesetzes für seine Person auf Grund besonderer Vorschrift höhere Bezüge als die seiner Planstelle erhält, behält er diese Bezüge nach Maßgabe dieses Gesetzes auch nach der Überleitung in die Reichsbesoldungsordnung, solange sie höher sind, als die ihm nach dieser in seiner Planstelle zustehenden Bezüge. § 3 findet entsprechende Anwendung.

(2) Soweit ein Beamter auf Grund besonderer Vorschrift eine andere als die mit seiner Planstelle verbundene Amtsbezeichnung führen darf, verbleibt es hierbei, bis er in eine Besoldungsgruppe befördert wird, der diese Amtsbezeichnung entspricht.

§ 5.

Wartegelder und sonstige Versorgungsbezüge der zum 1. April 1936 oder zu einem früheren Zeitpunkt aus dem aktiven Dienste ausgeschiedenen Beamten und ihrer Hinterbliebenen werden durch dieses Gesetz nicht berührt.

§ 6.

Der Finanzminister erläßt die zur Durchführung und Ergänzung dieses Gesetzes erforderlichen Rechts- und Verwaltungsvorschriften.

§ 7.

Das Gesetz tritt mit Wirkung vom 1. April 1936 in Kraft.

Berlin, den 17. Januar 1936.

Das Preußische Staatsministerium.
Göring. Popitz.

Im Namen des Reichs verkünde ich für den Führer und Reichskanzler das vorstehende Gesetz, dem die Reichsregierung ihre Zustimmung erteilt hat.

Berlin, den 17. Januar 1936.

Der Preußische Ministerpräsident.
Göring.

Anlage zum Gesetz über die Angleichung der Besoldung der unmittelbaren Staatsbeamten an die Besoldung der Reichsbeamten.

Bisherige Preußische Besoldungsgruppe.	Neue Reichsbesoldungsgruppe.
Besoldungsordnung A.	
Aufsteigende Gehälter mit festen Grundgehaltssätzen:	
1 a	1 a
1 b	1 a 1 b
1 c	1 b
2 a	2 a
2 b mit 1200 RM. Zulage 2 b mit 800 RM. Zulage	2 b
2 b mit 600 RM. Zulage 2 b mit 400 RM. Zulage	2 c 1. Abt.
2 b	2 c 2. Abt.
2 c mit 600 RM. Zulage 2 c	2 d
2 d	2 e
3 a	3 a
3 b	3 b
3 c mit Zulage	3 c mit Zulage

Bisherige Preußische Besoldungsgruppe.	Neue Reichsbesoldungsgruppe.

Besoldungsordnung A.

Aufsteigende Gehälter mit festen Grundgehaltssätzen:

3 c	3 c
†) Gewerbeoberlehrerinnen und †) Pensionatsvorsteherinnen mit den Bezügen der Lehrerinnen an den Berufsschulen	behalten die Bezüge der Lehrerinnen an den Berufsschulen
4 a 1. Abt.	4 a
Oberschullehrer, †) Oberschullehrerinnen und Mittelschullehrer mit den Bezügen der Lehrer und Lehrerinnen an den öffentlichen mittleren Schulen	behalten die Bezüge der Lehrer an den öffentlichen mittleren Schulen
4 b mit 700 RM. Zulage	4 b 1. Abt.
4 b mit 500 RM. Zulage	4 b 2. Abt.
4 b mit 300 RM. Zulage	4 c 1. Abt.
4 b	4 c 2. Abt.
Forstschuloberlehrer mit den Bezügen der Lehrer an den öffentlichen mittleren Schulen	behalten die Bezüge der Lehrer an den öffentlichen mittleren Schulen
4 c	4 e
4 d	4 d
4 e mit 500 RM. Zulage	5 c mit 500 RM. Zulage
4 e	5 c
5 mit 300 RM. Zulage 5	5 b
6	7 a
7 a	7 b
7 b Schiffahrtskontrolleure	erhalten die Bezüge der Polizeihauptwachtmeister. Solange die Stelleninhaber für die Schutzpolizei vorgesehenen Bedingungen für die unkündbare Anstellung nicht erfüllt haben, erhalten sie die Bezüge der Gr. 9.
8 mit 150 RM. Zulage 8	8 a
9	9

Bisherige Preußische Besoldungsgruppe.	Neue Reichsbesoldungsgruppe.
10 a mit 120 RM. Zulage	10 a mit 120 RM. Zulage
10 a mit 150 RM. Zulage 10 a	10 a
Botenmeister	11 mit 200 oder 150 RM Zulage
10 b mit 150 RM. Zulage	10 b mit 150 RM. Zulage
10 b mit 120 RM. Zulage	10 b mit 120 RM. Zulage
10 b	10 b
11 mit 120 RM. Zulage	11 mit 120 RM. Zulage
11	11
12	12

Besoldungsgruppe B.

Feste Gehälter.

3	3 a
4	3 b
5	5
6	6
7	7 a
8	7 b
9	8
10	9
11	10

Anmerkung: 1. Die im Preußischen Besoldungsgesetz vom 17. Dezember 1927 — in der am 31. März 1936 geltenden Fassung — vorgesehenen Übergangsregelungen für die am 30. September 1927 im Amte gewesenen planmäßigen Beamten bleiben nach näherer Bestimmung des Finanzministers aufrecht erhalten.

2. Beamtinnen in den mit einem Kreuz †) bezeichneten Stellen erhalten die Grundgehaltssätze und ruhegehaltfähigen Stellenzulagen um 10 vom Hundert gekürzt.

Anhang II.

Verordnung zur Durchführung des Gesetzes über die Angleichung der Besoldung der unmittelbaren Staatsbeamten an die Besoldung der Reichsbeamten vom 17. Januar 1936 — Gesetzsamml. S. 3 (Überleitungsverordnung).

Vom 16. März 1936. GS. S. 78.

Auf Grund des § 6 des Gesetzes über die Angleichung der Besoldung der unmittelbaren Staatsbeamten an die Besoldung der

Reichsbeamten vom 17. Januar 1936 (GS. S. 3) wird folgendes bestimmt:

§ 1.

Allgemeine Überleitungsbestimmungen.

(1) Die Überleitung erfolgt am 1. April 1936. Dabei ist von den Dienstbezügen auszugehen, die dem Beamten nach dem Preußischen Besoldungsgesetze vom 17. Dezember 1927 am 31. März 1936 zugestanden haben.

(2) Das bisherige Besoldungsdienstalter der planmäßigen Beamten mit den Bezügen einer Besoldungsgruppe, deren Dienstaltersstufen in ihrer Zahl und in ihrer Höhe mit denjenigen der neuen Reichsbesoldungsgruppe übereinstimmen, bleibt unverändert.

(3) Stimmen die Zahl oder die Höhe der Dienstaltersstufen nicht überein, so wird der planmäßige Beamte, soweit für ihn in den nachstehenden, besonderen Überleitungsbestimmungen nichts anderes vorgesehen ist, in eine Dienstaltersstufe der neuen Reichsbesoldungsgruppe übergeleitet, die dem ihm nach den bisherigen Vorschriften am 31. März 1936 zustehenden Grundgehaltssatz entspricht, oder, wenn ein solcher nicht vorhanden ist, in die nächstniedrige Dienstaltersstufe. Er erhält jedoch mindestens die Bezüge nach der Anfangsstufe der neuen Reichsbesoldungsgruppe.

(4) Das Besoldungsdienstalter ist dabei so festzusetzen, daß der Beamte zu demselben Zeitpunkte, zu dem er in der bisherigen Besoldungsgruppe in den nächsthöheren Grundgehaltssatz aufgerückt wäre, auch in der neuen Besoldungsgruppe aufsteigt. Wird der Beamte jedoch aus einer Dienstaltersstufe, die niedriger als das Anfangsgrundgehalt der neuen Reichsbesoldungsgruppe ist, übergeleitet, so ist das Besoldungsdienstalter in der neuen Reichsbesoldungsgruppe auf den 1. April 1936 (Tag der Überleitung) festzusetzen. Die planmäßigen Beamten im Höchstgehalt der bisherigen Besoldungsgruppe, die in das gleiche Endgrundgehalt einer neuen Reichsbesoldungsgruppe mit gleicher Zahl der Dienstaltersstufen überzuleiten sind, erhalten ihr bisheriges Besoldungsdienstalter.

(5) Ruhegehaltfähige und unwiderrufliche Stellenzulagen, die der planmäßige Beamte in der bisherigen Gruppe bezogen hat oder in der neuen Besoldungsgruppe beziehen wird, gelten hierbei als Bestandteile des Grundgehalts.

(6) Bei der Überleitung der nichtplanmäßigen Beamten bleibt das bisherige Anwärterdienstalter als Diätendienstalter unverändert.

§ 2.

Besondere Überleitungsbestimmungen.

(1) Sind nach vorstehenden Bestimmungen Beamte, die in verschiedenen Dienstaltersstufen der bisherigen Besoldungsgruppe gestanden haben, in die gleiche Dienstaltersstufe der neuen Reichsbe-

soldungsgruppe überzuleiten, so ist zur Vermeidung von Überholungen der Beamte aus der höheren Dienstaltersstufe der bisherigen Besoldungsgruppe in die nächstfolgende Dienstaltersstufe der neuen Reichsbesoldungsgruppe überzuleiten. Das Besoldungsdienstalter für diesen Beamten ist dabei so festzusetzen, daß er vom 1. April 1936 ab noch zwei Jahre in der neuen Dienstaltersstufe verbleibt. Dies gilt jedoch nicht für die Beamten, die in einer niedrigeren Dienstaltersstufe einschließlich Zulage als die Anfangsstufe der neuen Reichsbesoldungsgruppe gestanden haben.

(2) Planmäßige Beamte der bisherigen Besoldungsgruppe A 2 a in der neunten Dienstaltersstufe erhalten in der Reichsbesoldungsgruppe A 2 a ihr um zwei Jahre verbessertes Besoldungsdienstalter.

(3) Planmäßige Beamte der bisherigen Besoldungsgruppen A 2 b mit 1200 RM. und A 4 b mit 700 RM. ruhegehaltfähiger und unwiderruflicher Stellenzulage und mit einem Besoldungsdienstalter vom 1. April 1936 oder einem günstigeren Besoldungsdienstalter erhalten in der Reichsbesoldungsgruppe A 2 b und A 4 b 1 ihr um acht Jahre verkürztes Besoldungsdienstalter.

(4) Planmäßige Beamte der bisherigen Besoldungsgruppe A 2 b mit der ruhegehaltfähigen und unwiderruflichen Stellenzulage von 800 RM. und mit einem Besoldungsdienstalter vom 1. April 1916 oder einem günstigeren Besoldungsdienstalter erhalten in der Reichsbesoldungsgruppe A 2 b ein Besoldungsdienstalter vom 1. April 1926.

(5) Planmäßige Beamte der bisherigen Besoldungsgruppe A 2 b ohne ruhegehaltfähige und unwiderrufliche Stellenzulage erhalten in der Reichsbesoldungsgruppe A 2 c 2 ihr bisheriges Besoldungsdienstalter.

(6) Planmäßige Beamte der bisherigen Besoldungsgruppe A 4 a 1. Abteilung von der zehnten Dienstaltersstufe ab aufwärts erhalten in der Reichsbesoldungsgruppe A 4 a ihr bisheriges Besoldungsdienstalter.

(7) Botenmeister der bisherigen Besoldungsgruppe A 10 a mit einem Besoldungsdienstalter vom 1. April 1934 oder einem günstigeren Besoldungsdienstalter erhalten in der Reichsbesoldungsgruppe A 11 mit der ruhegehaltfähigen und unwiderruflichen Stellenzulage von 200 RM. ihr um zwei Jahre verkürztes Besoldungsdienstalter.

§ 3.

Neben dem auf Grund der allgemeinen und der besonderen Überleitungsbestimmungen festzusetzenden Besoldungsdienstalter (Überleitungs-Besoldungsdienstalter) ist für planmäßige Beamte, die in Reichsbesoldungsdienstgruppen übergeleitet werden, die nach dem Stande vom 31. März 1936 Beförderungsgruppen waren, in dieser Besoldungsgruppe — ausgehend von dem Besoldungsdienstalter und dem Grundgehaltssatz ohne Zulage in der bisherigen preußischen Eingangsgruppe — ein endgültiges Besoldungsdienstalter nach den Bestimmungen des § 7 des Reichsbesoldungsgesetzes festzusetzen mit der Maßgabe, daß als Tag des Übertritts in die Reichsbesördерungsgruppe der 1. April 1936 gilt. Die nach diesem endgültigen Besoldungsdienstalter zustehenden Bezüge sind jedoch erst mit Wirkung vom 1. April 1937 ab zu zahlen. Das Überleitungsbesoldungsdienstalter tritt von diesem Tage ab außer Kraft.

§ 4.

Diäten.

Anwärterinnen auf Stellen, die in der Besoldungsordnung mit einem Kreuz †) bezeichnet sind, erhalten die Diäten um 10 v. H. gekürzt.

§ 5.

Schlußbestimmung.

Diese Verordnung tritt mit Wirkung vom 1. April 1936 in Kraft.

Berlin, den 16. März 1936.

Der Preußische Finanzminister.
In Vertretung:
Landfried.

Anhang III.

Verordnung über die Neufassung der Besoldungsordnung.

Vom 4. März 1936. GS. S. 31.

Auf Grund der §§ 2 und 6 des Gesetzes über die Angleichung der Besoldung der unmittelbaren Staatsbeamten an die Besoldung der Reichsbeamten vom 17. Januar 1936 (GS. S. 3) wird die Besoldungsordnung für die planmäßigen unmittelbaren Staatsbeamten in der vom 1. April 1936 an geltenden Fassung bekanntgemacht.

Berlin, den 4. März 1934.

Der Preußische Finanzminister.
Popitz.

Besoldungsordnung

für die planmäßigen unmittelbaren Staatsbeamten.

Alle Gehälter werden ebenso wie alle sonstigen kürzungspflichtigen Bezüge nach den Vorschriften der drei Gehaltskürzungsverordnungen gekürzt.

A. Aufsteigende Gehälter mit festen Grundgehaltssätzen.
B. Feste Gehälter.
C. Gehälter mit Mindestgrundgehaltssätzen.

Vorbemerkung: Beamtinnen in den mit einem Kreuz †) bezeichneten Stellen erhalten die Grundgehaltssätze und ruhegehaltfähigen Stellenzulagen um 10 v. H. gekürzt.

A. Aufsteigende Gehälter mit festen Grundgehaltssätzen.

Besoldungsgruppe 1 a.

8400—9500—10 600—11 600—12 600 RM. jährlich.

Wohnungsgeldzuschuß: III in der ersten und zweiten Dienstaltersstufe, II von der dritten Dienstaltersstufe an.

Forstverwaltung:
Oberlandforstmeister beim Preußischen Landesforstamt.
Ministerialrat beim Preußischen Landesforstamt.
Oberlandforstmeister als Leiter der Preußischen Versuchsanstalt für Waldwirtschaft.

Münzverwaltung:
Münzdirektor.

Lotterieverwaltung:
Präsident.

Preußenhaus:
Direktor.

Staatsministerium:
Ministerialräte.
Direktor des Geheimen Staatsarchivs in Berlin-Dahlem.
Direktor der Generalintendanz der Preußischen Staatstheater in Berlin.

Finanzministerium:
Ministerialräte.

Ministerium des Innern:
Ministerialräte.
Oberverwaltungsgerichtsräte.
Vizepräsidenten der Oberpräsidien und beim Staatskommissar der Hauptstadt Berlin.
Regierungsvizepräsidenten.
Vizepräsident der Preußischen Bau- und Finanzdirektion in Berlin.
Polizeipräsidenten, soweit nicht in Besoldungsgruppen A 1 b und B 6.
Polizeipräsident in Berlin.
Leitender Beamter bei der Verwaltung der Geheimen Staatspolizei (Amtsbezeichnung vorbehalten).

Oberstärzte der Schutzpolizei.
Geschäftsführender Direktor mit der Amtsbezeichnung Vizepräsident und Professor des Instituts für Infektionskrankheiten „Robert Koch" in Berlin.
Präsident und Professor bei der Preußischen Landesanstalt für Lebensmittel-, Arzneimittel- und gerichtliche Chemie in Berlin.
Geschäftsführender Direktor mit der Amtsbezeichnung Vizepräsident und Professor der Landesanstalt für Wasser-, Boden- und Lufthygiene in Berlin-Dahlem.

Ministerium für Wissenschaft, Erziehung und Volksbildung:
Ministerialräte.
Erster Direktor bei der Preußischen Staatsbibliothek in Berlin.
Direktor und Professor des Instituts für experimentelle Therapie in Frankfurt a. M.
Direktoren bei den Staatlichen Museen in Berlin.
Direktor bei der Hauptverwaltung der Staatlichen Schlösser und Gärten in Berlin.
Vizeinspektor bei der Landesverwaltung der Nationalpolitischen Erziehungsanstalten in Preußen.

Ministerium für die kirchlichen Angelegenheiten:
Ministerialräte.

Ministerium für Wirtschaft, Arbeit und Verkehr:
Ministerialräte.

Bergverwaltung:
Ministerialräte.

Landwirtschaftliche Verwaltung:
Ministerialräte.
Wasserbaudirektoren und Strombaudirektoren.

Oberrechnungskammer:
Ministerialräte.

Besoldungsgruppe 1 b.

6200 — 7000 — 7800 — 8500 — 9200 — 9900 — 10600 jährlich.

Wohnungsgeldzuschuß: III

Forstverwaltung:
Landforstmeister.

Porzellanmanufaktur:
Technischer Direktor und Professor.

Lotterieverwaltung:
Erster Direktor.

Ministerium des Innern:
Regierungsdirektoren bei den Oberpräsidenten und beim Staatskommissar der Hauptstadt Berlin.
Regierungsdirektoren und Verwaltungsgerichtsdirektoren bei den Regierungen einschließlich der Preußischen Bau- und Finanzdirektion in Berlin.

Polizeipräsidenten in Elbing, Erfurt, Flensburg, Aachen, Waldenburg, Weißenfels und Koblenz.
Regierungsdirektoren beim Polizeipräsidium in Berlin einschließlich Staatspolizeistelle und beim Geheimen Staatspolizeiamt.
Abteilungsdirektoren und Professoren beim Institut Infektionskrankheiten „Robert Koch" in Berlin.
Abteilungsdirektor und Professor bei der Preußischen Landesanstalt für Lebensmittel-, Arzneimittel- und gerichtliche Chemie in Berlin.
Abteilungsdirektoren und Professoren bei der Landesanstalt für Wasser-, Boden- und Lufthygiene in Berlin-Dahlem.

Ministerium für Wissenschaft, Erziehung und Volksbildung:
Verwaltungsdirektor beim Charitékrankenhaus in Berlin.
Direktor des Hochschulinstituts für Leibesübungen in Berlin.
Direktoren und Professoren als Leiter der drei Hauptabteilungen beim Materialprüfungsamt in Berlin-Dahlem.
Verwaltungsdirektor bei den Staatlichen Museen in Berlin.
Direktor der Staatlichen Kunstsammlungen in Kassel.
Direktor der Staatlichen Stelle für Naturdenkmalpflege in Berlin.
Oberschulräte.
Oberschulrätinnen.

Verwaltung für Wirtschaft, Arbeit und Verkehr:
Regierungsdirektor beim Verbandspräsidium des Siedlungsverbandes Ruhrkohlenbezirk in Essen.

Bergverwaltung:
Oberbergamtsdirektoren.
Oberbergrat als Direktor des Knappschafts-Oberversicherungsamts in Dortmund.
Abteilungsdirektoren und Professoren bei der Geologischen Landesanstalt in Berlin.

Landwirtschaftliche Verwaltung:
Oberregierungs- und -baurat bei der Landesanstalt für Gewässerkunde und Hauptnivellements im Ministerium als Vertreter des Leiters der Anstalt.
Regierungsdirektoren bei der Landeskulturverwaltung.
Direktor und Professor bei der Versuchs- und Forschungsanstalt für Wein-, Obst- und Gartenbau in Geisenheim.
Direktor und Professor bei der Moorversuchsstation in Bremen.
Direktor und Professor als Leiter der Versuchsanstalt für Wasserbau und Schiffbau in Berlin.

Besoldungsgruppe 2a.

4800—5400—6000—6600—7100—7600—8100—8600—9100—9700 RM. jährlich.

Wohnungsgeldzuschuß: IV in der ersten und zweiten Dienststufe, III von der dritten Dienstaltersstufe an.

Staatsministerium:
Staatsarchivdirektoren.

Ministerium des Innern:
Abteilungsleiter und Professoren beim Institut für Infektionskrankheiten „Robert Koch" in Berlin, bei der Preußischen Landesanstalt für Lebensmittel-, Arzneimittel- und gerichtliche Chemie in Berlin sowie bei der Landesanstalt für Wasser-, Boden- und Lufthygiene in Berlin-Dahlem.

Ministerium für Wissenschaft, Erziehung und Volksbildung:
Direktoren der Universitätsbibliotheken.
Direktoren des Akademischen Auskunftsamts und des Magnetischen Observatoriums bei der Universität in Berlin.
Hauptobservatoren und Professoren.
Bibliotheksdirektor bei der Technischen Hochschule in Berlin.
Abteilungsleiter und Professoren beim Materialprüfungsamt in Berlin-Dahlem.
Abteilungsdirektoren bei der Preußischen Staatsbibliothek in Berlin.
Abteilungsvorsteher und Professoren bei dem Geodätischen Institut in Potsdam.
Wissenschaftliche Beamte und Professoren bei der Akademie der Wissenschaften in Berlin.
Erster Ständiger Sekretär und Professor bei der Akademie der Künste in Berlin.
Direktor der Hauptstelle für den naturwissenschaftlichen Unterricht in Berlin.

Bergverwaltung:
Abteilungsleiter, Abteilungsleiter und Professoren bei der Geologischen Landesanstalt in Berlin.

Landwirtschaftliche Verwaltung:
Abteilungsvorsteher und Professor bei der Versuchs- und Forschungsanstalt für Milchwirtschaft in Kiel.
Oberregierungs- und -baurat als Leiter der Abteilung für Schiffbau bei der Versuchsanstalt für Wasserbau und Schiffbau in Berlin.

Besoldungsgruppe 2 b.

7000—7500—8000—8500—8900—9300—9700 RM. jährlich.

Wohnungsgeldzuschuß: III.

Domänenverwaltung:
Oberregierungs- und -landwirtschaftsrat.

Forstverwaltung:
Oberregierungsrat als Ministerialverwaltungsdirektor beim Preußischen Landesforstamt.

Oberforstmeister.
Oberregierungsräte beim Preußischen Holzforschungsinstitut in Eberswalde.

Münzverwaltung:
Obermünzwardein.

Preußenhaus:
Oberregierungsrat.
Direktor der Bücherei.

Staatsministerium:
Oberregierungsrat als Ministerialverwaltungsdirektor.
Oberregierungsräte bei der Pressestelle des Staatsministeriums.
Oberregierungsrat bei den Staatlichen Theatern in Berlin.

Finanzministerium:
Oberfinanzrat als Ministerialverwaltungsdirektor.
Oberfinanzrat als Direktor der Hauptbuchhalterei.
Direktor der Generalstaatskasse.
Oberregierungs- und -steuerräte.
Oberregierungs- und -bauräte.
Oberbauräte.

Ministerium des Innern:
Oberregierungsrat als Ministerialverwaltungsdirektor.
Oberregierungsrat als Verwaltungsdirektor beim Oberverwaltungsgericht.
Oberregierungsräte bei den Zentralbehörden, bei den Oberpräsidien, beim Staatskommissar der Hauptstadt Berlin, bei den Regierungen einschließlich der Preußischen Bau- und Finanzdirektion in Berlin, bei den Polizeiverwaltungen und bei der Geheimen Staatspolizei.
Oberfeldärzte der Schutzpolizei.
Oberfeldveterinäre der Schutzpolizei.
Oberbaurat der Feuerwehr.
Oberregierungs- und -medizinalräte.
Medizinalrat als Direktor des Medizinaluntersuchungsamtes in Breslau.
Oberregierungs- und -veterinärräte.

Ministerium für Wissenschaft, Erziehung und Volksbildung:
Oberregierungsrat als Ministerialverwaltungsdirektor.
Oberstudiendirektoren als hauptamtliche Mitglieder der Philologischen Landesprüfungsanstalt.[1])
Oberregierungsräte bei den Hochschulinstituten für Leibesübungen.
Rechtsrat bei der Universität Berlin.

---

[1]) Die hauptamtlichen Mitglieder des Philologischen Landesprüfungsamtes erhalten nach besonderer Vorschrift des Finanzministers und des Ministers für Wissenschaft, Erziehung und Volksbildung einen nichtruhegehaltfähigen Anteil an den Prüfungsgebühren.

Oberregierungsrat bei der Akademischen Hochschule für Musik in Berlin.
Oberregierungsrat bei der Landesverwaltung der Nationalpolitischen Erziehungsanstalten in Preußen.
Oberregierungsräte bei den Abteilungen für höheres Schulwesen bei den Oberpräsidien.
Oberstudiendirektoren und Oberstudiendirektorinnen sowie Studiendirektoren und Studiendirektorinnen an Vollanstalten.
Direktoren an der Taubstummenanstalt und Ausbildungsanstalt für Taubstummenlehrer und -lehrerinnen in Berlin-Neukölln sowie der Blindenanstalt und Ausbildungsanstalt für Blindenlehrer und -lehrerinnen in Berlin-Steglitz.
Oberregierungsräte als Leiter von Nationalpolitischen Erziehungsanstalten.
Oberregierungs- und -schulräte.
Oberregierungs- und -gewerbeschulräte.
Oberseefahrtschuldirektor in Altona.
Oberstudiendirektoren und Studiendirektoren bei den Höheren Technischen Staatslehranstalten für Hoch- und Tiefbau.
Oberstudiendirektoren und Studiendirektoren bei den Vereinigten Technischen Staatslehranstalten für Maschinenwesen in Frankfurt a. M. und Wuppertal-Elberfeld, den Vereinigten Technischen Staatslehranstalten für Maschinen- und Bergmaschinenwesen in Magdeburg und Köln, den Vereinigten Technischen Staatslehranstalten für Maschinenwesen und Elektrotechnik in Dortmund, den Vereinigten Technischen Staatslehranstalten für Maschinenwesen und für Schiffsingenieure und Seemaschinisten in Stettin, der Höheren Technischen Staatslehranstalt für Maschinenwesen in Aachen, den Höheren Technischen Staatslehranstalten für Maschinenwesen und Elektrotechnik in Breslau und Hagen i. W., der Höheren Technischen Staatslehranstalt für Maschinenwesen und Schiffbau in Kiel, den Technischen Staatslehranstalten für Maschinenwesen in Gumbinnen, Görlitz und Essen, den Technischen Staatslehranstalten für Maschinen- und Hüttenwesen in Gleiwitz und Duisburg, der Technischen Staatslehranstalt für Schiffsingenieure und Seemaschinisten sowie Seefahrtschule in Flensburg.
Oberstudiendirektoren bei den Handwerkerschulen in Königsberg i. Pr. und Kassel und bei der Goldschmiedeschule in Hanau.
Studiendirektoren bei den keramischen Fachschulen.
Oberstudienrat bei der Hauptstelle für den naturwissenschaftlichen Unterricht in Berlin.

Verwaltung für Wirtschaft, Arbeit und Verkehr:
Oberversicherungsrat.
Obereichungsdirektoren als beigeordnete Mitglieder der Physikalisch-Technischen Reichsanstalt.
Oberregierungs- und -gewerberäte.

Bergverwaltung:
Oberbergräte als Direktoren der Knappschafts-Oberversicherungsämter, soweit nicht in Besoldungsgruppe A 1 b.
Oberbergräte als Abteilungsleiter.

Landwirtschaftliche Verwaltung:
Oberregierungs- und -baurat bei der Landesanstalt für Gewässerkunde und Hauptnivellements im Ministerium.
Oberregierungs- und -landeskulturräte.
Oberregierungs- und -bauräte.
Oberbauräte.

Gestütverwaltung:
Landstallmeister.

Oberrechnungskammer:
Oberregierungsrat als Ministerialverwaltungsdirektor.

Besoldungsgruppe 2 c 1. Abteilung (abgekürzt 2 c 1).

4800—5300—5800—6200—6600—7000—7400—7800—8200—8500 — 8800 RM. jährlich.

Wohnungsgeldzuschuß: IV in der ersten bis dritten Dienstalterstufe, III von der vierten Dienstaltersstufe an.

Domänenverwaltung:
Weinbaudirektoren.

Forstverwaltung:
Oberforstmeister, soweit nicht in Besoldungsgruppe A 2 b.
Forstmeister als Direktoren und Lehrer bei den Forstschulen sowie als forsttechnischer Beirat beim Regierungspräsidenten in Sigmaringen.

Finanzministerium:
Regierungs- und Bauräte.

Ministerium des Innern:
Landräte.
Polizeidirektoren.
Baurat der Feuerwehr.
Regierungs- und Medizinalräte.
Medizinalräte als Amtsärzte und Leiter großer Gesundheitsämter.
Regierungs- und Veterinärräte.
Wissenschaftliche Mitglieder und Professoren als Gruppenleiter bei der Preußischen Landesanstalt für Lebensmittel-, Arzneimittel- und gerichtliche Chemie in Berlin und bei der Landesanstalt für Wasser-, Boden- und Lufthygiene in Berlin-Dahlem.
Abteilungsvorsteher und Professoren bei den Hygienischen Instituten in Landsberg a. W. und in Beuthen O. S.

Ministerium für Wissenschaft, Erziehung und Volksbildung:

Zweiter Direktor und Professor beim Zoologischen Museum der Universität in Berlin.

Zweiter Direktor und Professor beim Botanischen Garten und Museum in Berlin-Dahlem.

Direktor des Schleswig-Holsteinischen Museums vorgeschichtlicher Altertümer in Kiel.

Kustoden und Professoren als Gruppenleiter.

Lehrer und Professoren am Seminar für Orientalische Sprachen in Berlin.

Ständige Mitglieder und Professoren als Gruppenleiter beim Materialprüfungsamt in Berlin-Dahlem.

Wissenschaftliches Mitglied und Professor beim Institut für experimentelle Therapie in Frankfurt a. M.

Direktor der Staatlichen Bildstelle in Berlin.

Studiendirektoren und Studiendirektorinnen an Nichtvollanstalten.

Oberstudienräte und †) Oberstudienrätinnen an großen Doppelanstalten und an Anstalten mit großen Alumnaten.

Direktorinnen bei den Handels- und Gewerbeschulen für Mädchen in Potsdam und Rheydt.

Oberstudienräte bei den Nationalpolitischen Erziehungsanstalten.

Regierungs- und Schulräte.[1])

Regierungs- und Gewerbeschulräte.

Seefahrtschuldirektoren.

Fachschuldirektoren bei der Staatlichen Fachschule für Eisen- und Stahlindustrie des Siegener Landes in Siegen, der Staatlichen Fachschule für die Kleineisen- und Stahlwarenindustrie in Schmalkalden und der Staatlichen Fachschule für Metallindustrie in Iserlohn.

Oberstudienräte an Anstalten mit mehreren Fachgebieten in einer durch den Staatshaushaltsplan festzusetzenden Zahl (bei den Höheren Technischen Staatslehranstalten für Hoch- und Tiefbau, bei den Technischen Staatslehranstalten für Maschinenwesen usw.).

Verwaltung für Wirtschaft, Arbeit und Verkehr:

Eichungsdirektoren.

Regierungs- und Gewerberäte.

Regierungs- und Gewerbemedizinalräte.

Regierungs- und Bauräte beim Verbandspräsidium des Siedlungsverbandes Ruhrkohlenbezirk in Essen.

---

[1]) Regierungs- und Schulräte, die bei ihrer Ernennung zum Regierungs- und Schulrat Direktor eines staatlichen Lehrerseminars (gegebenenfalls im Wartestand) waren und die ihre Stelle am Lehrerseminar infolge Abtrennung des Gebiets oder infolge Schließung des Seminars verloren haben, erhalten für ihre Person die Bezüge der Besoldungsgruppe A 2 b.

Bergverwaltung:

Oberbergräte als Mitglieder der Oberbergämter.

Erste Bergräte an Bergrevieren mit drei und mehr höheren technischen Beamten.

Landesgeologen und Professoren bei der Geologischen Landesanstalt in Berlin.

Landwirtschaftliche Verwaltung:

Regierungs- und Baurat als Vorsteher des Büros für die Hauptnivellements im Ministerium.

Regierungs- und Bauräte bei der Landesanstalt für Gewässerkunde im Ministerium als Gruppenleiter.

Regierungs- und Landeskulturräte.

Studienräte und Professoren bei der Versuchs- und Forschungsanstalt für Wein-, Obst- und Gartenbau in Geisenheim als Institutsvorsteher an Instituten mit mehreren wissenschaftlichen Assistenten.

Abteilungsvorsteher bei der Moorversuchsstation in Bremen an Abteilungen mit mehreren wissenschaftlichen Assistenten.

Regierungs- und Bauräte.

Besoldungsgruppe 2 c 2. Abteilung (abgekürzt 2 c 2).[1])

4600 — 5100 — 5500 — 5900 — 6300 — 6700 — 7100 — 7500 — 7800 — 8100 — 8400 RM. jährlich.

Wohnungsgeldzuschuß: IV in der ersten bis dritten Dienstaltersstufe,
III von der vierten Dienstaltersstufe an.

Domänenverwaltung:

Regierungs- und Ökonomierat.

Regierungs- und Landwirtschaftsräte.

Forstverwaltung:

Forstmeister, soweit nicht in Besoldungsgruppe A 2 c 1.

Münzverwaltung:

Münzwardein.

Obermünzingenieur.

Münzingenieur.

Reichs- und Staatsanzeiger:

Direktor und Redakteur.

Porzellanmanufaktur:

Chemiker und Professor.

Chemiker.

Lotterieverwaltung:

Direktor.

---

[1]) Vgl. zur Besoldungsgruppe 2 c 2 jedoch Nachtrag II S. 210 und den dort angeführten Runderlaß des Preußischen Finanzministers vom 23. März 1937 Preuß. Besoldungsblatt S. 49.

Preußenhaus:
Regierungsstenographen.
Staatsministerium:
Regierungsräte bei der Pressestelle des Staatsministeriums.
Staatsarchivräte.
Verwaltungsdirektor bei dem Staatlichen Theater in Kassel.
Finanzministerium:
Regierungs- und Kassenräte.
Finanzprüfer.
Regierungs- und Steuerräte.
Regierungsbauräte.[1])
Ministerium des Innern:
Regierungsräte bei den Zentralbehörden, bei den Oberpräsidien, beim Staatskommissar der Hauptstadt Berlin, bei den Regierungen einschließlich der Preußischen Bau- und Finanzdirektion in Berlin, bei den großen Landratsämtern, bei den Polizeiverwaltungen und bei der Geheimen Staatspolizei.
Bauräte der Feuerwehr, soweit nicht in Besoldungsgruppe A 2 c 1.
Regierungs- und Kassenrat beim Polizeipräsidium in Berlin.
Oberstabsärzte und Stabsärzte der Schutzpolizei.
Oberstabsveterinäre und Stabsveterinäre der Schutzpolizei.
Oberstabsapotheker und Stabsapotheker der Schutzpolizei.
Zahnärzte der Schutzpolizei.
Medizinalräte als Amtsärzte.
Medizinalräte als stellvertretende Amtsärzte.
Medizinalräte bei Gesundheitsämtern.
Medizinalräte als Direktoren von Medizinaluntersuchungsämtern, soweit nicht in Besoldungsgruppe A 2 b.
Veterinärräte.
Polizeiveterinärräte.
Direktoren der Chemischen Untersuchungsanstalten bei den Auslandsfleischbeschaustellen.
Wissenschaftliche Mitglieder, Wissenschaftliche Mitglieder und Professoren bei der Preußischen Landesanstalt für Lebensmittel-, Arzneimittel- und gerichtliche Chemie in Berlin und bei der Landesanstalt für Wasser-, Boden- und Lufthygiene in Berlin-Dahlem, soweit nicht in Besoldungsgruppe A 2 c 1.
Ministerium für Wissenschaft, Erziehung und Volksbildung:
Wissenschaftlicher Berater beim Akademischen Auskunftsamt der Universität in Berlin.
Forstmeister bei der Universität in Greifswald.
Erste Bibliotheksräte.
Bibliotheksräte.

---

[1]) Regierungsbauräte, die als ehemalige Regierungs- und Bauräte am 31. März 1936 für ihre Person eine ruhegehaltfähige und unwiderrufliche Stellenzulage von 400 RM. jährlich bezogen haben, erhalten für ihre Person die Bezüge der Besoldungsgruppe A 2 c 1.

Kustoden, Kustoden und Professoren, soweit nicht in Besoldungsgruppe A 2 c 1
(der am 30. September 1927 im Amte gewesene Inhaber der Stelle des Kustos bei der Hauptverwaltung der Staatlichen Schlösser und Gärten, zugleich Direktor des Museums Schloß Monbijou (Hohenzollernmuseum) erhält für seine Person die Bezüge der Besoldungsgruppe A 2 b).
Observatoren, Observatoren und Professoren.
Direktor und Professor beim Institut für Schädlingsforschung der Universität Königsberg i. Pr.
Pfarrer beim Charitékrankenhaus in Berlin.
Regierungsräte und Akademische Turn- und Sportlehrer bei den Hochschulinstituten für Leibesübungen.
Oberapotheker bei der Staatlichen Universitätsapotheke in Berlin und beim Charitékrankenhaus in Berlin.
Ständige Mitglieder, Ständige Mitglieder und Professoren beim Materialprüfungsamt in Berlin-Dahlem, soweit nicht in Besoldungsgruppe A 2 c 1.
Wissenschaftliche Mitglieder und Professoren beim Institut für experimentelle Therapie in Frankfurt a. M., soweit nicht in Besoldungsgruppe A 2 c 1.
Zweiter Sekretar und Professor beim Historischen Institut in Rom.
Regierungsrat bei den Staatlichen Museen in Berlin.
Regierungsrat bei der Hauptverwaltung der Staatlichen Schlösser und Gärten.
Zweiter und Dritter Ständiger Sekretär und Professor bei der Akademie der Künste in Berlin.
Dozenten bei der Hochschule für Musikerziehung und Kirchenmusik in Berlin.
Regierungsrat bei der Landesverwaltung der Nationalpolitischen Erziehungsanstalten in Preußen
(der am 31. März 1936 im Amte gewesene Inhaber der Stelle erhält für seine Person die Bezüge der Besoldungsgruppe A 2 b).
Oberstudienräte und †) Oberstudienrätinnen, soweit nicht in Besoldungsgruppe A 2 b und A 2 c 1.
Studienräte und †) Studienrätinnen.
Studienräte und †) Studienrätinnen (früher Oberzeichenlehrer und Obermusiklehrer sowie Oberzeichenlehrinnen und Obermusiklehrerinnen an den höheren Lehranstalten für die männliche und weibliche Jugend).
Akademisch gebildete Oberinnen an den mit Lyzeen und Oberlyzeen verbundenen Frauenschulen.
Oberturnlehrer und †) Oberturnlehrerinnen.
Dozenten und †) Dozentinnen bei den Hochschulen für Lehrerbildung und beim Berufspädagogischen Institut.

Oberlehrer an der Blindenanstalt und Ausbildungsanstalt für Blindenlehrer und -lehrerinnen in Berlin-Steglitz.
Oberlehrer an der Waisen- und Schulanstalt in Bunzlau.
Kreisschulräte.
Forstmeister beim Stift Neuzelle und beim Haus Bürenschen Fonds.
Direktor der Sammlungen der Lutherhalle in Wittenberg beim Universitätsfonds in Wittenberg.
Leiter der Entwurfsklassen und Professoren bei den Handwerkerschulen und den keramischen Fachschulen.

Verwaltung für Wirtschaft, Arbeit und Verkehr:
Regierungs- und Versicherungsräte.
Direktor der Beschußanstalt in Suhl.
Regierungsbaurat bei den Wanderkursen für Heizer und Maschinisten.
Gewerberäte.
Regierungsräte beim Verbandspräsidium des Siedlungsverbandes Ruhrkohlenbezirk in Essen.

Bergverwaltung:
Erste Bergräte.
Bergräte.
Berg- und Vermessungsräte.
Bezirksgeologen, Bezirksgeologen und Professoren; Chemiker, Chemiker und Professoren } bei der Geologischen Landesstalt in Berlin.

Landwirtschaftliche Verwaltung:
Regierungs- und Bauräte bei der Landesanstalt für Gewässerkunde im Ministerium.
Regierungs- und Kulturräte.
Regierungs- und Vermessungsräte.
Studienräte, Studienräte und Professoren bei der Versuchs- und Forschungsanstalt für Gartenbau in Berlin-Dahlem.
Studienräte, Studienräte und Professoren bei der Versuchs- und Forschungsanstalt für Wein-, Obst- und Gartenbau in Geisenheim, soweit nicht in Besoldungsgruppe A 2 c 1.
Abteilungsvorsteher bei der Moorversuchsstation in Bremen, soweit nicht in Besoldungsgruppe A 2 c 1.
Chemiker bei der Moorversuchsstation in Bremen.
Oberfischmeister.
Chemiker und Professor an der Landesanstalt für Fischerei in Berlin-Friedrichshagen.
Regierungsbauräte.[1])

Gestütverwaltung:
Gestütveterinärräte.

Besoldungsgruppe 2 d.

4800 — 5200 — 5600 — 6000 — 6400 — 6800 — 7200 — 7500 — 7800 RM. jährlich.

Wohnungsgeldzuschuß: IV in der ersten bis dritten Dienstaltersstufe, III von der vierten Dienstaltersstufe an.

Forstverwaltung:
Amtsräte beim Preußischen Landesforstamt.

Staatsministerium:
Amtsräte.
Amtsräte bei der Archivabteilung.

Finanzministerium:
Amtsräte.
Finanzprüfer, soweit nicht in Besoldungsgruppe A 2 c 2.

Ministerium des Innern:
Amtsräte.
Amtsräte beim Oberverwaltungsgericht.

Ministerium für Wissenschaft, Erziehung und Volksbildung:
Amtsräte.

Ministerium für die kirchlichen Angelegenheiten:
Amtsräte.

Ministerien für Wirtschaft, Arbeit und Verkehr:
Amtsräte.

Bergverwaltung:
Amtsräte bei der Ministerialabteilung für das Berwesen.

Landwirtschaftliche Verwaltung:
Amtsräte.

Oberrechnungskammer:
Amtsräte.

Besoldungsgruppe 2 e.

3600 — 4000 — 4400 — 4800 — 5200 — 5600 — 6000 — 6400 — 6800 — 7100 — 7400 RM. jährlich.

Wohnungsgeldzuschuß: IV in der ersten bis sechsten Dienstaltersstufe, III von der siebenten Dienstaltersstufe an.

Forstverwaltung:
Vermessungsrat bei der Forstvermessungsstelle.

Finanzministerium:
Katasterdirektoren.

Landwirtschaftliche Verwaltung:
Vermessungsräte.

Besoldungsgruppe 3 a.

3600 — 4000 — 4400 — 4800 — 5200 — 5600 — 6000 — 6300 — 6600 — 6900 — 7200 RM. jährlich.

Wohnungsgeldzuschuß: IV in der ersten bis sechsten Dienstaltersstufe, III von der siebenten Dienstaltersstufe an.

Domänenverwaltung:
Ökonomierat.
Regierungslandmesser.

Finanzministerium:
Regierungslandmesser.

Ministerium für Wissenschaft, Erziehung und Volksbildung:
Chemiker beim Landwirtschaftlichen Institut der Universität in Halle a. S.
Bibliothekar an den Vereinigten Staatsschulen für freie und angewandte Kunst in Berlin.
Blindenoberlehrer und †) Blindenoberlehrerinnen an der Blindenanstalt und Ausbildungsanstalt für Blindenlehrer und -lehrerinnen in Berlin-Steglitz.
Taubstummenoberlehrer und †) Taubstummenoberlehrerinnen an der Taubstummenanstalt und Ausbildungsanstalt für Taubstummenlehrer und -lehrerinnen in Berlin-Neukölln.
Direktorin der Haushaltungs- und Gewerbeschule für Mädchen in Flensburg.
†) Stellvertreterinnen für Direktorinnen } an den Handels- und Gewerbeschulen für Mädchen in Potsdam und Rheydt.
†) Fachvorsteherinnen } an den Handels- und Gewerbeschulen für Mädchen in Potsdam und Rheydt.

Landwirtschaftliche Verwaltung:
Regierungslandmesser.
Gartenbauoberlehrer.
Weinbauoberlehrer.
Obstbauoberlehrer.
Weinbauoberinspektoren.

Besoldungsgruppe 3 b.

4800 — 5200 — 5600 — 6000 — 6400 — 6700 — 7000 RM. jährlich.

Wohnungsgeldzuschuß: IV in der ersten bis dritten Dienstaltersstufe, III von der vierten Dienstaltersstufe an.

Domänenverwaltung:
Oberfischmeister und Domänenoberrentmeister in Lötzen.

Forstverwaltung:
Forstamtmänner.

Staatsministerium:
Amtmann bei den Staatlichen Theatern in Berlin.

Rechnungsdirektor bei den Staatlichen Theatern in Berlin.
Maschineriedirektor bei dem Staatlichen Theater in Kassel.

Finanzministerium:
Verwaltungsamtmänner im Ministerium (k. w.).
Landrentmeister.
Amtmänner im Bereich des Ministeriums.
Finanzprüfer, soweit nicht in Besoldungsgruppen A 2 c 2 und A 2 d.

Ministerium des Innern:
Verwaltungsamtmänner im Ministerium und beim Oberverwaltungsgericht (k. w.).
Amtmänner im Bereich des Ministeriums.
Landrentmeister bei der Polizeihauptkasse in Berlin.
Polizeiräte.
Distriktskomissare.

Ministerium für Wissenschaft, Erziehung und Volksbildung:
Rechnungsdirektor bei der Universität in Berlin.
Amtmänner im Bereich des Ministeriums.

Verwaltung für Wirtschaft, Arbeit und Verkehr:
Amtmänner im Bereich der Verwaltung.

Bergverwaltung:
Amtmänner im Bereich der Verwaltung.

Landwirtschaftliche Verwaltung:
Verwaltungsamtmänner im Ministerium (k. w.).
Amtmänner im Bereich der Verwaltung.

Oberrechnungskammer:
Verwaltungsamtmänner (k. w.).

Besoldungsgruppe 3 c.

3600 — 3900 — 4200 — 4500 — 4800 — 5100 — 5400 — 5700 — 6000 — 6300 — 6600 RM. jährlich.

Wohnungsgeldzuschuß: IV in der ersten bis achten Dienstaltersstufe, III von der neunten Dienstaltersstufe an.

Lotterieverwaltung:
Abteilungsleiter.

Finanzministerium:
Direktor des Tiergartens in Berlin.

Ministerium für Wissenschaft, Erziehung und Volksbildung:
Gartendirektoren bei der Verwaltung der Staatlichen Schlösser und Gärten.
Güterdirektor beim Friedrich-Wilhelm-Gymnasium in Trier.
Nichtakademisch gebildete Oberinnen und Gewerbelehrerinnen an Frauenschulen mit Fachseminaren.
Waisenhausoberlehrer an der Waisen- und Schulanstalt in Bunzlau.

†) Gewerbeoberlehrerinnen [3]) †) Pensionatsvorsteherinnen } erhalten die Bezüge der Lehrerinnen an den Berufsschulen.
†) Handelsoberlehrerinnen an den Handels- und Gewerbeschulen für Mädchen in Potsdam und Rheydt. [2])
Seefahrtoberlehrer.[1]) [2]).
Baugewerkschuloberlehrer.[1]) [2])
Maschinenbauschuloberlehrer.[1]) [2])
Schiffsingenieurschuloberlehrer.[1])[2])
Seemaschinistenschuloberlehrer.[1]) [2].
Fachschuloberlehrer.[1]) [2]).

Landwirtschaftliche Verwaltung:
Lotsenkommandeure.

---

[1]) Die am 30. September 1927 im Amte gewesenen Beamten mit den Bezügen der alten Besoldungsgruppe A 10 (BDEG. 1920) erhalten für ihre Person eine ruhegehaltfähige und unwiderrufliche Stellenzulage von je 400 RM. jährlich.

[2]) Ein durch den Staatshaushaltsplan zu bestimmender Teil der Beamten erhält eine ruhegehaltfähige und unwiderrufliche Stellenzulage von 400 RM. jährlich.

[3]) Die am 31. März 1936 im Amte gewesenen Gewerbeoberlehrerinnen mit den Bezügen der alten preußischen Besoldungsgruppe A 3c erhalten für ihre Person die Bezüge der Besoldungsgruppe A 3c. Die Fußnote 2 gilt entsprechend.

Besoldungsgruppe 4 a.

3000 — 3300 — 3600 — 3900 — 4200 — 4450 — 4700 — 4950 — 5200 — 5500 — 5800 RM. jährlich.

Wohnungsgeldzuschuß: V in der ersten bis dritten Dienstaltersstufe, IV von der vierten Dienstaltersstufe an.

Ministerium für Wissenschaft, Erziehung und Volksbildung:

Oberschullehrer
†) Oberschullehrerinnen
} (erhalten die Bezüge der Lehrer und Lehrerinnen an den öffentlichen mittleren Schulen. Diejenigen Oberschullehrer, die am 30. September 1927 das Gehalt der alten Besoldungsgruppe A 10 [BDEG. 1920] hatten, erhalten für ihre Person eine ruhegehaltfähige und unwiderrufliche Stellenzulage von 600 RM. jährlich und den Wohnungsgeldzuschuß III. Diejenigen Oberschullehrerinnen, die am 30. September 1927 das Gehalt der alten Besoldungsgruppe A 10 [BDEG. 1920] hatten, erhalten für ihre Person eine ruhegehaltfähige und unwiderrufliche Stellenzulage von 300 RM. jährlich und den Wohnungsgeldzuschuß III).

Turn- und Sportlehrer bei dem Hochschulinstitute für Leibesübungen in Clausthal-Zellerfeld.
Bibliothekar bei der Akademischen Hochschule für Musik in Berlin.
Oberschullehrer und Mittelschullehrer bei den Nationalpolitischen Erziehungsanstalten
(erhalten die Bezüge der Lehrer an den öffentlichen mittleren Schulen).

Landwirtschaftliche Verwaltung:
Ständiger Hilfsarbeiter (Assistent) bei der Versuchsanstalt für Wasserbau und Schiffbau in Berlin.

Besoldungsgruppe 4 b 1. Abteilung (abgekürzt 4 b 1).

4100 — 4400 — 4700 — 4950 — 5200 — 5500 — 5800 RM. jährlich.

Wohnungsgeldzuschuß: IV.

Domänenverwaltung:
Domänenrent- und Bauoberinspektoren.
Domänenoberrentmeister.

Forstverwaltung:
Regierungsoberinspektoren beim Preußischen Landesforstamt.
Forstoberrentmeister.

Münzverwaltung:
Oberrentmeister.

Reichs- und Staatsanzeiger:
Oberrentmeister.

Lotterieverwaltung:
Lotterieoberinspektor.

Staatsministerium:
Regierungsoberinspektoren im Staatsministerium und bei der Archivabteilung.
Oberrentmeister bei den Staatlichen Theatern in Berlin.

Finanzministerium:
Regierungsoberinspektoren im Ministerium.
Regierungsoberinspektoren bei den Oberpräsidien, beim Staatskommissar der Hauptstadt Berlin und bei den Regierungen einschließlich der Preußischen Bau- und Finanzdirektion in Berlin.
Oberbuchhalter bei den Regierungshauptkassen und bei der Kasse der Preußischen Bau- und Finanzdirektion in Berlin.
Bezirksrevisoren.
Oberrentmeister bei den Staatlichen Kreiskassen und bei der Staatlichen Bade- und Brunnenkasse in Bad Ems.
Regierungsbauoberinspektoren.

Ministerium des Innern:
Regierungsoberinspektoren im Ministerium und beim Oberverwaltungsgericht.

Polizeioberinspektoren.
Polizeioberrentmeister bei den großen Polizeikassen und bei der Kasse des Geheimen Staatspolizeiamts in Berlin.
Oberbuchhalter bei der Polizeihauptkasse in Berlin.
Waffenoberrevisoren der Schutzpolizei.
Verwaltungsoberinspektoren als Zentralbürovorsteher beim Institut für Infektionskrankheiten „Robert Koch" in Berlin, bei der Landesanstalt für Lebensmittel-, Arzneimittel- und gerichtliche Chemie in Berlin und bei der Landesanstalt für Wasser- und Lufthygiene in Berlin-Dahlem.

Ministerium für Wissenschaft, Erziehung und Volksbildung:
Regierungsoberinspektoren im Ministerium und beim Philologischen Landesprüfungsamt.
Oberinspektoren im Bereich des Ministeriums.[1])
Oberrentmeister bei der Technischen Hochschule in Berlin, beim Stift Neuzelle, beim Erfurter Kirchen- und Schulfonds, beim Haus Bürenschen Fonds, beim Münsterschen Studienfonds und beim Bergischen Schulfonds.

Ministerium für die kirchlichen Angelegenheiten:
Regierungsoberinspektoren in den Ministerien.

Verwaltung für Wirtschaft, Arbeit und Verkehr:
Regierungsoberinspektoren in den Ministerien.
Eichungsoberinspektoren als Stellvertreter der Eichungsdirektoren.
Regierungsoberinspektor als Bürovorsteher beim Verbandspräsidium des Siedlungsverbandes Ruhrkohlenbezirk in Essen.

Bergverwaltung:
Bergoberinspektoren bei der Ministerialabteilung für das Bergwesen.
Bergoberinspektoren } bei den Oberbergämtern.
Bergoberrentmeister }
Bergrevieroberinspektoren.

Landwirtschaftliche Verwaltung:
Regierungsoberinspektoren im Ministerium.
Regierungsbauoberinspektor bei der Landesanstalt für Gewässerkunde und Hauptnivellements im Ministerium.
Regierungsbauoberinspektoren.
Kulturbauoberinspektoren.
Wasserbauoberinspektoren.
Werftoberinspektoren.
Wasserstraßenoberinspektoren.

Oberrechnungkammer:
Regierungsoberinspektoren.

---

[1]) Der am 30. September 1927 im Amte gewesene Inhaber der Stelle

für den Verwaltungsoberinspektor bei der Hauptverwaltung der Staatlichen Schlösser und Gärten, der für seine Person die Bezüge der alten Besoldungsgruppen A 10/11 (BDEG. 1920) erhielt und die Amtsbezeichnung Amtsrat führte, erhält für seine Person die Bezüge der Besoldungsgruppe A 2 d und die Amtsbezeichnung Amtsrat.

Besoldungsgruppe 4 b 2. Abteilung (abgekürzt 4 b 2).

3000 — 3250 — 3500 — 3750 — 4000 — 4250 — 4500 — 4750 5000 — 5250 — 5500 RM. jährlich.

Wohnungsgeldzuschuß: V in der ersten und zweiten Dienstaltersstufe, IV von der dritten Dienstaltersstufe an.

Forstverwaltung:
Forstrentmeister.

Reichs- und Staatsanzeiger:
Oberinspektoren.

Porzellanmanufaktur:
Vorsteher des Direktionsbüros.
Hauptkassierer.

Lotterieverwaltung:
Lotterieoberinspektor, soweit nicht in Besoldungsgruppe A 4 b 1.

Preußenhaus:
Rentmeister.
Bibliotheksoberinspektorin.

Staatsministerium:
Theaterrentmeister beim Staatlichen Theater in Kassel.

Finanzministerium:
Regierungsoberinspektoren bei den Oberpräsidien, beim Staatskommissar der Hauptstadt Berlin und bei den Regierungen einschließlich der Preußischen Bau- und Finanzdirektion in Berlin, soweit nicht in Besoldungsgruppe A 4 b 1.
Rechnungsrevisoren.
Finanzprüfer, soweit nicht in Besoldungsgruppen A 2 c 2, A 2 d und A 3 b.
Regierungsbauoberinspektoren, soweit nicht in Besoldungsgruppe A 4 b 1.

Ministerium des Innern:
Kreisoberinspektoren.
Polizeioberinspektoren, soweit nicht in Besoldungsgruppe A 4 b 1.
Polizeirechnungsrevisoren.

Ministerium für Wissenschaft, Erziehung und Volksbildung:
Oberinspektoren im Bereich des Ministeriums, soweit nicht in Besoldungsgruppe A 4 b 1.
Rentmeister bei der Universität in Berlin, bei der Universität in Bonn, bei dem Charitékrankenhaus in Berlin, bei den Technischen Hochschulen in Hannover und Aachen, bei der Tierärzt-

lichen Hochschule in Hannover, beim Materialprüfungsamt in Berlin-Dahlem, bei der Preußischen Staatsbibliothek in Berlin, bei den Staatlichen Museen in Berlin, bei der Hauptverwaltung der Staatlichen Schlösser und Gärten, bei der Akademie der Künste in Berlin und bei den Höheren Schulen in Trier.
Bibliotheksinspektor bei der Preußischen Staatsbibliothek in Berlin.
Quästoren.
Universitätskassenkontrolleur bei der Universität in Berlin.
Administrator bei dem Landwirtschaftlichen Institute der Universität in Halle.

Verwaltung für Wirtschaft, Arbeit und Verkehr:
Eichungsoberinspektor als Vorsteher des Eichamts in Frankfurt a. M.

Bergverwaltung:
Rechnungsrevisoren.
Bergoberinspektoren, soweit nicht in Besoldungsgruppe A 4 b 1.
Bergoberrentmeister bei der Geologischen Landesanstalt in Berlin.

Landwirtschaftliche Verwaltung:
Regierungsbauoberinspektoren, Kulturbauoberinspektoren } soweit nicht in Besoldungsgruppe A 4 b 1.
Regierungsbauoberinspektor als Bürovorsteher bei der Versuchsanstalt für Wasserbau und Schiffbau in Berlin.
Wasserbauoberinspektoren, Werftoberinspektoren, Wasserstraßenoberinspektoren } soweit nicht in Besoldungsgruppe A 4 b 1.

Gestütverwaltung:
Gestütrendant beim Hauptgestüt Trakehnen.

Besoldungsgruppe 4 c 1. Abteilung (abgekürzt 4 c 1).

2800 — 3100 — 3400 — 3600 — 3900 — 4150 — 4400 — 4650 — 4900 — 5100 — 5300 RM. jährlich.

Wohnungsgeldzuschuß V in der ersten und zweiten Dienstaltersstufe. IV von der dritten Dienstaltersstufe an.

Münzverwaltung:
Münzinspektor als Vorsteher des Personalbüros.

Lotterieverwaltung:
Rentmeister.

Finanzministerium:
Regierungsinspektoren bei den Oberpräsidien, beim Staatskommissar der Hauptstadt Berlin und bei den Regierungen einschließlich der Preußischen Bau- und Finanzdirektion in Berlin.
Kassierer bei den Regierungshauptkassen und bei der Kasse der Preußischen Bau- und Finanzdirektion in Berlin.
Finanzprüfer, soweit nicht in Besoldungsgruppen A 2 c 2, A 2 d, A 3 b und A 4 b 2.

Katasterinspektoren.
Regierungsbauinspektoren.

Ministerium des Innern:
Polizeiinspektoren.
Polizeirentmeister bei kleineren Polizeikassen.
Rentmeister beim Institut für Infektionskrankheiten „Robert Koch" in Berlin und bei der Landesanstalt für Wasser-, Boden- und Lufthygiene in Berlin-Dahlem.
Verwaltungsinspektoren bei den Hygienischen Instituten in Landsberg a.W. und in Beuthen O.S.

Ministerium für Wissenschaft, Erziehung und Volksbildung:
Inspektoren im Bereich des Ministeriums.
Rentmeister bei den Nationalpolitischen Erziehungsanstalten.
Bibliotheksinspektoren und Bibliotheksinspektorinnen bei der Preußischen Staatsbibliothek in Berlin, bei den Universitätsbibliotheken und bei der Technischen Hochschule in Berlin.

Verwaltung für Wirtschaft, Arbeit und Verkehr:
Eichungsinspektoren als Eichamtsvorsteher.

Bergverwaltung:
Bergrevierinspektoren.
Bergvermessungsinspektoren als Bürovorsteher.
Berginspektor bei der Geologischen Landesanstalt in Berlin.
Vorsteher des Zeichenbüros bei der Geologischen Landesanstalt in Berlin.

Landwirtschaftliche Verwaltung:
Regierungsbauinspektoren bei der Landesanstalt für Gewässerkunde und Hauptnivellements im Ministerium.
Vermessungsinspektoren als Bürovorsteher der Vermessungsbüros bei den Landeskulturabteilungen der Oberpräsidien, bei großen Kulturämtern und bei der Wasserbauverwaltung.
Rentmeister bei der Versuchs- und Forschungsanstalt für Milchwirtschaft in Kiel, bei der Versuchs- und Forschungsanstalt für Tierzucht in Tschechnitz bei Breslau, bei der Versuchs- und Forschungsanstalt für Gartenbau in Berlin-Dahlem und bei der Versuchs- und Forschungsanstalt für Wein-, Obst- und Gartenbau in Geisenheim.
Kulturbauinspektoren.
Regierungsbauinspektoren.
Wasserbauinspektoren.
Werftinspektoren.
Wasserstraßeninspektoren.
Oberlotsen, soweit Befähigungszeugnis als Schiffer auf großer Fahrt für die Stelle verlangt wird.

Gestütverwaltung:
Gestütrendanten bei den Hauptgestüten in Graditz und Neustadt und beim Landgestüt in Kreuz.

Besoldungsgruppe 4 c 2. Abteilung (abgekürzt 4 c 2).

2800 — 3050 — 3300 — 3550 — 3800 — 4000 — 4200 — 4400 — 4600 — 4800 — 5000 RM. jährlich.

Wohnungsgeldzuschuß: V in der ersten bis dritten Dienstaltersstufe.
IV von der vierten Dienstaltersstufe an.

Domänenverwaltung:
Regierungsinspektor.

Forstverwaltung:
Kanzleivorsteher beim Preußischen Landesforstamt.
Regierungsinspektor bei der Forstvermessungsstelle.
Forstschuloberlehrer
(erhalten die Bezüge der Lehrer an den öffentlichen mittleren Schulen).

Münzverwaltung:
Buchhalter und Kontrolleur.
Medailleur.
Münzinspektor.

Reichs- und Staatsanzeiger:
Inspektoren.

Lotterieverwaltung:
Lotterieinspektoren.

Preußenhaus:
Bibliothekinspektorinnen.

Staatsministerium:
Kanzleivorsteher im Staatsministerium.
Verwaltungsinspektor beim Geheimen Staatsarchiv in Berlin-Dahlem.
Archivinspektoren.
Theaterinspektoren.
Maschineninspektor bei den Staatlichen Theatern in Berlin.

Finanzministerium:
Kanzleivorsteher im Ministerium.
Regierungsinspektoren bei den Oberpräsidien, beim Staatskommissar der Hauptstadt Berlin, und bei den Regierungen einschließlich der Preußischen Bau- und Finanzdirektion in Berlin, soweit nicht in Besoldungsgruppe A 4 c 1.
Katasterinspektoren, soweit nicht in Besoldungsgruppe A 4 c 1.
Kasseninspektor bei der Staatlichen Kreiskasse in Kiel (k. w.).
Regierungsbauinspektoren, soweit nicht in Besoldungsgruppe A 4 c 1.

Ministerium des Innern:
Kanzleivorsteher im Ministerium und beim Oberverwaltungsgericht.
Kreisversicherungsinspektoren.

Polizeiinspektoren, soweit nicht in Besoldungsgruppe A 4 c 1.
Waffenrevisoren der Schutzpolizei.
Technische Polizeiinspektoren beim Geheimen Staatspolizeiamt.
Verwaltungsinspektoren bei der Landesanstalt für Lebensmittel-, Arzneimittel- und gerichtliche Chemie in Berlin und bei der Landesanstalt für Wasser-, Boden- und Lufthygiene in Berlin-Dahlem.
Verwaltungsbauinspektor bei der Landesanstalt für Wasser-, Boden- und Lufthygiene in Berlin-Dahlem.

Ministerium für Wissenschaft, Erziehung und Volksbildung:
Kanzleivorsteher im Ministerium.
Inspektoren im Bereich des Ministeriums, soweit nicht in Besoldungsgruppe A 4 c 1.[3])
Kulturbauinspektor bei der Universität in Bonn.
Saatzuchtmeister bei der Universität in Berlin.
Bibliotheksinspektoren und Bibliotheksinspektorinnen bei der Preußischen Staatsbibliothek in Berlin, bei den Universitätsbibliotheken, beim Akademischen Auskunftsamt der Universität Berlin und bei den Technischen Hochschulen, soweit nicht in Besoldungsgruppe A 4 c 1.
Universitätskassenkontrolleure.
Administratoren bei den Universitätsinstituten, soweit nicht in Besoldungsgruppe A 4 b 2.
Gartenoberinspektoren bei den Universitäten und bei der Verwaltung der Staatlichen Schlösser und Gärten.
Technische Mitarbeiter beim Materialprüfungsamt in Berlin-Dahlem.
Technischer Inspektor beim Geodätischen Institut in Potsdam.
Bibliotheksverwalter bei den Staatlichen Museen in Berlin.
Verwalter der Stoffsammlung bei den Staatlichen Museen in Berlin.
Gesanglehrer beim Staats- und Domchor der Akademischen Hochschule für Musik in Berlin.
Rentmeister bei den Nationalpolitischen Erziehungsanstalten, soweit nicht in Besoldungsgruppe A 4 c 1.
Lehrer und †) Lehrerinnen bei den Nationalpolitischen Erziehungsanstalten
(erhalten die Bezüge der Lehrer und †) Lehrerinnen an den öffentlichen Volksschulen. Die am 31. März 1936 mit den Bezügen der Lehrer und Lehrerinnen an den öffentlichen mittleren Schulen vorhandenen Lehrpersonen behalten diese Bezüge für ihre Person).
Rentmeister bei der Waisen- und Schulanstalt in Bunzlau.
†) Technische Lehrerinnen bei der Taubstummenanstalt und Ausbildungsanstalt für Taubstummenlehrer und -lehrerinnen in Berlin-Neukölln.

†) Handarbeitslehrerin bei der Blindenanstalt und Ausbildungsanstalt für Blindenlehrer und -lehrerinnen in Berlin-Steglitz.

Verwaltung für Wirtschaft, Arbeit und Verkehr:

Kanzleivorsteher im Ministerium.
Bibliotheksinspektor im Ministerium.
Obereichmeister.
Beschußinspektor.
Oberbeschußinspektor.
Regierungsinspektoren und Regierungsbauinspektoren bei dem Verbandspräsidium des Siedlungsverbandes Ruhrkohlenbezirk in Essen.
Hafenkapitäne, soweit Befähigungszeugnis als Schiffer auf großer Fahrt für die Stelle verlangt wird.

Bergverwaltung:

Berginspektoren.
Bergvermessungsinspektoren, soweit nicht in Besoldungsgruppe A 4 c 1.
Topograph, Kartographen, Bibliotheksinspektorinnen } bei der Geologischen Landesanstalt in Berlin.

Landwirtschaftliche Verwaltung:

Kanzleivorsteher im Ministerium.
Vermessungsinspektoren, soweit nicht in Besoldungsgruppe A 4 c 1.
Verwaltungsinspektoren bei den Landwirtschaftlichen Versuchs- und Forschungsanstalten in Landsberg a. W., bei der Versuchs- und Forschungsanstalt für Milchwirtschaft in Kiel, bei der Versuchs- und Forschungsanstalt für Tierzucht in Tschechnitz bei Breslau und bei der Versuchs- und Forschungsanstalt für Wein-, Obst- und Gartenbau in Geisenheim.
Gartenoberinspektor bei der Lehr- und Forschungsanstalt für Gartenbau in Berlin-Dahlem.
Regierungsbauinspektoren, Kulturbauinspektoren, Wasserbauinspektoren, Werftinspektoren, Wasserstraßeninspektoren } soweit nicht in Besoldungsgruppe A 4 c 1.
Seekapitäne, Oberlotsen, soweit nicht in Besoldungsgruppe A 4 c 1, } soweit Befähigungszeugnis als Schiffer auf großer Fahrt für die Stelle verlangt wird.

Gestütverwaltung:

Gestütrendanten, soweit nicht in Besoldungsgruppe A 4 c 2 und A 4 c 1.

Oberrechnungskammer:

Kanzleivorsteher.[1])

---

[1]) Der am 30. September 1927 im Amte gewesene Stelleninhaber erhält

für seine Person die Bezüge der Besoldungsgruppe A 2 d und die Amtsbezeichnung Kanzleidirektor.

[2]) Die am 30. September 1927 im Amte gewesenen Beamten mit den Bezügen der alten Besoldungsgruppe A 10 (BDEG. 1920) erhalten für ihre Person die Bezüge der Besoldungsgruppe A 3 d.

[3]) Die am 30. September 1927 im Amte gewesenen Inhaber von Stellen für Verwaltungsobersekretäre und für den Verwaltungsinspektor bei der Hauptverwaltung der Staatlichen Schlösser und Gärten, die für ihre Person die Bezüge der alten Besoldungsgruppen A 10/11 (BDEG. 1920) erhielten und die Amtsbezeichnung Amtsrat führten, erhalten für ihre Person die Bezüge der Besoldungsgruppe A 2 d und die Amtsbezeichnung Amtsrat.

Besoldungsgruppe 4 d.

2800 — 3050 — 3300 — 3550 — 3800 — 4000 — 4200 RM. jährlich (künftig wegfallend).

Wohnungsgeldzuschuß: V in der ersten bis dritten Dienstaltersstufe. IV von der vierten Dienstaltersstufe an.

Beamte, die auf Grund der Fußnote 1 zur Besoldungsgruppe A 6 des Beamten-Diensteinkommens vom 17. Dezember 1920 in der Fassung der Bekanntmachung vom 13. Mai 1924 (GS. S. 487) die Bezüge der Besoldungsgruppe A 7 des Beamten-Diensteinkommensgesetzes vom 17. Dezember 1920 in der Fassung der Bekanntmachung vom 13. Mai 1924 erhalten haben, sowie Beamte, die die Sonderprüfung nachträglich abgelegt haben. Die Fußnote 3 zur Besoldungsgruppe A 7 a findet entsprechende Anwendung.

Besoldungsgruppe 4 e.

2800 — 3000 — 3200 — 3400 — 3600 — 3800 — 4000 — 4150 — 4300 — 4450 — 4600 RM. jährlich.

Wohnungsgeldzuschuß: V in der ersten bis dritten Dienstaltersstufe. IV von der vierten Dienstaltersstufe an.

Domänenverwaltung:
Weinbau- und Kellereiinspektoren.

Forstverwaltung:
Ministerialregistrator beim Preußischen Landesforstamt.
Forstobersekretäre bei der Forstvermessungsstelle.
Verwaltungssekretäre bei den Forstlichen Hochschulen.

Porzellanmanufaktur:
Magazinverwalter.

Staatsministerium:
Ministerialregistratoren.

Finanzministerium:
Ministerialregistratoren.
Gartenoberinspektor bei der Verwaltung des Tiergartens in Berlin.

Ministerium des Innern:
Ministerialregistratoren.
Registratoren beim Oberverwaltungsgericht.

Ministerium für Wissenschaft, Erziehung und Volksbildung:
Ministerialregistratoren.
Garteninspektoren bei den Universitäten.
Technische Inspektoren am Zoologischen Museum der Universität in Berlin und beim Zweiten Physikalischen Institut in Berlin.
Garteninspektoren } bei der Verwaltung der Staatlichen
Schloßoberinspektoren } Schlösser und Gärten.
Rechnungsführer bei den Erziehungs- und Bildungsanstalten in Droyßig.
Verwaltungs- und Rechnungsführer bei den Technischen Staatslehranstalten für Maschinenwesen usw., Metallfachschulen, Handwerkerschulen und den Handels- und Gewerbeschulen für Mädchen in Potsdam und Rheydt.

Verwaltung für Wirtschaft, Arbeit und Verkehr:
Ministerialregistratoren.
Gewerbekontrolleure und Gewerbekontrolleurinnen.

Landwirtschaftliche Verwaltung:
Ministerialregistratoren.
Garteninspektor bei der Lehr- und Forschungsanstalt für Gartenbau in Berlin-Dahlem.
Rechnungsführer und Sekretär bei der Moorversuchsstation in Bremen.
Maschinenbetriebsinspektoren.
Schleppbetriebsinspektoren.

Oberrechnungskammer:
Ministerialregistratoren.
Kassenobersekretär.

Die am 30. September 1927 im Amte gewesenen Ministerialregistratoren, Registratoren beim Oberverwaltungsgericht und Kassenobersekretäre erhalten für ihre Person die Bezüge der Besoldungsgruppe A 4 c 2.

Besoldungsgruppe 4 f.*)

2400 — 2600 — 2800 — 3000 — 3200 — 3400 — 3600 — 3800 — 4000 — 4200 RM. jährlich.

Wohnungsgeldzuschuß: V in der ersten bis fünften Dienstaltersstufe.
IV von der sechsten Dienstaltersstufe an.

Forstverwaltung:
Oberförster.[1])
Revierförster.
Forstsekretäre.

Ministerium für Wissenschaft, Erziehung und Volksbildung:
Oberförster.[1])
Revierförster.
Forstsekretäre.

*) In dieser Besoldungsgruppe vorbehaltlich einer entsprechenden Änderung des Reichsbesoldungsgesetzes aufgeführt.
[1]) Die planmäßig angestellten Oberförster erhalten eine ruhegehaltfähige und unwiderrufliche Stellenzulage von 500 RM. jährlich.

Besoldungsgruppe 5 a.

2800 — 3000 — 3200 — 3400 — 3600 — 3750 — 3900 — 4050 — 4200 RM. jährlich.

Wohnungsgeldzuschuß: V in der ersten bis dritten Dienstaltersstufe, IV von der vierten Dienstaltersstufe an.

Besoldungsgruppe 5 b.

2300 — 2550 — 2800 — 3000 — 3200 — 3400 — 3600 — 3800 — 4000 — 4200 RM. jährlich.

Wohnungsgeldzuschuß: V in der ersten bis fünften Dienstaltersstufe, IV von der sechsten Dienstaltersstufe an.

Domänenverwaltung:
Moorvögte.[1])

Forstverwaltung:
Ministerialkanzleisekretär beim Preußischen Landesforstamt (k. w.).

Preußenhaus:
Bürosekretäre
Verwaltungsobersekretäre
} (die am 30. September 1927 im Amte gewesenen Stelleninhaber erhalten für ihre Person die Bezüge der Besoldungsgruppe A 4 c 2).

Staatsministerium:
Ministerialkanzleisekretäre (k. w.).
Theaterobermeister
Beleuchtungsmeister
Oberwerkmeister
} bei den Staatlichen Theatern.

Finanzministerium:
Ministerialkanzleisekretäre (k. w.).
Kassensekretäre bei den Staatlichen Kreiskassen als ständige Vertreter der Oberrentmeister.
Regierungsbausekretäre.[1])
Maschinenbetriebsleiter.

Ministerium des Innern:
Ministerialkanzleisekretäre (k. w.).
Kanzleisekretäre beim Oberverwaltungsgericht (k. w.).

Waffenmeister der Schutzpolizei.
Technische Polizeisekretäre bei der Geheimen Staatspolizei.
Gesundheitspflegerinnen mit staatlicher Prüfung bei Gesundheitsämtern (k. w.).

Ministerium für Wissenschaft, Erziehung und Volksbildung:
Ministerialkanzleisekretäre (k. w.).
Maschinenbetriebsleiter bei den Universitäten in Berlin, Halle, Göttingen und Münster, bei der Technischen Hochschule in Berlin und bei den Staatlichen Museen.
Oberpräparatoren, soweit nicht in Besoldungsgruppe A 8 a.
Obergartenmeister beim Botanischen Garten in Berlin-Dahlem.
Fischereisachverständiger bei der Biologischen Anstalt auf Helgoland.
Restauratoren bei den Staatlichen Museen und bei der Nationalgalerie in Berlin
(ein am 30. September 1927 im Amte gewesener Beamter erhält für seine Person die Bezüge der Besoldungsgruppe A 2 c 2).
Technische Inspektoren bei den Staatlichen Museen.
Inspektoren bei den Nationalpolitischen Erziehungsanstalten.
Fachlehrer bei den Fachschulen für Metallindustrie und bei den keramischen Fachschulen.
Erste Maschinenmeister bei den Technischen Staatslehranstalten für Maschinenwesen.
Scheibenmodelleur bei der keramischen Fachschule in Bunzlau.

Verwaltung für Wirtschaft, Arbeit und Verkehr:
Ministerialkanzleisekretäre (k. w.).
Eichmeister.[1])
Beschußmeister.[1])
Fachlehrer bei den Wanderkursen für Heizer und Maschinisten.
Hafenmeister.

Landwirtschaftliche Verwaltung:
Ministerialkanzleisekretäre (k. w.).
Regierungbausekretäre.[1])
Moorvögte.[1])
Deichvögte.[1])
Kulturbausekretäre.[1])
Dünenmeister.
Maschinenbetriebsleiter.
Wasserbausekretäre.[1])
Bauhofsvorsteher.[1])
Schiffbrückenmeister.
Seekapitäne, soweit nicht in Besoldungsgruppe A 4 c 2.

Gestütverwaltung:
Gestütbausekretär.[1])

Oberrechnungskammer:
Ministerialkanzleisekretäre (k. w.).

---

[1]) In diese Besoldungsgruppe sind nur Moorvögte, Gestütbausekretäre usw. einzuweisen, die eine abgeschlossene Fachschulbildung einer staatlichen oder staatlich anerkannten Fachschule besitzen. Moorvögte, Gestütbausekretäre usw., die eine solche Fachschulbildung nicht besitzen, sind in die Besoldungsgruppe A 7 a einzureihen.

[2]) Die Fußnoten 3 und 4 zur Besoldungsgruppe A 7 a finden entsprechende Anwendung.

Besoldungsgruppe 6.

2400 — 2600 — 2750 — 2900 — 3050 — 3200 — 3350 — 3500 — 3600 RM. jährlich.

Wohnungsgeldzuschuß: V.

Besoldungsgruppe 7 a.

2350 — 2500 — 2650 — 2800 — 2950 — 3100 — 3200 — 3300 — 3400 — 3500 RM. jährlich.

Wohnungsgeldzuschuß: V.

Domänenverwaltung:
Moorvögte.

Forstverwaltung:
Verwaltungssekretäre beim Preußischen Landesforstamt.

Reichs- und Staatsanzeiger:
Bürosekretäre.

Lotterieverwaltung:
Lotteriesekretäre.

Staatsministerium:
Verwaltungssekretäre im Staatsministerium.
Ministerialbüroassistentinnen.
Archivsekretäre
Theatersekretäre
Theaterkassensekretäre
Verwaltungssekretäre
Maschineriesekretäre
Technischer Inspektor
} bei den Staatlichen Theatern.

Finanzministerium:
Verwaltungssekretäre in den Ministerien.
Ministerialbüroassistentinnen.
Regierungssekretäre.
Katastersekretäre.
Kassensekretäre bei den Staatlichen Kreiskassen, soweit nicht in Besoldungsgruppe A 5 b.

Regierungsbausekretäre.
Obermonteur als Betriebsleiter.
Kanzleisekretäre (k. w.).[2])

Ministerium des Innern:

Verwaltungssekretäre im Ministerium und beim Oberverwaltungsgericht.
Ministerialbüroassistentinnen.
Kreissekretäre.
Polizeisekretäre.
Verwaltungssekretäre bei Gesundheitsämtern.
Gesundheitspflegerinnen bei Gesundheitsämtern, soweit nicht in Besoldungsgruppe A 5 b (k. w.).
Verwaltungssekretäre beim Institut für Infektionskrankheiten „Robert Koch" in Berlin und bei der Landesanstalt für Wasser-, Boden- und Lufthygiene in Berlin-Dahlem.
Polizeikanzleisekretäre (k. w.).[2])

Ministerium für Wissenschaft, Erziehung und Volksbildung:

Verwaltungssekretäre im Ministerium.
Ministerialbüroassistentinnen.
Sekretäre im Bereich des Ministeriums.
Bibliothekexpedienten bei den Universitätsbibliotheken und bei der Preußischen Staatsbibliothek in Berlin.
Photograph beim Materialprüfungsamt in Berlin-Dahlem.
Kassensekretär bei der Hauptverwaltung der Staatlichen Schlösser und Gärten.
(der am 30. September 1927 im Amte gewesene Inhaber der Stelle mit den Bezügen der alten Besoldungsgruppe A 9 (BDEG. 1920) erhält für seine Person die Bezüge der Besoldungsgruppe A 4 c 1 und die Amtsbezeichnung Oberbuchhalter).
Schloßinspektoren.
Kunstformer und Gießer bei der Kunstakademie in Düsseldorf.
Kanzleisekretäre (k. w.).[2])

Ministerium für die kirchlichen Angelegenheiten:

Verwaltungssekretär.

Verwaltung für Wirtschaft, Arbeit und Verkehr:

Verwaltungssekretäre in den Ministerien.
Ministerialbüroassistentin.
Beschußassistent.
Regierungssekretäre beim Verbandspräsidium des Siedlungsverbandes Ruhrkohlenbezirk in Essen.
Schiffahrtsmeister.

Bergverwaltung:

Bergsekretäre.
Bergvermessungssekretäre.
Kanzleisekretäre (k. w.).[2])

Landwirtschaftliche Verwaltung:
Verwaltungssekretäre im Ministerium.
Ministerialbüroassistentinnen.
Vermessungssekretäre.
Verwaltungssekretär bei der Versuchs- und Forschungsanstalt für Milchwirtschaft in Kiel.
Regierungsbausekretäre.
Kulturbausekretäre.
Wasserbausekretäre.
Wasserstraßensekretäre.
Strommeister.
Erste Fischmeister.
Moorvögte.
Deichvögte.
Schleusenvorsteher.
Abgabenrevisoren.
Bauhofsvorsteher.
Schiffskapitäne.
Erste Maschinenmeister.
Schleppbetriebsleiter.
Lotsen.
Werkmeister bei den Wasserbaubehörden.

Gestütverwaltung:
Gestütsekretäre.
Gestütbausekretäre.
Gestütaufseher.

Oberrechnungskammer:
Verwaltungssekretäre.

---

[1]) Die am 30. September 1927 im Amte gewesenen Beamten mit den Bezügen der alten Besoldungsgruppe A 7 (BDEG. 1920) erhalten für ihre Person die Bezüge der Besoldungsgruppe A 5 b.

[2]) Als Kanzleisekretäre im Sinne dieser Besoldungsordnung gelten die am 31. März 1920 im Amte gewesenen Inhaber von Stellen für Kanzleibeamte bei den Provinzial- und Lokalbehörden — Klasse 11 a und 12 a der Besoldungsordnung zu dem Besoldungsgesetze vom 26. Mai 1909 (GS. S. 85) —, die am 31. März 1920 als nichtplanmäßige Beamte (Diätare) vorhanden gewesenen Anwärter auf diese Stellen — zu vgl. Anm. 1 zur alten Besoldungsgruppe A 4 (BDEG. 1920) — und die am 30. September 1927 vorhanden gewesenen Inhaber von planmäßigen Stellen für Kanzleiinspektoren.

[3]) Die Sekretäre der alten Besoldungsgruppe A 6 (BDEG. 1920), die am 31. März 1920 als Assistenten alter Ordnung planmäßig angestellt waren, statt oder neben der Sonderprüfung jedoch bis zum 30. September 1927 die Fachprüfung I. Klasse ablegten, erhalten bis zur Übertragung einer Planstelle in der Besoldungsgruppe A 4c 2 die Bezüge der Besoldungsgruppe A 4 e. Bei Erfüllung der gleichen Voraussetzungen gilt die Bestimmung auch für diejenigen Sekretäre der alten Besoldungsgruppe A 6 (BDEG. 1920), die

auf Grund ergangener Härtebestimmungen zur Sonderprüfung zugelassen worden sind.

[4]) Die Sekretäre der alten Besoldungsgruppe A 6 (BDEG. 1920), die bis zum 30. September 1927 die Fachprüfung I. Klasse abgelegt haben und Dienstposten der Besoldungsgruppe A 4c 2 innehaben, erhalten bis zur Übertragung einer Planstelle in der Besoldungsgruppe A 4c 2 die Bezüge der Besoldungsgruppe A 4e.

Besoldungsgruppe 7 b.

2400 — 2550 — 2700 — 2800 — 2900 — 3000 — 3100 — 3200 RM. jährlich.

Wohnungsgeldzuschuß: V.

Forstverwaltung:
Verwaltungsassistenten beim Preußischen Landesforstamt.

Staatsministerium:
Verwaltungsassistenten im Staatsministerium.

Finanzministerium:
Verwaltungsassistenten im Ministerium.
Erster Maschinenmeister.
Obergartenmeister bei der Verwaltung des Tiergartens Berlin.

Ministerium des Innern:
Verwaltungsassistenten im Ministerium und beim Oberverwaltungsgericht.
Erste Maschinenmeister beim Polizeipräsidium in Berlin und beim Staatskrankenhaus der Polizei in Berlin.

Ministerium für Wissenschaft, Erziehung und Volksbildung:
Verwaltungsassistenten im Ministerium.
Erste Maschinenmeister bei den Universitäten, beim Charitékrankenhaus in Berlin, bei den Technischen Hochschulen und bei der Allgemeinen Verwaltung der Observatorien in Potsdam.
Erster Werkmeister bei der Universität in Bonn.
Werkmeister bei den Technischen Hochschulen und bei der Blindenanstalt und Ausbildungsanstalt für Blindenlehrer und -lehrerinnen in Berlin-Steglitz.
Obergartenmeister
Oberschirrmeister
Maschineninspektor
} bei der Verwaltung der Staatlichen Schlösser und Gärten.

Verwaltung für Wirtschaft, Arbeit und Verkehr:
Verwaltungsassistenten in den Ministerien.

Landwirtschaftliche Verwaltung:
Verwaltungsassistenten im Ministerium.

Oberrechnungskammer:
Verwaltungsassistenten.

Besoldungsgruppe 8a.

2000 — 2090 — 2180 — 2270 — 2360 — 2450 — 2540 — 2620 — 2700 RM. jährlich.

Wohnungsgeldzuschuß: V.

Domänenverwaltung:
Fischmeister.
Moorverwalter.

Reichs- und Staatsanzeiger:
Büroassistenten.
Lagerverwalter.

Lotterieverwaltung:
Lotteriebüroassistenten.

Staatsministerium:
Büroassistenten bei den Staatsarchiven.
Verwaltungsassistenten } bei den Staatlichen Theatern.
Maschinerieassistent } bei den Staatlichen Theatern.

Finanzministerium:
Regierungsbüroassistenten.
Katasterassistenten.
Kassenassistenten bei den Staatlichen Kreiskassen.
Vollziehungsbeamte bei den Staatlichen Kreiskassen.[1])
Regierungsbauassistenten.

Ministerium des Innern:
Kreisassistenten.
Polizeibüroassistenten.
Verwaltungsassistenten bei Gesundheitsämtern.
Büroassistenten beim Institut für Infektionskrankheiten „Robert Koch" in Berlin, bei der Preußischen Landesanstalt für Lebensmittel-, Arzneimittel- und gerichtliche Chemie und bei der Landesanstalt für Wasser-, Boden- und Lufthygiene in Berlin.
Oberpräparatoren beim Institut für Infektionskrankheiten „Robert Koch" in Berlin.

Ministerium für Wissenschaft, Erziehung und Volksbildung:
Verwaltungs- und Kassenassistenten im Bereich des Ministeriums.
Oberpräparatoren und Oberpräparatorin bei den Universitäten, soweit nicht in Besoldungsgruppe A 5 b.
Gartenmeister bei den Universitäten und beim Charitékrankenhaus in Berlin.
Oberpfleger } bei den Universitätskliniken.
Oberpflegerinnen } bei den Universitätskliniken.
Oberpräparatoren beim Charitékrankenhaus in Berlin und beim Institut für experimentelle Therapie in Frankfurt a. M.

Erste Laboratoriumswerkmeister bei den Universitäten, bei den Technischen Hochschulen und beim Materialprüfungsamt in Berlin-Dahlem.

Oberpräparator bei der Biologischen Anstalt auf Helgoland (der am 30. September 1927 im Amte gewesene Inhaber der Stelle erhält für seine Person die Bezüge der Besoldungsgruppe A 7 b.

Modellmeister bei der Bergakademie Clausthal in Clausthal-Zellerfeld.

Kassenassistenten bei der Hauptverwaltung der Staatlichen Schlösser und Gärten und bei der Akademie der Künste in Berlin.

Verwaltung für Wirtschaft, Arbeit und Verkehr:

Regierungsbüroassistenten beim Verbandspräsidium des Siedlungsverbandes Ruhrkohlenbezirk in Essen.

Bergverwaltung:

Bergbüroassistenten.

Bergvermessungsassistenten.

Oberpräparator bei der Geologischen Landesanstalt in Berlin.

Landwirtschaftliche Verwaltung:

Vermessungsassistenten.

Verwaltungsassistent bei der Versuchs- und Forschungsanstalt für Milchwirtschaft in Kiel.

Weinbergsverwalter bei den Rebenveredelungsanstalten und Versuchsweinbergen.

Fischmeister.

Maschinenmeister bei der Fischereiverwaltung.

Regierungsbauassistenten.

Kulturbauassistenten.

Dünenoberwarte.

Deichverwalter.

Moorverwalter.

Wasserbauassistenten.

Wasserstraßenassistenten.

Schleusenassistenten.

Kapitäne.

Maschinenmeister bei den Wasserbaubehörden.

Gestütverwaltung:

Gestütbüroassistenten.

Gestütbauassistent.

---

[1]) Der Finanzminister kann einen Anteil an den Gebühren, eine Zulage oder eine Dienstaufwandentschädigung bewilligen und einen Betrag als ruhegehaltfähig erklären.

Besoldungsgruppe 9.

1700 — 1800 — 1900 — 2000 — 2100 — 2200 — 2300 — 2400 — 2500 — 2600 RM. jährlich.

Wohnungsgeldzuschuß: V bei Gewährung einer ruhegehaltfähigen und unwiderruflichen Stellenzulage.
im übrigen VI in der ersten bis vierten Dienstaltersstufe, V von der fünften Dienstaltersstufe an.

Domänenverwaltung:
Gartenmeister.

Forstverwaltung:
Unterförster.

Münzverwaltung:
Münzmechaniker.

Preußenhaus:
Amtsobergehilfe.
Bibliotheksobergehilfe.

Staatsministerium:

Theatermeister Magazinmeister Oberbeleuchter Werkmeister Oberrequisiteure Oberfriseure Obergarderobiers Obergarderobiere Garderobemeister Garderobemeisterin Hausmeister Maschinenmeister Rüstmeister Dekorationsmaler Requisitenverwalter Materialienverwalter Zuschneider	bei den Staatlichen Theatern.

Finanzministerium:
Kanzlisten bei den Oberpräsidien, beim Staatskommissar der Hauptstadt Berlin und bei den Regierungen einschließlich der Preußischen Bau- und Finanzdirektion in Berlin (k. w).
Bauwarte.
Maschinenmeister und Materialienverwalter
(die am 1. 4. 1929 im Amte gewesenen Beamten erhalten für ihre Person die Bezüge der Besoldungsgruppe A 7 b).
Gartenmeister bei der Verwaltung des Tiergartens in Berlin.

Ministerium des Innern:

Polizeikanzlisten (k. w.).

Vollziehungsbeamte bei den Polizeiverwaltungen.

Vorsteherin des Polizeigewahrsams (außerdem eine ruhegehaltfähige und unwiderrufliche Stellenzulage von 500 RM. jährlich).

Polizeigefängnishauptwachtmeisterinnen (außerdem eine ruhegehaltfähige und unwiderrufliche Stellenzulage von 400 RM. jährlich).

Polizeigefängnisoberwachtmeisterinnen.

Polizeigefängnisaufseher beim Geheimen Staatspolizeiamt.

Kanzlist bei der Landesanstalt für Lebensmittel-, Arzneimittel- und gerichtliche Chemie in Berlin (k. w.).

Maschinenmeister.

Ministerium für Wissenschaft, Erziehung und Volksbildung:

Kanzlisten im Bereich des Ministeriums (k. w.).

Bibliothekswerkführer bei den Universitäten.

Bibliotheksassistent bei der Universität in Berlin.

Maschinenmeister bei den Universitäten, bei den Technischen Hochschulen, bei den Staatlichen Museen in Berlin, bei den Nationalpolitischen Erziehungsanstalten und bei der Tierärztlichen Hochschule in Hannover.

Hilfswerkmeister bei den Universitäten und beim Astrophysikalischen Observatorium in Potsdam.

Magazinmeister bei den Staatlichen Museen in Berlin und bei der Akademischen Hochschule für Musik in Berlin.

Hilfsrestauratoren bei den Universitäten, bei den Staatlichen Museen in Berlin, beim Landesmuseum in Kassel und bei den Vereinigten Staatsschulen für freie und angewandte Kunst in Berlin.

Schloßverwalter
Bauleitende Monteure
Gartenmeister } bei der Verwaltung der Staatlichen Schlösser und Gärten.

Verwaltung für Wirtschaft, Arbeit und Verkehr:

Schiffahrtskontrolleure.[1])

Bergverwaltung:

Kanzlisten (k. w.).

Landwirtschaftliche Verwaltung:

Dünenwarte.

Strompolizeibetriebsassistenten.

Magazinmeister.

Gestütverwaltung:

Stut-, Sattel- und Futtermeister.

---

[1]) Schiffahrtskontrolleure, die die für die Schutzpolizei vorgesehenen Bedingungen für die unkündbare Anstellung erfüllt haben, erhalten die Bezüge der Polizeihauptwachtmeister.

²) Die am 30. September 1927 im Amte gewesenen Beamten mit den Bezügen der alten Besoldungsgruppe A 6 (BDEG. 1920) erhalten für ihre Person die Bezüge der Besoldungsgruppe A 7 b.

Besoldungsgruppe 10 a.

1600 — 1690 — 1780 — 1870 — 1960 — 2050 — 2140 — 2230 — 2320 — 2400 RM. jährlich.

Wohnungsgeldzuschuß: V bei Gewährung einer ruhegehaltfähigen und unwiderruflichen Stellenzulage,
im übrigen VI in der ersten bis sechsten Dienstaltersstufe, V von der siebenten Dienstaltersstufe an.

Forstverwaltung:

Oberbotenmeister ²), Ministerialhausinspektoren ²), Ministerialamtsgehilfen } beim Preußischen Landesforstamt.

Preußenhaus:

Amtsgehilfen.
Bibliothekgehilfen.

Staatsministerium:

Oberbotenmeister im Ministerium.²)
Ministerialhausinspektor.²)
Ministerialamtsgehilfen.
Magazinverwalter, Amtsgehilfe } beim Geheimen Staatsarchiv in Berlin-Dahlem.
Bühnenmaschinisten, Maschinisten } bei den Staatlichen Theatern.

Finanzministerium:

Oberzähler im Ministerium (erhalten eine ruhegehaltfähige und unwiderrufliche Stellenzulage von 120 RM. jährlich).
Oberbotenmeister im Ministerium.²)
Ministerialhausinspektor.²)
Ministerialamtsgehilfen.
Erster Brunnenmeister.
Erster Bademeister.
Maschinist, Zimmermann } bei der Verwaltung des Tiergartens.

Ministerium des Innern:

Oberbotenmeister im Ministerium.²)
Ministerialhausinspektor.²)
Ministerialamtsgehilfen.
Oberbotenmeister und Hausinspektor beim Oberverwaltungsgericht.²)
Amtsgehilfen beim Oberverwaltungsgericht.

Laboranten bei den Medizinaluntersuchungsämtern, beim Institut für Infektionskrankheiten „Robert Koch", bei der Landesanstalt für Wasser-, Boden- und Lufthygiene in Berlin-Dahlem und bei den Hygienischen Instituten in Landsberg a. W. und in Beuthen, O. S.

Ministerium für Wissenschaft, Erziehung und Volksbildung:

Oberbotenmeister im Ministerium.[2])
Ministerialhausinspektor.[2])
Ministerialamtsgehilfen.
Laboranten bei den Universitäten, beim Charitékrankenhaus in Berlin, bei den Technischen Hochschulen, bei der Tierärztlichen Hochschule in Hannover und beim Materialprüfungsamt in Berlin-Dahlem.
Küster beim Charitékrankenhaus in Berlin.
Gärtner bei den Uniersitäten in Bonn und Halle.
Oberbeschlagschmiede bei der Uniersität in Berlin und bei der Tierärztlichen Hochschule in Hannover.
Obertischler bei der Universität in Berlin.
Laboratoriumswerkmeister bei den Technischen Hochschulen.
Obergärtner bei der Tierärztlichen Hochschule in Hannover.
Obermaschinisten.[1])
Maschinisten bei den Nationalpolitischen Erziehungsanstalten.

Ministerium für die kirchlichen Angelegenheiten:

Ministerialamtsgehilfen.

Verwaltung für Wirtschaft, Arbeit und Verkehr:

Oberbotenmeister im Ministerium.[2])
Ministerialhausinspektor.[2])
Ministerialamtsgehilfen.

Bergverwaltung:

Obermaschinist } bei der Geologischen Landesanstalt in Berlin.
Laborant }

Landwirtschaftliche Verwaltung:

Oberbotenmeister im Ministerium.[2])
Ministerialhausinspektor.[2])
Ministerialamtsgehilfen.
Schleusenverwalter.
Magazinverwalter.
Schiffsführer.
Maschinisten bei den Wasserbaubehörden.[1])

Oberrechnungskammer:

Oberbotenmeister.[2])
Ministerialhausinspektor.[2])
Ministerialamtsgehilfen.

---

[1]) Die am 30. September 1927 im Amte gewesenen Inhaber von Stellen für Obermaschinisten erhalten für ihre Person eine ruhegehaltfähige und unwiderrufliche Stellenzulage von 150 RM. jährlich.

[1]) Erhalten eine ruhegehaltfähige und unwiderrufliche Stellenzulage von 300 RM. jährlich.

[2]) Dieser Besoldungsgruppe werden nur solche Obermaschinisten, Maschinisten, Obergärtner, Gärtner und Beamte in ähnlichen Stellen zugeteilt, die handwerksmäßig vorgebildet sind und von denen zur Ausübung ihrer Amtsgeschäfte eine handwerksmäßige Vorbildung gefordert wird. Soweit eine dieser beiden Voraussetzungen nicht erfüllt ist, sind die Beamten der Besoldungsgruppe A 11 zuzuteilen.

Besoldungsgruppe 10 b.

1600 — 1690 — 1780 — 1870 — 1960 — 2050 — 2140 — 2220 — 2300 RM. jährlich.

Wohnungsgeldzuschuß: V bei Gewährung einer ruhegehaltfähigen und unwiderruflichen Stellenzulage von der fünften Dienstaltersstufe an,
im übrigen IV in der ersten bis sechsten Dienstaltersstufe,
V von der siebenten Dienstaltersstufe an.

Forstverwaltung:
Pedelle bei den Forstlichen Hochschulen.

Münzverwaltung:
Oberzähler und Zähler
(außerdem eine ruhegehaltfähige und unwiderrufliche Stellenzulage von 120 RM. jährlich).

Lotterieverwaltung:
Zähler
(außerdem eine ruhegehaltfähige und unwiderrufliche Stellenzulage von 120 RM. jährlich).

Staatsministerium:
Magazinverwalter bei den Staatsarchiven in Hannover, Marburg und Breslau.
Garderobiers
Gruppenleiter
Theaterwarte
Beleuchter
Requisiteure
Statistenführer
} bei den Staatlichen Theatern.

Finanzministerium:
Hausmeister bei Oberpräsidien.

Ministerium des Innern:
Hausmeister bei den Polizeiverwaltungen und beim Geheimen Staatspolizeiamt.
Laboratoriumsgehilfen bei den Medizinaluntersuchungsämtern

sowie bei der Landesanstalt für Wasser-, Boden- und Lufthygiene in Berlin-Dahlem.

Ministerium für Wissenschaft, Erziehung und Volksbildung:

Hausinspektoren, Hausmeister und Kastellane im Bereich des Ministeriums.

Oberpedelle bei den Universitäten
(außerdem eine ruhegehaltfähige und unwiderrufliche Stellenzulage von 150 RM. jährlich).

Materialienverwalter
Technische Amtsgehilfen
Pedelle } bei den Universitäten und bei den Technischen Hochschulen.

Laboratoriumsgehilfen bei den Universitäten, bei den Technischen Hochschulen, bei der Tierärztlichen Hochschule in Hannover und beim Materialprüfungsamt in Berlin-Dahlem.

Magazinverwalter bei den Universitäten, bei den Technischen Hochschulen und bei der Preußischen Staatsbibliothek in Berlin.

Technische Gehilfen bei den Universitäten, bei den Technischen Hochschulen, bei den Staatlichen Museen, bei der Nationalgalerie und dem Rauch-Schinkel-Museum in Berlin, beim Landesmuseum in Kassel, bei den Vereinigten Staatsschulen für freie und angewandte Kunst in Berlin und bei der Akademischen Hochschule für Musik in Berlin.

Aquarienverwalter bei der Biologischen Anstalt auf Helgoland.

Museumsoberaufseher.

Schloßbauwart
Schloßvögte
Schloßwarte
Weißzeugaufseherin
Gartenoberaufseher
Oberaufseher der Wasserkünste } bei der Verwaltung der Staatlichen Schlösser und Gärten.

Pedell bei der Akademie der Künste in Berlin.

Amtsgehilfe und Leitungsprüfer beim Stift Neuzelle.

Bergverwaltung:

Hausinspektor bei der Geologischen Landesanstalt in Berlin.

Landwirtschaftliche Verwaltung:

Laboratoriumsgehilfe bei den Landwirtschaftlichen Versuchs- und Forschungsanstalten in Landsberg a. W.

Hausmeister im Bereich der Verwaltung.

Gestütverwaltung:

Gestütoberwärter.

Besoldungsgruppe 11.

1500 — 1590 — 1680 — 1770 — 1860 — 1950 — 2040 — 2120 — 2200 RM. jährlich.

Wohnungsgeldzuschuß: V bei Gewährung einer ruhegehaltfähigen und unwiderruflichen Stellenzulage,
im übrigen VI in der ersten bis sechsten Dienstaltersstufe, V von der siebenten Dienstaltersstufe an.

Domänenverwaltung:
Wiesenmeister.
Domänenrentwarte.
Rehnenmeister.
Spreewehrwärter.

Forstverwaltung:
Amtsgehilfe bei der Forstvermessungsstelle.

Münzverwaltung:
Amtsgehilfen.
Pförtner.

Reichs- und Staatsanzeiger:
Botenmeister.
Kassengehilfe
(außerdem eine ruhegehaltfähige und unwiderrufliche Stellenzulage von 120 RM. jährlich).
Amtsgehilfen.

Lotterieverwaltung:
Amtsgehilfen.

Staatsministerium:
Amtsgehilfen bei den Staatsarchiven.
Statist bei den Staatlichen Theatern in Berlin.

Finanzministerium:
Pförtner im Ministerium.
Botenmeister.
Amtsgehilfen und Kassengehilfen bei den Oberpräsidien, beim Staatskommissar der Hauptstadt Berlin und bei den Regierungen einschließlich der Preußischen Bau- und Finanzdirektion in Berlin
(außerdem für je einen Kassengehilfen bei den Regierungshauptkassen und der Kasse der Preußischen Bau- und Finanzdirektion in Berlin eine ruhegehaltfähige und unwiderrufliche Stellenzulage von 120 RM. jährlich).
Gartenaufseher bei der Verwaltung des Tiergartens in Berlin

Ministerium des Innern:
Pförtner im Ministerium.
Pförtner beim Oberverwaltungsgericht.
Kreisamtsgehilfen.

Polizeibotenmeister.
Polizeiamtsgehilfen
(außerdem für einen Polizeiamtsgehilfen bei der Polizeihauptkasse in Berlin eine ruhegehaltfähige und unwiderrufliche Stellenzulage von 120 RM. jährlich).
Pförtner und Heizer bei der Landesanstalt für Wasser-, Boden- und Lufthygiene in Berlin-Dahlem.

Ministerium für Wissenschaft, Erziehung und Volksbildung:
Pförtner im Ministerium.
Botenmeister bei den Universitäten, beim Charitékrankenhaus in Berlin, bei der Technischen Hochschule in Hannover, bei der Preußischen Staatsbibliothek in Berlin, bei der Bergakademie Clausthal in Clausthal-Zellerfeld.
Amts-, Instituts-, Kassen-, Akademie-, Atelier-, Bibliotheks- und Schulgehilfen im Bereich des Ministeriums
(außerdem für je einen Kassengehilfen bei den Universitätskassen, bei den Kassen der Technischen Hochschulen in Berlin und Hannover und der Preußischen Staatsbibliothek in Berlin eine ruhegehaltfähige und unwiderrufliche Stellenzulage von 120 RM. jährlich).
Museumsaufseher.
Museumsaufseherinnen.
Schloßaufseher, Gartenaufseher, Fähraufseher — bei der Verwaltung der Staatlichen Schlösser und Gärten.

Verwaltung für Wirtschaft, Arbeit und Verkehr:
Pförtner im Ministerium.
Amtsgehilfen beim Verbandspräsidium des Siedlungsverbandes Ruhrkohlenbezirk in Essen.
Amtsgehilfe bei der Hafenverwaltung.

Bergverwaltung:
Botenmeister und Amtsgehilfen bei den Oberbergämtern und der Geologischen Landesanstalt in Berlin.

Landwirtschaftliche Verwaltung:
Institutsgehilfen bei den Landwirtschaftlichen Versuchs- und Forschungsanstalten in Landsberg a. W. und bei der Versuchs- und Forschungsanstalt für Wein-, Obst- und Gartenbau in Geisenheim.
Schleusenmeister.
Leuchtfeueroberwärter.
Signaloberwärter.
Schiffbrückenoberaufseher.

Gestütverwaltung:
Gestütwärter.

---

[1]) Die Botenmeister bei den Provinzialbehörden erhalten eine ruhegehaltfähige und unwiderrufliche Stellenzulage von 200 RM. jährlich; die übrigen

Botenmeister, denen mehr als 15 ständige Kräfte im Botendienst unterstellt sind, erhalten eine ruhegehaltfähige und unwiderrufliche Stellenzulage von 150 RM. jährlich.

Besoldungsgruppe 12.

1500 — 1580 — 1650 — 1730 — 1800 — 1880 — 1950 — 2030 — 2100 RM. jährlich.

Wohnungsgeldzuschuß: VI.

Ministerium für Wissenschaft, Erziehung und Volksbildung:

Schloßaufseherinnen Gartenaufseher Wachtmänner	bei der Verwaltung der Staatlichen Schlösser und Gärten.

Landwirtschaftliche Verwaltung:
Leuchtfeuerwärter.
Signalwärter.
Schiffbrückenaufseher.

B. Feste Gehälter.

Besoldungsgruppe 3 a.

24 000 RM. jährlich.

Wohnungsgeldzuschuß: I.

Staatsministerium:
Staatssekretär.

Finanzministerium:
Staatssekretär.

Ministerium des Innern:
Staatssekretär.

Ministerium für Wissenschaft, Erziehung und Volksbildung:
Staatssekretär.

Ministerium für Ernährung und Landwirtschaft:
Staatssekretär.

Oberrechnungskammer:
Chefpräsident.

Besoldungsgruppe 3 b.

22 000 RM. jährlich.

Wohnungsgeldzuschuß: I.

Ministerium des Innern:
Präsident des Oberverwaltungsgerichts.
Oberpräsidenten.
Staatskommissar der Hauptstadt Berlin.

Besoldungsgruppe 4.

19 000 RM. jährlich.

Wohnungsgeldzuschuß: I.

Besoldungsgruppe 5.

18 000 RM. jährlich.

Wohnungsgeldzuschuß: I.

Forstverwaltung:
Generalforstmeister beim Preußischen Landesforstamt.

Staatsministerium:
Ministerialdirektor.

Finanzministerium:
Ministerialdirektoren.

Ministerium des Innern:
Ministerialdirektoren.

Ministerium für Wissenschaft, Erziehung und Volksbildung:
Ministerialdirektoren.
Präsident des Philologischen Landesprüfungsamts.

Verwaltung für Wirtschaft, Arbeit und Verkehr:
Ministerialdirektoren.

Bergverwaltung:
Oberberghauptmann.

Landwirtschaftliche Verwaltung:
Ministerialdirektoren.
Oberlandstallmeister.

Besoldungsgruppe 6.

17 000 RM. jährlich.

Wohnungsgeldzuschuß: II.

Ministerium des Innern:
Regierungspräsidenten.
Präsident der Preußischen Bau- und Finanzdirektion in Berlin.
Polizeipräsident in Berlin.

Ministerium für Wissenschaft, Erziehung und Volksbildung:
Inspekteur bei der Landesverwaltung der Nationalpolitischen Erziehungsanstalten in Preußen.

Verwaltung für Wirtschaft, Arbeit und Verkehr:
Verbandspräsident des Siedlungsverbandes Ruhrkohlenbezirk in Essen.

Besoldungsgruppe 7 a.
16 000 RM. jährlich.

Wohnungsgeldzuschuß: II.

Staatsministerium:
Generaldirektor der Staatsarchive.

Ministerium des Innern:
Ministerialdirigenten (k. w.).
Senatspräsidenten, darunter 1 Vizepräsident, beim Oberverwaltungsgericht.

Ministerium für Wissenschaft, Erziehung und Volksbildung:
Ministerialdirigenten (k. w.).
Vizepräsident des Philologischen Landesprüfungsamts.
Präsident des Materialprüfungsamts in Berlin-Dahlem.
Generaldirektor der Preußischen Staatsbibliothek in Berlin.
Generaldirektor der Staatlichen Museen in Berlin.

Ministerium für die kirchlichen Angelegenheiten:
Ministerialdirigent (k. w.).

Bergverwaltung:
Ministerialdirigent (k. w.).
Berghauptleute.
Präsident und Professor der Geologischen Landesanstalt.

Oberrechnungskammer:
Direktoren, darunter 1 Vizepräsident, bei der Oberrechnungskammer.

Besoldungsgruppe 7 b.
15 000 RM. jährlich.

Wohnungsgeldzuschuß: II.

Ministerium für Wissenschaft, Erziehung und Volksbildung:
Direktoren und Professoren der Kaiser-Wilhelm-Institute in Berlin-Dahlem, Düsseldorf, Mülheim (Ruhr) und Müncheberg.

Besoldungsgruppe 8.
14 000 RM. jährlich.

Wohnungsgeldzuschuß: II.

Ministerium für Wissenschaft, Erziehung und Volksbildung:
Direktor der Nationalgalerie und des Rauch-Schinkel-Museums in Berlin.

Besoldungsgruppe 9.
13 000 RM. jährlich.

Wohnungsgeldzuschuß: II.

Ministerium für Wissenschaft, Erziehung und Volksbildung:
Universitätskuratoren und Kurator der Universität und der Technischen Hochschule in Breslau.

Direktor und Professor des Astrophysikalischen Observatoriums in Potsdam.
Zweiter Direktor und Professor bei dem Kaiser-Wilhelm-Institut für Biologie in Berlin-Dahlem.

Besoldungsgruppe 10.

10 000 RM. jährlich.

Wohnungsgeldzuschuß: III.

Ministerium des Innern:
Direktor und Professor des Hygienischen Instituts in Landsberg a. W.
Direktor und Professor des Hygienischen Instituts in Beuthen O. S.
Direktor und Professor der Forschungsanstalt auf der Insel Riems.

Ministerium für Wissenschaft, Erziehung und Volksbildung:
Direktor und Professor der Biologischen Anstalt auf Helgoland.
Erster Sekretär und Professor beim Historischen Institut in Rom.

Landwirtschaftliche Verwaltung:
Institutsdirektoren und Professoren bei den Landwirtschaftlichen Versuchs- und Forschungsanstalten in Landsberg a. W.
Institutsdirektoren und Professoren bei der Versuchs- und Forschungsanstalt für Milchwirtschaft in Kiel.
Institutsdirektoren und Professoren bei der Versuchs- und Forschungsanstalt für Tierzucht in Tschechnitz bei Breslau.

C. Gehälter mit Mindestgrundgehaltssätzen.

Besoldungsgruppe 1.

13 200 RM. jährlich im Durchschnitt.
9000 — 9900 — 10 800 — 11 600 — 12 400 — 13 200 — 14 000, in besonderen Einzelfällen bis zu 15 000 RM. jährlich.

Wohnungsgeldzuschuß: III in der ersten und zweiten Dienstaltersstufe.
II von der dritten Dienstaltersstufe an.

Direktoren
der Vereinigten Staatsschulen für freie und angewandte Kunst in Berlin,
der Akademischen Hochschule für Musik in Berlin,
der Staatlichen Hochschule für Musikerziehung und Kirchenmusik in Berlin,
der Kunstakademie in Düsseldorf,

der Staatlichen Kunstschule (Akademische Ausbildungsanstalt für das künstlerische Lehramt) in Berlin.

Direktoren und Professoren bei den Hochschulen für Lehrerbildung.

Direktor bei dem Berufspädagogischen Institute.

Besoldungsgruppe 2.

11 100 RM. jährlich im Durchschnitt.
7500 — 8100 — 8700 — 9300 — 9900 — 10 500 — 11 100 — 11 600, in besonderen Einzelfällen bis zu 13 600 RM. jährlich.

Wohnungsgeldzuschuß: III in der ersten bis vierten Dienstaltersstufe, II von der fünften Dienstaltersstufe an.

Ordentliche Professoren bei den wissenschaftlichen Hochschulen.
Professor und Leiter des Staatlichen Musikinstrumentenmuseums in Berlin.

Professoren bei
- den Vereinigten Staatsschulen für freie und angewandte Kunst in Berlin,
- der Staatlichen Hochschule für Musikerziehung und Kirchenmusik in Berlin
- den Kunstakademien in Düsseldorf und Kassel

} zu je zwei Dritteln

Vorsteher der Akademischen Meisterateliers für die bildenden Künste in Berlin und der Akademischen Meisterschulen für musikalische Komposition in Berlin.

Hauptamtliche Mitglieder bei der Akademie der Wissenschaften in Berlin.

Professoren bei den Meisterateliers für die bildenden Künste in Königsberg und in Breslau.

Professoren bei den Hochschulen für Lehrerbildung und bei dem Berufspädagogischen Institut in einer durch den Staatshaushaltsplan festzusetzenden Zahl.[1])

[1]) Ein am 31. März 1936 als örtlicher Stellvertreter des Direktors des Berufspädagogischen Instituts im Amte gewesener Beamter erhält für seine Person eine ruhegehaltfähige und unwiderrufliche Stellenzulage von 600 RM. jährlich.

Besoldungsgruppe 3.

8600 RM. jährlich im Durchschnitt.

5700 — 6200 — 6700 — 7200 — 7700 — 8200 — 8600 — 9000, in besonderen Einzelfällen bis zu 11 600 RM. jährlich.

Wohnungsgeldzuschuß: III.[1])

Außerordentliche Professoren sowie Abteilungsvorsteher bei den wissenschaftlichen Hochschulen (darunter bisherige beamtete außerplanmäßige außerordentliche Professoren bei den wissenschaftlichen Hochschulen).

Professoren bei
- den Vereinigten Staatsschulen für freie und angewandte Kunst in Berlin,
- der Akademischen Hochschule für Musik in Berlin, davon 1 zugleich Direktor des Staats- und Domchors in Berlin,
- der Staatlichen Hochschule für Musikerziehung und Kirchenmusik in Berlin,
- der Kunstakademien in Düsseldorf und Kassel

} zu je einem Drittel.

Professoren bei den Meisterateliers für die bildenden Künste in Königsberg und in Breslau.

Lehrer und Professoren bei der Staatlichen Kunstschule (Akademische Ausbildungsanstalt für das künstlerische Lehramt) in Berlin.

Professoren bei den Hochschulen für Lehrerbildung und bei dem Berufspädagogischen Institut in einer nach dem Staatshaushaltsplane festzusetzenden Zahl.

---

1) Denjenigen Beamten, die am 30. September 1927 bereits den Ortszuschlag (Wohnungsgeldzuschuß) nach Tarifklasse II erhalten haben, wird für ihre Person der Wohnungsgeldzuschuß nach Tarifklasse II gewährt.

Besoldungsgruppe 4 a.

5800 RM. jährlich im Durchschnitt.
3800 — 4100 — 4400 — 4700 — 5000 — 5300 — 5600 — 5800 — 6000 RM. jährlich.

Wohnungsgeldzuschuß: IV.[1])

Konzertmeister bei den Staatlichen Theatern in Berlin.

---

1) Denjenigen Beamten, die am 30. September 1927 bereits den Ortszuschlag (Wohnungsgeldzuschuß) nach Tarifklasse III erhalten haben, wird für ihre Person der Wohnungsgeldzuschuß nach Tarifklasse III gewährt.

Besoldungsgruppe 4 b.

5300 RM. jährlich im Durchschnitt.
3400 — 3700 — 4000 — 4300 — 4600 — 4900 — 5100 — 5300 — 5500 RM. jährlich.

Wohnungsgeldzuschuß: V in der ersten bis dritten Dienstaltersstufe.
IV von der vierten Dienstaltersstufe an.

Konzertmeister bei dem Staatlichen Theater in Kassel.

Besoldungsgruppe 5 a.

5200 RM. jährlich im Durchschnitt.
3200 — 3500 — 3800 — 4100 — 4400 — 4700 — 5000 — 5200 — 5400 RM. jährlich.

Wohnungsgeldzuschuß: IV.[1])

Kammermusiker } bei den Staatlichen Theatern in Berlin.
Orchesterinspektor }

[1]) Diejenigen Beamten, die am 30. September 1927 bereits den Ortszuschlag (Wohnungsgeldzuschuß) nach Tarifklasse III erhalten haben, wird für ihre Person der Wohnungsgeldzuschuß nach Tarifklasse III gewährt.

Besoldungsgruppe 5 b.

4800 RM. jährlich im Durchschnitt.
2800 — 3100 — 3400 — 3700 — 4000 — 4300 — 4600 — 4800 — 5000 RM. jährlich.

Wohnungsgeldzuschuß: V in der ersten bis dritten Dienstaltersstufe.
IV von der vierten Dienstaltersstufe an.

Kammermusiker bei dem Staatlichen Theater in Kassel.

Zu Besoldungsgruppe 4 und 5: Zu den Mindestgrundgehaltssätzen können Konzertmeistern sowie ersten und zweiten Stimmen ruhegehaltfähige und nichtruhegehaltfähige Stellenzulagen nach Maßgabe des Staatshaushaltsplans gewährt werden.

Schlußbemerkungen.

A. Aufwandentschädigungen.

Es erhalten nichtruhegehaltfähige Aufwandentschädigungen nach Maßgabe des Staatshaushaltsplans
der Präsident des Oberverwaltungsgerichts,
die Oberpräsidenten,
der Staatskommissar der Hauptstadt Berlin,
die Regierungspräsidenten,
die Landräte,
der Polizeipräsident in Berlin,
die Universitätskuratoren und der Kurator der Universität und der Technischen Hochschule in Breslau,
der Verwaltungsdirektor des Charitékrankenhauses in Berlin und
der Verbandspräsident des Siedlungsverbandes Ruhrkohlenbezirk.

B. Sondervergütungen.

1. Den in einem Ministerium beschäftigten Beamten können nach näherer Bestimmung des Staatsministeriums Sondervergütungen (Ministerialzulagen) aus den dafür im Staatshaushaltplan vor-

gesehenen Mitteln gewährt werden. Das Staatsministerium bestimmt, welche anderen Behörden im Sinne dieser Vorschrift einem Ministerium gleichzuerachten sind.

2. Bei der Verwaltung der Staatsarchive können wissenschaftliche Beamte für besondere im Auftrag der Archivverwaltung besorgte wissenschaftliche Veröffentlichungen Vergütungen aus den im Staatshaushaltsplan dafür vorgesehenen Mitteln erhalten.

3. Den Professoren und sonstigen Lehrkräften an den wissenschaftlichen Hochschulen und den damit zusammenhängenden Anstalten und Instituten, den Leitern und Lehrkräften an den Vereinigten Staatsschulen für freie und angewandte Kunst in Berlin, der Akademischen Hochschule für Musik in Berlin, der Staatlichen Kunstschule in Berlin, der Staatlichen Hochschule für Musikerziehung und Kirchenmusik in Berlin, den Kunstakademien in Kassel und Düsseldorf, den Vorstehern der Meisterateliers für bildende Künste und der Meisterschulen für musikalische Komposition in Berlin und den Professoren bei den Meisterateliers für die bildenden Künste in Breslau und Königsberg können zur Ergänzung des Grundgehalts oder der Grundvergütung aus den für die Heranziehung und Erhaltung ausgezeichneter Leiter und Lehrkräfte an den genannten Hochschulen und Anstalten im Staatshaushaltsplan vorgesehenen Mitteln besondere ruhegehaltfähige oder nichtruhegehaltfähige Zuschüsse gewährt werden.

4. Den Präsidenten, Vizepräsidenten, Direktoren und Abteilungsvorstehern an den wissenschaftlichen Anstalten des Staates und den Direktoren bei den Staatlichen Museen können zur Ergänzung des Grundgehalts aus den für die Heranziehung und Erhaltung ausgezeichneter Leiter an diesen Anstalten im Staatshaushaltsplan vorgesehenen Mitteln besondere ruhegehaltfähige oder nicht ruhegehaltfähige Zuschüsse gewährt werden. Die Höhe der Zuschüsse wird von dem zuständigen Minister im Einvernehmen mit dem Finanzminister festgesetzt.

5. In wissenschaftlichen und Kunstinstituten und Laboratorien beschäftigten Amts- und Institutsgehilfen, Laboratoriumsgehilfen, technischen Gehilfen, technischen Amtsgehilfen, Laboranten (Besoldungsgruppen A 10 und A 11) können in besonderen Fällen zur Ergänzung des Grundgehalts aus den im Staatshaushaltsplan dafür vorgesehenen Mitteln besondere Zuschüsse für ihre Person und für die Dauer der Beschäftigung in ihren Stellen widerruflich gewährt werden. Die Höhe der Zuschüsse wird von dem zuständigen Minister im Einvernehmen mit dem Finanzminister festgesetzt.

6. Den planmäßigen Beamten bei den Staatlichen Theatern können zu ihren Dienstbezügen nichtruhegehaltfähige Zulagen aus den dafür im Staatshaushaltsplan vorgesehenen Mitteln gewährt werden, soweit sie schon vor dem Inkrafttreten dieses Gesetzes [1])

[1]) D. i. das Gesetz über die Dienstbezüge der unmittelbaren Staatsbeamten (Preußisches Besoldungsgesetz) vom 17. Dezember 1927 (Gesetzsamml. S. 223).

bewilligt wurden. Die Höhe der Zulagen wird von dem zuständigen Minister im Einvernehmen mit dem Finanzminister festgesetzt.

7. Oberregierungs- und -medizinalräte, die Vorsitzende der Gerichtsärztlichen Ausschüsse der Provinzen sind, erhalten eine ruhegehaltfähige und unwiderrufliche Zulage von 600 RM. jährlich.

8. Den planmäßigen Forstamtmännern, Oberförstern, Revierförstern, Forstsekretären und Unterförstern können zum Ausgleich besonderer wirtschaftlicher Nachteile einzelner Stellen nichtruhegehaltfähige Stellenzulagen aus den dafür im Staatshaushaltsplan vorgesehenen Mitteln gezahlt werden.

C. Nebenbezüge.

1. Beamten bei der Porzellanmanufaktur und bei der Verwaltung der Staatlichen Schlösser und Gärten können nach näherer Bestimmung durch den zuständigen Minister im Einvernehmen mit dem Finanzminister nichtruhegehaltfähige Gewinnanteile aus den im Staatshaushaltsplan vorgesehenen Mitteln gewährt werden.

2. Bei der Verwaltung des Ministeriums für Wissenschaft, Erziehung und Volksbildung und bei der Forstverwaltung erhalten die Professoren und die Abteilungsvorsteher an den wissenschaftlichen Hochschulen einen Anteil an den für ihre Vorlesungen eingehenden Unterrichtsgebühren. Die Höhe dieses Anteils sowie die den Professoren und den Abteilungsvorstehern zu gewährleistende Mindesteinnahme an Unterrichtsgebühren wird durch die zuständigen Minister im Einvernehmen mit dem Finanzminister festgesetzt. Das gleiche gilt für die Höhe der den Rektoren der wissenschaftlichen Hochschulen und dem Rektor der Akademie in Braunsberg zu gewährenden Amtsvergütung.

Anhang IV.

Anlage 4 zum Reichsbesoldungsgesetz[1])

In Ortsklasse	In Tarifklasse							
	I	II	III	IV	V	VI	VII	VII bei 40 v. H. Abzug
S	2520	2016	1584	1152	864	636	402	240
A	2160	1728	1368	1008	732	534	348	210
B	1800	1440	1080	792	606	444	288	174
C	1368	1080	864	648	474	348	216	132
D	1008	792	648	474	348	258	156	96

[1]) Vgl. S. 76 Anm. 3.

Anhang V.

Anlage 5 zum Reichsbesoldungsgesetz (Auszug)

in der Fassung der ersten Durchführungsverordnung zum Gesetz über die 24. Ergänzung des Besoldungsgesetzes vom 30. März 1936 (RGBl. I S. 336.)[1])

Beamte, die ihre erste planmäßige Anstellung finden, oder bei einer regelmäßig verlaufenden Dienstlaufbahn finden würden, in Besoldungsgruppe	im 1. u. 2. Diätendienstjahr, Versorgungsanwärter im 1. Diätendienstjahr RM.	im 3. u. 4. Diätendienstjahr, Versorgungsanwärter im 2. u. 3. Diätendienstjahr RM.	im 5. Diätendienstjahr, Versorgungsanwärter im 4. Diätendienstjahr RM.
A 2c 2	3 400	3 950	4 400
A 3a (A 2e) u. A 3c	2 500	2 900	3 300
A 4c 2 und A 4e .	2 000	2 300	2 600
A 5 und A 7	1 700	1 950	2 160
A 8a.............	1 500	1 680	1 850
A 8b.............	1 350	1 430	1 500
A 9 und A 10.....	1 300	1 400	1 500
A 11 und A 12....	1 250	1 330	1 400

Anhang VI.

Erste Ausf.-Anw. zu Kap. VIII des Ges. zur Änderung von Vorschriften auf dem Gebiete des allgemeinen Beamten-, des Besoldungs- und des Versorgungsrechts

vom 30. 6. 1933 (RGBl. I S. 433).

RdErl. d. MdJ. u. d. FM. v. 19. 7. 1933 — IV a V 151 und IV 7112/19. 7. 33. MBliV I S. 837.

(1) Die durch die Vorschriften des Kap. II Vierter Teil der Ersten Preuß SparVO. v. 12. 9. 1931 (GS. S. 179) eingeleitete Angleichung der Bezüge der Gemeindebeamten an die Bezüge gleichzubewertender Staatsbeamten hat noch nicht in jeder Beziehung zu dem von der Reichs- und Staatsregierung im Interesse einer gleichen Behandlung der Gesamtbeamtenschaft verfolgten Ziel der gehaltlichen Gleichstellung der Gemeindebeamten mit den Staatsbeamten geführt. Der Grund hierfür liegt einerseits in zahlreichen Hemmungen, die sich namentlich aus den Vorschriften der Reichsverfassung,

[1]) Vgl. Preuß. Besoldungsblatt 1936 S. 113.

insbesondere aus deren Artikel 129 ergaben; andererseits ist aber auch bei der damaligen Nachprüfung der Bezüge der Gemeindebeamten noch nicht überall der Maßstab angelegt worden, der zu einer endgültigen Bereinigung der Besoldungsverschiedenheiten hätte führen können.

(2) Durch das Reichsgesetz vom 30. 6. 1933 sind infolgedessen neue Angleichungsvorschriften getroffen worden. Zugleich beseitigt das Gesetz diejenigen rechtlichen Schranken, die der Durchführung der Angleichung bisher im Wege standen.

(3) Die Durchführung der Angleichung auf Grund des Reichsgesetzes ist in die Hand der gemeindlichen Verwaltungsorgane und der Aufsichtsbeamten gelegt. Für die Durchführung gelten die folgenden Richtlinien:

I. Bedeutung der Vorschriften des Kap. VIII des Reichsgesetzes vom 30. 6. 1933.

(1) Der § 40 Abs. 2 des Reichsgesetzes enthält eine inhaltlich dem § 1 Kap. II Vierter Teil der Spar-VO. vom 12. 9. 1931 (GS. S. 179) entsprechende Angleichungsvorschrift, derzufolge die Gemeinden und Gemeindeverbände berechtigt und verpflichtet sind, die Bezüge ihrer Beamten herabzusetzen, soweit sie höherliegen als die Bezüge gleichzuwertender Staatsbeamten. Damit ist die obere Grenze für die Bezüge der Gemeindebeamten unzweideutig festgelegt.

(2) Der Durchführung einer vollen Angleichung der Gemeindebeamtenbezüge an die Bezüge gleichzubewertender Staatsbeamten standen bislang gewisse Vorschriften des Reichsrechts und des preußischen Rechts entgegen.

1. Nach der Rechtsprechung des Staatsgerichtshofs und der ordentlichen Gerichte war eine Angleichung höherliegender Bezüge dann unzulässig, wenn die Beamten auf diese Bezüge ein wohlerworbenes Recht hatten. Ein derartiges wohlerworbenes Recht erkannte der Staatsgerichtshof namentlich für alle sogenannten nicht unmittelbar vergleichbaren Gemeindebeamten an. Daneben haben zahlreiche Beamte wohlerworbene Rechte, auf Zusicherungen, Vereinbarungen und Vergleiche gestützt und zum Teil bei den ordentlichen Gerichten zur Anerkennung gebracht.

2. Einer vollen Angleichung stand in einzelnen Fällen nach den von den beteiligten Ministern gegebenen Weisungen die Vorschrift des § 5 Kap. II Vierter Teil der Spar-VO. entgegen.

3. Eine Angleichung der Bezüge wurde nach der bisherigen Praxis dann nicht durchgeführt, wenn ein Beamter bereits vor Inkrafttreten der Spar-VO. in den Wartestand oder in den Ruhestand getreten war. Ebenso wurde bei dieser Voraussetzung von einer Angleichung der Hinterbliebenenbezüge abgesehen.

(3) Diese Hindernisse sind nunmehr durch die Vorschriften des

§ 40 Abs. 4, § 41 und § 43 beseitigt. In den zu 1—3 genannten Fällen ist demnach nunmehr die volle Angleichung herbeizuführen.

(4) Eine weitere grundlegende Neuerung enthält das Gesetz in seinem § 41 Abs. 3 insofern, als in Zukunft eine Nachprüfung der in Durchführung des § 40 getroffenen Maßnahmen im ordentlichen Rechtswege, im Verfahren vor den Verwaltungsgerichten, Schiedsgerichten oder vor dem Staatsgerichtshof für das Deutsche Reich ausgeschlossen ist. Das gilt sowohl für solche Maßnahmen, die in Zukunft auf Grund des § 40 getroffen werden, als auch für solche, die bereits bisher auf Grund der SparVO. zur Angleichung der Bezüge der Gemeindebeamten getroffen worden sind und die gemäß § 1 Abs. 2 der Dritten DurchfVO. vom 15. 7. 1933 (GS. S. 248) als Maßnahmen zur Durchführung des Reichsgesetzes gelten. Daraus folgt, daß wegen dieser Maßnahmen anhängige Verfahren vor den Beschlußbehörden gemäß § 7 des Kommunalbeamtengesetzes oder vor den ordentlichen Gerichten mit Kostenfolge aus § 78 des Reichsgesetzes erledigt sind.

(5) Für Dauerangestellte der Gemeinden und Gemeindeverbände gelten gemäß § 49 Abs. 2 des Reichsgesetzes die oben dargelegten Rechtsgrundsätze entsprechend.

II. Verfahren.

(1) Nach den Vorschriften des Reichsgesetzes haben die Gemeinden und Gemeindeverbände die gemäß § 40 vorgeschriebene Angleichung bis zum **31. Juli 1933** durchzuführen. Kommen sie dieser Verpflichtung bis zu dem genannten Zeitpunkt nicht nach, so geht die Berechtigung und Verpflichtung zur Durchführung der Angleichung auf die Landesregierungen oder die von ihnen beauftragten Behörden über.

(2) Gemäß § 1 Abs. 1 der Dritten DurchfVO. erfolgt die Durchführung der Angleichung für die Beamten der Gemeinden und Gemeindeverbände auf der Grundlage der Vorschriften in Kap. II Vierter Teil der SparVO. Danach ist das innerhalb der Gemeinden und Gemeindeverbände ausschließlich Sache des Verwaltungsorgans, die Angleichung durchzuführen. Die Vertretungskörperschaften oder beschließenden Ausschüsse sind demnach in diese Aufgabe nicht eingeschaltet. Die Verwaltungsorgane haben bis zum 31. Juli 1933 erneut die Bezüge ihrer Beamten und Dauerangestellten, der Wartestandsbeamten, der Ruhegehaltsempfänger und der Hinterbliebenen nachzuprüfen und sie, soweit sie noch höher liegen als die Bezüge gleichzubewertender Staatsbeamten, alsbald herabzusetzen. Sie haben alsdann gemäß § 4 Kap. II Vierter Teil der SparVO. ihre Beschlüsse den Aufsichtsbehörden vorzulegen, und zwar auch dann, wenn ihr Beschluß dahin lautet, daß Änderungen der bestehenden Besoldungsregelung nicht geboten sind. Abändernde Beschlüsse der Gemeinden und Gemeindeverbände unterliegen gemäß § 2 Abs. 3 a. a. O. der Genehmigung der Aufsichtsbehörde.

(3) Die Aufsichtsbehörden verfahren alsdann, oder wenn ein Beschluß nicht fristgemäß zustande kommt, gemäß § 4 Abs. 2 und § 3 Abs. 1 Kap. II Vierter Teil der SparVO. Berichtstermin gemäß § 4 Abs. 2 a. a. O. ist der **31. Dezember 1933.** Formulare für die Berichterstattung werden demnächst gesondert mitgeteilt.

(4) Es wird darauf hingewiesen, daß durch die Vorschrift des § 3 der Dritten DurchfVO. das Schiedsgericht für die Besoldung der Kommunalbeamten aufgehoben worden ist. Die vor dem Schiedsgericht z. Z. noch anhängigen Verfahren sind erledigt. Statt dessen ist gemäß § 3 Absatz 2 a. a. O. gegen Änderungen von Besoldungsregelungen durch die Aufsichtsbehörde die Beschwerde an den MdJ. zugelassen. Beschwerdeberechtigt ist nur das Verwaltungsorgan der Gemeinde (des Gemeindeverbandes), nicht auch sonstige Stellen der Gemeindeverwaltung oder einzelne Beamte. Beschwerden, die von unzuständiger Stelle eingereicht werden, werden durch die Hand der Aufsichtsbehörden ohne Entscheidung zurückgegeben.

(5) Die Beschwerde gemäß § 3 Abs. 2 ist in zwei Fällen gegeben:

1. Sie findet statt, wenn die Aufsichtsbehörde demnächst Beschlüsse der Verwaltungsorgane oder Besoldungsregelungen abändert.

2. Sie ist binnen zwei Wochen nach Inkrafttreten der Dritten DurchfVO. in denjenigen Fällen gegeben, in denen das Schiedsgericht angerufen war, das Verfahren aber durch § 3 Abs. 1 der VO. erledigt ist. In diesen Fällen darf die Beschwerde in keinem Falle weitergehen als die Anrufung des Schiedsgerichts. Zuständig zur Erhebung der Beschwerde ist auch hier ausschließlich das Verwaltungsorgan. Da sich gezeigt hat, daß die Gemeinden s. Z. in zahlreichen Fällen das Schiedsgericht angerufen haben, ohne daß hierfür hinreichende sachliche Gründe vorlagen, wird den Verwaltungsorganen zur besonderen Pflicht gemacht, vor Einlegung der Beschwerde mit aller Gewissenhaftigkeit zu prüfen, ob eine Beschwerdeerhebung nach der ganzen Lage des Falles überhaupt in Betracht kommt.

III. Durchführung im Einzelnen.

A. Aktive Beamte.

(1) Soweit nicht durch die auf Grund des Kap. II Vierter Teil der SparVO. getroffenen Maßnahmen bereits eine den reichsgesetzlichen Vorschriften völlig entsprechende Besoldungslage in den Gemeinden und Gemeindeverbänden herbeigeführt worden ist, ist die Angleichung nunmehr restlos durchzuführen.

(2) Zu diesem Zwecke ist zunächst die tatsächliche Besoldungsgrundlage der einzelnen Beamten klarzustellen. Sie ergibt sich aus folgendem:

a) Für die sogenannten Richtlinienbeamten gelten vom Inkrafttreten der Dritten DurchfVO. an ohne weiteres die s. Z. auf Grund der SparVO. für die einzelnen Stellen getroffenen Maßnahmen als nunmehr unbeschränkt geltende Besoldungsregelung. Ansprüche auf höhere Bezüge auf Grund des Staatsgerichtshofsurteils oder auf Grund sonstiger wohlerworbener Rechte bestehen nicht mehr. Über die danach geltende Besoldungsregelung hinausgehende Zahlungen sind sofort einzustellen. Nachzahlungen für die zurückliegende Zeit erfolgen gemäß § 79 des Reichsgesetzes in keinem Falle; andererseits sind aber auch Rückzahlungen für die Zeit vor dem 1. Oktober 1933 ausgeschlossen.

b) Für die Bezüge der sonstigen Beamten und Dauerangestellten der Gemeinden und Gemeindeverbände sind nunmehr die auf Grund der SparVO. getroffenen Angleichungsmaßnahmen die allein maßgebende Grundlage. Auch insoweit ist also die Zahlung höherer Bezüge auf Grund etwaiger wohlerworbener Rechte umgehend einzustellen.

c) In denjenigen Fällen, in denen auf Grund des § 5 Kap. II Vierter Teil der SparVO. die z. Z. schwebenden Verfahren zu Festsetzungen im Sinne der SparVO. geworden sind, gelten diese Festsetzungen zunächst auch dann als Besoldungsgrundlage, wenn sie eine volle Angleichung noch nicht herbeigeführt haben.

d) Den Gemeindebeamten wurden bisher zur Erleichterung der durch die Gehaltskürzung eintretenden Einkommensminderung für eine Übergangszeit Ausgleichszulagen in zwei Formen gewährt:

aa) Für die sogenannten Richtlinienbeamten, deren Grundgehalt nach der SparVO. um mehr als 20 v. H. gekürzt wurde, blieb die Kürzung bis zum 1. Oktober 1932 auf 20 v. H. beschränkt. Die restliche Kürzung sollte auf die beiden folgenden Jahre gleichmäßig so verteilt werden, daß sie bis zum 1. Oktober 1934 in vollem Umfange durchgeführt ist (§ 6 Kap. II Vierter Teil der SparVO.).

bb) In entsprechender Anwendung des § 1 Dritter Teil der SparVO. war denjenigen verheirateten Beamten und Angestellten mit einem Gesamtdiensteinkommen bis zu 15000 RM. jährlich, deren Bezüge durch die SparVO. und durch die 1. und 2. GehaltskürzungsVO. zusammen um mehr als 20 v. H. gekürzt worden sind, der Unterschiedsbetrag zwischen dem nach dieser Verordnung sowie der 1. und 2. GehaltskürzungsVO. tatsächlich zuständigen Diensteinkommen und dem um 20 v. H. gekürzten Diensteinkommen als nicht ruhegehaltsfähige Ausgleichszulage bis zu dem Zeitpunkt weiterzugewähren, an dem der Unterschied durch Steigen der Dienstbezüge ausgeglichen ist, längstens jedoch bis zum 30. September 1935.

(3) Durch § 2 der Dritten DurchfVO. sind die Vorschriften der SparVO. unter aa) und bb) aufgehoben worden. Die Zahlung von Ausgleichszulagen fällt demnach mit Wirkung vom 1. August 1933 fort; desgleichen ist zu diesem Zeitpunkt auch bei den Richtlinienbeamten die volle Kürzung der Bezüge durchzuführen.

(4) Von dieser Besoldungsgrundlage (a—d) ausgehend, ist die

Angleichung der Bezüge nunmehr nach folgenden Grundsätzen durchzuführen:

a) Einstufung der Beamten.

(1) Für die Einstufung der Gemeindebeamten sind wie bisher lediglich Inhalt und Bedeutung der einzelnen Stelle, nicht etwa beigelegte Amtsbezeichnung oder sonstige Merkmale maßgebend. Dabei ist unter allen Umständen davon auszugehen, daß die typischen Laufbahnen im Gemeindedienst sich mit denen im Staatsdienst ohne weiteres vergleichen lassen und daß es demnach in keinem Falle gerechtfertigt ist, Beamte dieser Laufbahnen irgendwie günstiger einzustufen wie gleichzubewertende Staatsbeamte. Insbesondere kann es nicht zugelassen werden, daß derartige Beamten durch günstigere Übergangsregelungen oder durch mißbräuchliche Anwendung von Fußnoten der staatlichen Besoldungsordnung besser gestellt werden. Ebensowenig darf es in Betracht kommen, daß derartige Beamten für ihre Person auf Grund langer Dienstleistung usw. höhere Bezüge erhalten. Das gilt auch in zahlreichen Fällen, in denen etwa das Schiedsgericht für die Besoldung der Kommunalbeamten derart günstigere Regelungen getroffen hat. Der vollen Angleichung steht, wie gegenüber der Rechtsprechung des Schiedsgerichts zu bemerken ist, im übrigen nicht entgegen, daß ein Beamter in die Stelle einer höheren Besoldungsgruppe befördert worden ist, wenn der Amtsinhalt dieser Stelle dem eines staatlichen Beamten der höheren Besoldungsgruppe nicht vergleichbar ist. Wird ein zu Unrecht beförderter Beamter zurückgestuft, so findet die Vorschrift des § 35 des Preuß. BesG. keine Anwendung.

(2) Es wird in diesem Zusammenhang noch auf folgende besonderen Gesichtspunkte hingewiesen:

aa) Wenn auch angenommen werden kann, daß die z. Z. auf Grund der SparVO. festgesetzten Bezüge der Richtlinienbeamten im Rahmen der als Anhang zur SparVO. veröffentlichten Richtlinien liegen, so ist dennoch nochmals zu prüfen, ob die Bezüge wirklich innerhalb der für die Größengruppen vorgesehenen Spannen zutreffend festgesetzt sind.

bb) Bei der Einstufung solcher Beamten, für die im Dienst des Staates eine unmittelbar vergleichbare Stelle nicht vorhanden ist, muß mit besonderer Sorgfalt verfahren werden. Gerade in diesen Fällen liegt die Gefahr einer Überbewertung der Tätigkeit nahe. Das gilt insbesondere für Werks- und Institutsleiter, bei denen in zahlreichen Fällen mit der Behauptung besonderer Selbständigkeit und Verantwortung der Stelle und unter Hinweis auf die Privatwirtschaft in der Vergangenheit oft Bezüge bewilligt worden sind, die sachlich nicht vertretbar waren.

cc) (1) Bei der Eingruppierung derjenigen Beamten, die mit den Beamten des höheren Dienstes im Staatsdienst vergleichbar sind, ist bisher vielfach nicht beachtet worden, daß die Normalgruppe für derartige Stellen die BesGr. A 2 b ist; eine höhere Einstufung rechtfertigt sich demnach nur in ganz besonderen Ausnahmefällen, in denen die Aufgaben des betreffenden Beamten besonders bedeutsam sind. Regelmäßig wird diese Voraussetzung nur dann vorliegen, wenn ein solcher Beamter als Abteilungsleiter anderen Beamten des höheren Dienstes vorsteht.

(2) Des weiteren kann die Bemessung von Zulagen zur BesGr. A 2 b auf 600 und 1200 RM. in denjenigen Fällen keineswegs gebilligt werden, in denen die SparVO. diese Zulagen für gleichzubewertende Staatsbeamte auf 400 und 800 RM. herabgesetzt hat.

dd) (1) Eingangsstelle des gehobenen mittleren Dienstes ist entsprechend dem Vorbild der staatlichen Besoldungsordnung die BesGr. A 4 b. Die Ausstattung derartiger Eingangsstellen mit höheren Bezügen ist ausgeschlossen.

(2) Die Frage, in welchem Umfange Stellen der BesGr. A 4 b mit Zulagen und Beförderungsstellen bis zur BesGr. A 3 b zugelassen werden dürfen, läßt sich nicht einheitlich beantworten, da hierfür das sachliche Bedürfnis maßgebend ist. Als Regel wird jedoch zu gelten haben, daß jedenfalls in größeren Verwaltungen die Zahl der gehobenen Stellen (Zulagestellen der BesGr. A 4 b und Beförderungsstellen bis zur BesGr. A 3 b) einen Satz von 40 v. H. der Gesamtzahl der Stellen des gehobenen mittleren Dienstes nicht überschreiten darf. Inwieweit bei der Errechnung dieses Prozentsatzes Dauerangestellte berücksichtigt werden können, richtet sich nach Lage des Einzelfalles.

ee) (1) Zur Anwendung der Fußnoten der staatlichen BesOrdnung ist folgendes zu beachten:

(2) Eine Einstufung in die BesGr. A 4 c kann nur dann in Betracht kommen, wenn es sich entweder um Gemeindebeamte handelt, die mit den in BesGr. A 4 c eingestuften Staatsbeamten gleichzubewerten sind oder wenn die Voraussetzungen der Fußnote 3 (in der Fass. der ersten SparVO.) oder der Fußnote 5 zur BesGr. A 6 vorliegen. Die Vergünstigungen dieser Fußnoten können nur solchen Beamten zukommen, die außer den sonstigen Voraussetzungen die dort vorgesehenen oder entsprechende Prüfungen abgelegt haben.

(3) Voraussetzung für die Einstufung eines Gemeindebeamten in die BesGr. A 4 d ist in jedem Falle, daß der Beamte entsprechend der Fußnote 1 zur BesGr. A 6 des BDEG. vom 17. Dezember 1920 i. d. Fass. d. Bek. vom 13. Mai 1924 (GS. S. 487) die Bezüge der BesGr. A 7 des BDEG. erhalten hat. Wenn diese Voraussetzung nicht vorliegt, ist eine Einstufung in die BesGr. A 4 d nur zulässig, wenn der Beamte nach staatlichen Grundsätzen noch zur Sonderprüfung zugelassen werden konnte und die Sonderprüfung abgelegt hat.

ff) (1) Bei der Einstufung der Sekretäre ist bisher in einer Reihe von Gemeinden unter Hinweis auf die Schwierigkeit der abzulegenden Prüfungen und auf die besondere Schwierigkeit der Amtsaufgaben in der Weise verfahren worden, daß Sekretäre nach Ablegung der Prüfungen, in manchen Fällen auch nach Zurücklegung einer bestimmten Dienstzeit in die BesGr. A 5 eingestuft worden sind oder in diese Gruppe im Wege der Beförderung aufgerückt sind.

(2) Eine Einstufung bzw. Aufrückung in diese Gruppe ist für Sekretäre des Bürodienstes grundsätzlich ausgeschlossen; die Einstufung in die BesGr. A 5 kann vielmehr nur für technische Sekretäre und für Kassensekretäre insoweit in Betracht kommen, als sie eine abgeschlossene Fachschulbildung einer staatlichen oder staatlich anerkannten Fachschule besitzen und ferner für Kassensekretäre, die als ständige Vertreter des Rentmeisters nach Maßgabe des sachlichen Bedürfnisses tätig sind. Die Sekretäre des Bürodienstes, diejenigen technischen Sekretäre, die über eine abgeschlossene Fachschulbildung nicht verfügen, sowie die Kassensekretäre, die nicht Vertreter des Rentmeisters sind, gehören ausschl. in die BesGr. A 6.

gg)[1]) In Gemeinden, in denen die Einheitslaufbahn nicht besteht, hat die Laufbahn des einfachen mittleren Dienstes grundsätzlich in der BesGr. A 8 zu beginnen. Eine Überführung aus dieser Gruppe in die BesGr. A 6 ist erst zulässig, wenn die betr. Beamten in der BesGr. A 8 ein BesDienstalter von 5 Jahren erreicht haben, es sei denn, daß schon vor diesem Zeitpunkt eine freie Planstelle der BesGr. A 6 zur Verfügung steht.

hh) Auch bei den unteren Gruppen der BesOrdnungen muß die Anpassung der Bezüge der in ihnen eingestuften Beamten an die Bezüge der gleichzubewertenden Staatsbeamten unbedingt durchgeführt werden.

ii) Zwischengruppierungen, wie sie § 41 Abs. 2 vorsieht, sind grundsätzlich nicht zuzulassen. Eine Ausnahme wird nur dann zugelassen, wenn in einer Gemeinde mit Einheitslaufbahn für die Beamten dieser Laufbahn eine besondere BesGr. 6a vorgesehen ist. Die hierüber ergangenen Einzelerlasse bleiben in Geltung.

b) Nebenbezüge.

(1) Für die Behandlung der Nebenbezüge wird auf die neuen Vorschriften des Kap. IV des Reichsges. vom 30. Juni 1933 und der Ersten DurchfVO. vom 15. Juli 1933 (GS. S. 247) besonders hingewiesen.

aa) Gemäß §§ 14, 20 dieses Gesetzes ist jeder Gemeindebeamte verpflichtet, auf Anordnung der Anstellungsbehörde jede Nebentätigkeit (Nebenamt, Nebenbeschäftigung) im öffentlichen Dienst auch ohne Vergütung zu übernehmen oder fortzuführen, sofern die auszuübende Tätigkeit der Vorbildung oder Berufsbildung des Beamten entspricht. Von dieser Möglichkeit ist stets dann Gebrauch zu machen, wenn die Nebentätigkeit einem Beamten übertragen werden soll, dessen Arbeitskraft durch das Hauptamt nicht voll

[1]) Vgl. jedoch die Änderung im Anhang VIII S. 204.

in Anspruch genommen wird oder wenn die Nebentätigkeit ohne erhebliche Mehrbelastung neben dem Hauptamt geleistet werden kann.

bb) Gemäß §§ 15, 20 des Gesetzes wird einem Gemeindebeamten für eine Nebentätigkeit im Gemeindedienst eine Vergütung grundsätzlich nicht gewährt. Die Ausnahmevorschrift des § 15 Abs. 2 ist eng auszulegen. Die Gewährung einer Vergütung bedarf der Genehmigung der Aufsichtsbehörde.

cc) Die Vorschrift des § 16 des Gesetzes ist in allen Fällen streng durchzuführen. Ob und inwieweit eine Vergütung den Beamten belassen bleiben kann, wird durch später ergehende Grundsätze geklärt werden.

(2) Bei der Prüfung der z. Z. gezahlten Nebenbezüge der Richtlinienbeamten ist insbesondere festzustellen, ob nicht bei der damaligen Festsetzung nach Maßgabe E der Richtlinien das Maß des Erforderlichen überschritten worden ist. Insbesondere ist zu prüfen, ob die damals gewährten Aufwandsentschädigungen mit Rücksicht auf die allgemeine Notlage des Volkes und im Hinblick auf die gewandelten Anschauungen über die Repräsentationspflicht der leitenden Gemeindebeamten nicht zu hoch sind. Dabei wird besonders darauf hingewiesen, daß Aufwandsentschädigungen nach den Richtlinien überhaupt nur den Oberbürgermeistern, den Ersten Bürgermeistern, den Amtsbürgermeistern, den Gemeindevorstehern, den Landeshauptleuten sowie dem Oberbürgermeister und den Bürgermeistern der Zentralverwaltung der Hauptstadt Berlin gewährt werden dürfen.

(3) Wegen der Nebenleistungen an beamtete Ärzte wird auf folgendes hingewiesen:

(4) Wenn eine Gemeinde den beamteten Ärzten im Rahmen der Besoldungsregelung gestattet, in gemeindlichen Krankenhäusern, Sprechstunden abzuhalten und den Patienten bestimmter Klassen besondere Vergütungen in Rechnung zu stellen, ohne daß die Gemeinde hierfür bisher eine Gegenleistung verlangt, so handelt es sich hier um besondere Vergütungen, die dem Beamten zufließen. Auch diese Vergütungen können herabgesetzt werden, wobei es rechtlich unerheblich ist, ob im Hinblick auf diese Vergütungen die Dienstbezüge selbst entsprechend gekürzt werden oder ob für die besondere Leistung der Gemeinde in Zukunft eine besondere Gegenleistung des betr. Beamten verlangt wird, sei es in der Form, daß der Arzt die Gegenleistung unmittelbar an die Gemeindekasse abführt, sei es, daß sie ihm auf die übrigen Dienstbezüge verrechnet wird.

c) Dienstwohnungen.

(1) Die für die unmittelbaren Staatsbeamten geltenden Grundsätze sind auch auf die Gemeindebeamten strengstens anzuwenden; eine günstigere Regelung ist in jedem Falle ausgeschlossen (vgl.

§ 10 des PrBesGes., Nr. 56 ff. PBV.). Im einzelnen sind hierbei die nachfolgenden RdErl. zu beachten:

(2) Erl. vom 30. Januar 1924 (PrBesBl. S. 22), vom 25. März 1927 (PrBesBl. S. 55), vom 31. Januar 1925 (PrBesBl. S. 23), vom 27. Juni 1930 (PrBesBl. S. 70), vom 2. September 1930 (PrBesBl. S. 121), vom 7. Dezember 1923 (PrBesBl. S. 231), vom 16. November 1925 (PrBesBl. S. 299), vom 23. Juni 1926 (PrBesBl. S. 91), vom 21. März 1925 (PrBesBl. S. 77) und vom 28. Juli 1925 (PrBesBl. S. 176).

d) Besoldungsdienstalter, Anwärterdienstalter.

(1) Wie sich in zahlreichen Fällen gezeigt hat, ist hinsichtlich der Festsetzung des Bes.-Dienstalters und des Anw.-Dienstalters in vielen Gemeinden eine volle Angleichung bisher noch nicht erreicht. Insoweit schreibt nunmehr § 42 Abs. 2 des Reichsgesetzes vor, daß zur Durchführung des § 40 Abs. 1 Satz 1 auch die Neufestsetzung des Diätendienstalters und des Bes.-Dienstalters in denjenigen Fällen gehört, in denen bisher Dienst- oder Beschäftigungszeiten in einem weitergehenden Umfange angerechnet worden sind, als es die Vorschriften des Staates bei Staatsbeamten zulassen. Derartige Mehranrechnungen sind nunmehr in jedem Falle, gleichgültig, wann das Anw.-Dienstalter oder das Bes.-Dienstalter festgesetzt worden ist, zu beseitigen. Während bisher die Aufsichtsbehörden mit der Nachprüfung der einzelnen Bes.-Dienstalter und der Anw.-Dienstalter auf Grund der Ersten SparVO. nicht beauftragt waren (vgl. RdErl. vom 8. August 1932 — IV a V 296/32, nicht veröffentl.), sind auch insoweit die Aufsichtsbehörden nunmehr in das Nachprüfungsverfahren eingeschaltet. Sie haben demnach jedes Bes.-Dienstalter oder Anw.-Dienstalter der Gemeindebeamten nachzuprüfen. Von einer derartigen Prüfung kann nur dann abgesehen werden, wenn bereits bei der Nachprüfung auf Grund der Vorschriften in Kap. II Vierter Teil der SparVO. sämtliche Bes.-Dienstalter und Anw.-Dienstalter aufsichtsbehördlich nachgeprüft sind und bei dieser Nachprüfung die staatlichen Grundsätze streng beachtet worden sind.

(2) Die für die preußischen Staatsbeamten insoweit geltenden Vorschriften ergeben sich aus dem PrBesGes. und den PBV. Dabei wird insbesondere auch auf die Vorschrift des § 3 Abs. 8 des PrBesGes. und der Nr. 41—43 der Bes.-Vorschriften verwiesen.

(3) Im einzelnen wird noch folgendes bemerkt:

aa) Zweck der Angleichungsvorschrift ist nicht nur die Erzielung einer gleichmäßigen Besoldungsregelung, sondern auch, daß kein Gemeindebeamter hinsichtlich des Bes.-Dienstalters und des Anw.-Dienstalters günstiger gestellt ist als ein gleichzubewertender Staatsbeamter. Es ist deshalb hilfsweise in jedem Falle zu ermitteln, welches Bes.-Dienstalter ein gleichzubewertender Staatsbeamter im Normalfalle erhalten würde.

bb) Treten Beamte aus dem Dienste einer Gemeinde in den Dienst einer anderen Gemeinde über, so bestehen keine Bedenken, den Gemeindedienst als Einheit zu behandeln und die Regelung nach dem Grundsatz der Gehaltsmitnahme entsprechend § 3 Abs. 5 des PrBesGes. zu treffen.

cc) Günstigere Anrechnungen der Kriegsdienstzeit auf das Bes.-Dienstalter gegenüber den staatlichen Vorschriften sind in jedem Falle unzulässig.

dd) Auch bei der Überführung von Dauerangestellten in das Beamtenverhältnis handelt es sich um eine erstmalige planmäßige Anstellung im Sinne des § 3 Abs. 1 des PrBesGes. Eine Anrechnung von nicht im Beamtenverhältnis verbrachten Dienstzeiten ist nur nach Maßgabe des § 3 Abs. 8 des PrBesGes. und der Nr. 41—43 PBV. zulässig.

ee) Hinsichtlich der Anwendung von Härtevorschriften werden die Aufsichtsbehörden auf die mit Erl. v. 15. Januar 1932 — IV a V 345 — übersandte Zusammenstellung verwiesen.

B. Wartestandsbeamte.

(1) Die Bezüge der bei den Gemeinden und Gemeindeverbänden vorhandenen Wartestandsbeamten, die auf Grund der Personalabbauverordnung in den Wartestand versetzt worden sind, waren, soweit sie nicht nach dem 1. Oktober 1927 wiederbeschäftigt worden sind, nach den bisherigen Vorschriften in entsprechender Anwendung der Vorschrift des § 19 des PrBesGes. so zu regeln, daß dem für die Berechnung des ruhegehaltsfähigen Diensteinkommens maßgebenden Grundgehalt bestimmte Zuschläge hinzutraten. Eine Angleichung auf Grund des Reichsgesetzes kann bei diesen Bezügen unter zwei Gesichtspunkten erforderlich sein:

a) Die Gemeinde hat z. Z. die Zuschläge höher festgesetzt, als dies für Staatsbeamte geschehen ist. In diesem Falle sind die Zuschläge auf die für die Staatsbeamten geltenden Sätze herabzusetzen.

b) Die für die Berechnung des ruhegehaltsfähigen Diensteinkommens maßgebenden Grundgehälter können noch höher liegen als die Grundgehälter gleichzubewertender Staatsbeamten. In diesem Falle sind zunächst die Grundgehälter anzugleichen. Alsdann sind auf der Grundlage der angeglichenen Grundgehälter die Zuschläge festzusetzen.

(2) Bei den auf Grund ihrer Wiederbeschäftigung in die nach dem 1. Oktober 1927 geltende BesO. übergeleiteten Wartestandsbeamten (§ 27 PrBesGes.) sind die der Berechnung des Wartegeldes zugrunde liegenden Grundgehälter auf die Grundgehälter gleichzubewertender staatlicher Wartestandsbeamten herabzusetzen.

C. Ruhestandsbeamte und Hinterbliebene.

Die im Zeitpunkt des Inkrafttretens des Kap. II Vierter Teil der SparVO. bereits in den Ruhestand versetzten Beamten der Gemeinden und Gemeindeverbände haben bisher einer Angleichung ihrer Bezüge nicht unterlegen. Auch bei den nach Inkrafttreten der SparVO., aber vor der Änderung der gemeindlichen Besoldungsregelung in den Ruhestand versetzten Beamten ist die Angleichung in zahlreichen Fällen nicht vollzogen worden. Die Angleichung ist nunmehr herbeizuführen. Dabei ist in folgender Weise zu verfahren:

a) Beamte, die zum 1. Oktober 1927 oder früher in den Ruhestand versetzt worden sind:

aa) Bei diesen ist zunächst nachzuprüfen, ob das der Berechnung des Ruhegehalts zugrunde liegende Grundgehalt das Grundgehalt gleichzubewertender Staatsbeamten übersteigt. In diesem Falle ist das Grundgehalt nach der Besoldungsgruppe der früheren BesO. zu ermitteln, in der gleichzubewertende Staatsbeamte eingestuft waren. Zu dem so neu errechneten Grundgehalt treten die Zuschläge entsprechend § 19 des PrBesGes.

bb) Soweit Zuschläge gemäß § 19 des PrBesGes. ohne Rücksicht auf das Grundgehalt bisher günstiger festgesetzt waren, sind sie anzugleichen.

b) Beamte, die nach dem 1. Oktober 1927 in den Ruhestand getreten sind:

aa) Soweit Stellen der Art, wie sie von den bereits in den Ruhestand versetzten Beamten bekleidet worden sind, im Gemeindedienst noch vorhanden sind, ist der Neufestsetzung des Ruhegehalts das Grundgehalt dieser Stellen nach Durchführung der Angleichung zugrunde zu legen, vorausgesetzt, daß sich der Stelleninhalt nicht geändert hat. Änderungen des Stelleninhalts sind besonders zu berücksichtigen. Für den danach anzustellenden Vergleich ist nicht das Merkmal der übereinstimmenden Amtsbezeichnung ausschlaggebend, sondern wie bei den aktiven Beamten Inhalt und Bedeutung des Amtes. Bei der Angleichung der Grundgehälter der zum 1. Oktober 1931 oder früher in den Ruhestand versetzten Beamten ist darauf zu achten, daß die Grundgehälter in keinem Falle unter die gleichzubewertender staatlicher Ruhegehaltsempfänger herabgesetzt werden.

bb) Sind Stellen der gleichen Art nicht mehr vorhanden, so ist nach Maßgabe des Amtsinhalts der früheren Stelle eine besondere Bewertung nach Maßgabe der Grundgehälter gleichzubewertender staatlicher Ruhegehaltsempfänger herbeizuführen und das danach angemessene Grundgehalt der Berechnung des Ruhegehalts zugrunde zu legen.

c) Wohnungsgeldzuschuß.

Wo bisher der Wohnungsgeldzuschuß für die Berechnung des Ruhegehalts günstiger als nach den Sätzen der Ortsklasse B festgesetzt war, ist er auf diesen Satz zurückzuführen.

d) Ruhegehaltsfähige Dienstzeit.

(1) Die Angleichungsvorschrift bezieht sich ebenso wie auf das Bes.-Dienstalter so auch auf die ruhegehaltsfähige Dienstzeit der Beamten und Ruhegehaltsempfänger, soweit hierbei bisher Dienst- und Beschäftigungszeiten in einem weitergehenden Umfang angerechnet worden sind, als es die Vorschriften des Staates für Staatsbeamte zulassen. Es ist demnach insbesondere ausgeschlossen, Dienstzeiten über die staatliche Regelung hinaus erhöht auf die ruhegehaltsfähige Dienstzeit anzurechnen (anderthalbfache, doppelte Anrechnung, Anrechnung von Kriegszeiten). Abweichungen von diesem Grundsatz können in Zukunft in keinem Falle zugelassen werden.

(2) Im übrigen ist hinsichtlich der Nachprüfung verfahrensmäßig nach den für die Prüfung des Bes.-Dienstalters gegebenen Anweisungen zu verfahren.

(3) Die vorstehenden Bestimmungen gelten entsprechend für die Hinterbliebenen der Beamten, die bis zu den in C a und b genannten Zeitpunkten in den Ruhestand versetzt worden sind oder im Amte, im Wartestand oder Ruhestand verstorben sind.

D. Sonstige Versorgungs- und Übergangsleistungen und sonstige Leistungen, die mit Rücksicht auf ein früheres Dienstverhältnis gewährt werden.

(1) Gemäß § 43 des Reichsgesetzes gelten die Angleichungsvorschriften der §§ 40 bis 42 entsprechend für die Herabsetzung aller übrigen Versorgungs- und Übergangsleistungen und sonstigen Leistungen, die mit Rücksicht auf ein früheres Dienstverhältnis gewährt werden. Damit ist die Möglichkeit eröffnet, auch diese Bezüge, die bei Gemeindebeamten namentlich in der Form von Abfindungen, Vertragspensionen und zusätzlichen Pensionen vorkommen, anzugleichen.

(2) Voraussetzung der Angleichung ist, daß die Bezüge noch gewährt werden. Wo also einmalige Abfindungen bereits gezahlt sind, behält es hierbei sein Bewenden. Dagegen ist eine Angleichung sowohl dann zulässig, wenn einmalige Abfindungen zwar bereits zugebilligt, aber noch nicht geleistet sind, als auch dann, wenn die Abfindung in der Form laufender Bezüge gewährt wird. Der Angleichung derartiger Bezüge steht nicht entgegen, daß sie der Rechtsform nach auf Grund privatrechtlichen Vertrages gewährt werden. Voraussetzung der Angleichung ist lediglich, daß sie mit Rücksicht auf ein früheres Dienstverhältnis geleistet werden.

(3) Den Aufsichtsbehörden wird zur besonderen Pflicht gemacht, auf die Angleichung derartiger Bezüge ihr besonderes Augenmerk zu richten, da gerade diese Bezüge in zahlreichen Fällen mit Recht allgemeiner Kritik begegnen.

Anhang VII.

Änderung des RdErl. vom 19. 7. 1933 (MBliV. S. 837) — Erste Ausf.-Anw. zu Kap. VIII des Ges. zur Änderung von Vorschriften auf dem Gebiete des allgemeinen Beamten-, des Besoldungs- und des Versorgungsrechts vom 30. Juni 1933 (RGBl. I S. 433).

— RdErl. d. MdJ. u. d. FM. vom 23. Juni 1934 — IV a V 497 und 7110/3 b/23. 6. 1934 MBliV. S. 900.

(1) Bisher stiegen die staatlichen Assistenten der Besoldungsgruppe A 8 mit einem BDA. von 5 Jahren ohne weiteres in die Besoldungsgruppe A 6 auf. Jetzt hat das RFM. in Durchführung der Angleichungsvorschriften des Kap. VIII des Reichsgesetzes vom 30. Juni 1933 (RGBl. I S. 433) gefordert, daß die Haushaltsvermerke bei den Assistentenstellen der Besoldungsgruppe A 8 in den Haushaltsplan 1935 nicht mehr aufzunehmen sind. Diese Neuregelung gilt nicht nur für die Staatsbeamten, sondern auch für die Beamten der Gemeinden (Gemeindeverbände).

(2) Infolgedessen erhält Abschn. III A a gg Satz 2 der Ersten AusfAnw. vom 19. Juli 1933 (MBliV. I S. 837) folgende Fassung:

„Eine Überführung aus dieser Gruppe in die Besoldungsgruppe A 6 ist nur im Rahmen der freien Planstellen in dieser Besoldungsgruppe zulässig; die Zahl der Sekretärstellen in Besoldungsgruppe A 6 ist in Zukunft in Angleichung an die beim Reich bereits bestehende Regelung nach dem sachlichen Bedürfnis zu bemessen."

Vom 1. April 1935 ab dürfen also Assistenten mit einem BDA. von 5 Jahren nicht mehr ohne weiteres in die Besoldungsgruppe A 6 aufsteigen. Die Besoldungsordnungen sind entsprechend zu ändern.

An die Kommunalaufsichtsbehörden, Gemeinden und Gemeindeverbände.

Anhang VIII.

Angleichung der Besoldung der Beamten der Gemeinden, Gemeindeverbände und der sonstigen der Aufsicht des RuPrMdJ. unterstehenden Körperschaften des öffentlichen Rechts an die Besoldung der Reichsbeamten.

RdErl. d. RuPrMdJ. u. d. PrFM. vom 24. April 1936 — Va V 47/36. RMBliV. S. 547.

(1) Die bisherigen Besoldungsordnungen des Reichs und Preußens stimmten zwar in ihrem systematischen Aufbau und ihren Grundzügen überein, sie wiesen aber in einer Reihe von wesentlichen Punkten erhebliche Unterschiede auf, so u. a. in der abweichenden Bewertung der Beförderungsstellen (z. B. für die Inspektorengruppe) und in der verschiedenen Bemessung der Grundgehälter in einigen wichtigen Besoldungsgruppen (z. B. bei den Regierungsräten). Eine völlige Gleichstellung der Reichs- und unmittelbaren preuß. Staatsbeamten stieß bisher auch insofern auf Schwierigkeiten, als in der Reichsbesoldungsordnung eine Reihe von Gruppen fehlte, die bei dem von der Reichsverwaltung abweichenden organisatorischen Aufbau der preußischen Verwaltung in Preußen nicht zu entbehren war. Nachdem der im Reichsgesetz über die vierundzwanzigste Änderung des Besoldungsgesetzes vom 13. Dezember 1935 (RGBl. I S. 1489) aufgestellte Rahmenbesoldungsplan die Möglichkeit geboten hat, die ergänzte Reichsbesoldungsordnung für die preuß. Landesbeamten verbindlich zu machen, ist in Preußen in dem Gesetz über die Angleichung der Besoldung der unmittelbaren Staatsbeamten an die Besoldung der Reichsbeamten vom 17. Januar 1936 (GS. S. 3) eine völlige Gleichstellung der Reichsbeamten und der preuß. unmittelbaren Staatsbeamten erfolgt. Dieses Gesetz regelt die Überleitung der preuß. Landesbeamten in die Reichsbesoldungsgruppen, also die technische Durchführung der im Reichsgesetz festgelegten Maßnahmen. Die Überleitung in die Reichsbesoldungsgruppen ist für die unmittelbaren Staatsbeamten mit Wirkung vom 1. April 1936 ab erfolgt.[1])

(2) Auf Grund von Kap. VIII § 40 des Beamtenrechtsänderungsgesetzes vom 30. Juni 1933 (RGBl. I S. 433) in Verbindung mit § 1 der Preuß. Dritten DurchfVO. zu diesem Gesetz vom 15. Juli 1933 (GS. S. 248) werden die Gemeinden, Gemeindeverbände und sonstigen der Aufsicht des RuPrMdJ. unterstehenden Körperschaften des öffentlichen Rechts ersucht, mit Wirkung vom gleichen Tage ab auch ihre Beamten und die nach § 1 Abs. 4 Kap. II des Vierten Teils der Ersten Preuß. SparVO. vom 12. September 1931 (GS. S. 179) den Beamten gleichzuachtenden ständig Angestellten und Anwärter

---

[1]) Vgl. GS. 1936 S. 31.

in den neuen Rechtszustand durch Änderung des örtlichen Besoldungsrechts überzuleiten. Auch für sie sollen daher von diesem Zeitpunkt ab ausnahmslos an Stelle des bisherigen preuß. Besoldungsgesetzes das Reichsbesoldungsgesetz und an Stelle der preußischen Besoldungsvorschriften die Reichsbesoldungsvorschriften maßgebend werden. Auch solche Gemeinden, die bisher von der preuß. staatl. Besoldungsordnung abweichende Regelungen, z. B. in der Bezeichnung der Besoldungsgruppe, für ihre Beamten getroffen hatten, haben ihre Regelungen demzufolge nunmehr auf die Reichsbesoldungsordnung und die Reichsbesoldungsvorschriften überzuleiten.

(3) Die Überleitung erfolgt bei Gemeinden (GV.) durch Beschluß der nach § 2 Kap. II des Vierten Teils der VO. vom 12. September 1931 (GS. S. 179) zuständigen Organe der Gemeinden (GV.). Der Beschluß bedarf der Genehmigung der Aufsichtsbehörde, nötigenfalls setzt die Aufsichtsbehörde nach § 3 a. a. O. fest. Für das Verfahren bei den Körperschaften des öffentlichen Rechts wird auf die §§ 2—4 der VO. vom 14. März 1932 (GS. S. 123) verwiesen.

(4) Überzuleiten ist das Besoldungsrecht für sämtliche Gemeindebeamten mit Ausnahme der Gmeindepolizei-Vollzugsbeamten, da für die Polizei-Vollzugsbeamten eine einheitliche reichsgesetzliche Regelung bevorsteht. Die Überleitung darf — wie bei Reich und Staat — in keinem Falle mit sonstigen mit der Überleitung nicht zusammenhängenden Veränderungen in der Einstufung irgendwelcher Stellen (Höherstufungen oder auch Niedrigerstufung) verbunden werden. Es kann zur Erleichterung dieser einmaligen Überleitung nicht zugelassen werden, daß bei der Überleitung gleichzeitig irgendein anderer Gesichtspunkt als der rein technischen Überführung des Besoldungsrechts einschließlich der für die einzelnen Beamtenstellen vorgesehenen Besoldungsgruppen in die neuen Besoldungsgruppen des Reichs mit zur Erörterung gestellt wird. Etwaige Anträge in dieser Richtung sind von den Aufsichtsbehörden ausnahmslos abzulehnen. Anträge solcher Art müssen vielmehr, soweit sie nicht überhaupt von vornherein außer Betracht bleiben müssen, was in der Regel bei der gesamten Lage der Gemeindefinanzen und nach dem inzwischen im allgemeinen erfolgten Abschluß der Nachprüfung der Besoldungsfragen der Fall sein wird, gesondert verfolgt werden.

(5) Die Überleitung hat grundsätzlich unverändert in der gleichen Weise zu erfolgen, wie die unmittelbaren preuß. Staatsbeamten nach der Anlage zum preuß. Ges. vom 17. Januar 1936 (GS. S. 3) in die Reichsbesoldungsgruppen übergeleitet sind.[1]) Zwischengruppen dürfen nicht neu gebildet oder aufrechterhalten werden. Auch die Bezeichnung der Gruppen muß der des Reiches entsprechen. Ausgenommen hiervon sind lediglich die für die Einstufung der Stellen einzelner leitender Gemeindebeamten zugelassene Zwischengruppe von 20000 RM. sowie die im Bezirk des Rheinisch-Westfälischen Industriegebietes für die Einheitslaufbahn zugelassene

Sondergruppe A 6 a, die unter Beibehaltung ihrer Sätze künftig als Gruppe A 7 b (Sondergruppe) bezeichnet wird. Die in die bisherige preuß. Besoldungsgruppe A 1 b eingestuften Beamtenstellen werden in die neue Besoldungsgruppe A 1 b eingestuft. Die neue Besoldungsgruppe A 2 a ist für die Einstufungszwecke von Gemeindebeamten künftig im allgemeinen nicht mehr zu verwenden. Zulässig bleibt ihre Verwendung lediglich für die Stellen solcher wissenschaftlicher Beamten, deren Stellen denen der Reichsbesoldungsordnung in jeder Weise entsprechen. Die in die bisherige Besoldungsgruppe A 2 a eingestuften Beamtenstellen werden in die neue Besoldungsgruppe A 2 b überführt, soweit ihr Verbleib in dieser Gruppe nicht vorstehend zugelassen ist. Der dem RdErl. vom 22. Dezember 1933 — IV a V 371/33, FM 7112/O — 14. Dezember (nicht veröffentlicht) als Anlage beigefügten Plan für die Einstufung der Bürgermeister (Oberbürgermeister) wird dahin geändert, daß die Größengruppen von 18001 bis 25000, 25001 bis 30000 und 30001 bis 40000 je zu einer Größengruppe zusammengefaßt werden. Stellen der erstgenannten Größengruppe sind in die neue Besoldungsgruppe A 2 b, Stellen der zweitbezeichneten Größengruppe in die neue Besoldungsgruppe A 1 b und Stellen der letztgenannten Größengruppe in die Gruppe A 1 a zu überführen. Im übrigen ist jede von der Überleitung der unmittelbaren Staatsbeamten abweichende Überleitung von Gemeindebeamten unzulässig. Alle für die Einstufung ergangenen Richtlinien bleiben, sinngemäß verändert, auch in Zukunft in Kraft, soweit nicht vorstehend ausdrücklich anderes bestimmt ist.

(6) Die in den §§ 3 und 4 des Gesetzes vom 17. Januar 1936 (GS. S. 3) vorgesehenen Übergangsregelungen, durch die mit der Überleitung verbundene Härten vermieden werden sollen, sollen auf die Gemeindebeamten in gleicher Weise Anwendung finden, wie auf die unmittelbaren Staatsbeamten. Die Gemeinden müssen bei der Beschlußfassung entsprechende Beschlüsse mitfassen. Diese Übergangsregelungen gelten auch für den Fall des Übertritts eines Bürgermeisters, Beigeordneten oder sonstigen Zeitbeamten in die nächste Amtsperiode in der gleichen Gemeinde entsprechend weiter. Sie gelten ferner entsprechend weiter auch für den Fall, daß ein leitender Beamter der Gemeinde ein neues leitendes Amt in der gleichen Gemeinde nach Ausscheiden aus seinem bisherigen Amt antritt, wenn zwar die Stellenbezüge des neuen Amtes höher als die des alten Amtes liegen, die ihm hiernach zustehenden Bezüge jedoch niedriger sind als die des alten Amtes zuzüglich der bisher gewährten Ausgleichszulage.

(7) Ausdrücklich wird darauf hingewiesen, daß unbeschadet Kap. VIII des Gesetzes vom 30. Juni 1933 (RGBl. I S. 433) für die mit Ablauf des 31. März 1936 und früher ausgeschiedenen Beamten und deren Hinterbliebene das Diensteinkommen, das bisher für

die Berechnung ihrer Versorgungsbezüge maßgebend gewesen ist, unverändert bleibt, und daß sie nach den geänderten Besoldungssätzen und die Versorgungsbezüge der am 1. April 1936 und später im aktiven Dienst befindlichen Beamten und ihrer Hinterbliebenen berechnen.

(8) Die Gemeinden (GV.) und die sonstigen der Landesaufsicht unterstehenden Körperschaften des öffentlichen Rechts haben die erforderlichen Überleitungsbeschlüsse unverzüglich zu fassen und sie spätestens **bis zum 1. Juni 1936** ihrer Aufsichtsbehörde zur Genehmigung vorzulegen. Den Beschlüssen ist mit dem 1. April 1936 rückwirkende Kraft zu geben. Die Aufsichtsbehörden haben das Genehmigungsverfahren beschleunigt zum Abschluß zu bringen.

Sachregister.

(Die Zahlen geben die Seitenzahlen an.)

Nachtrag I.

Auszahlung von Dienstbezügen.

In Abänderung der Bemerkungen S. 112ff. über die Auszahlung der Dienstbezüge wird auf die zur Verordnung des Reichspräsidenten über die Auszahlung von Dienstbezügen vom 18. Juli 1931 (RGBl. I S. 381) ergangene Sechste Durchführungsverordnung vom 3. März 1937 Reichshaushalts- und Besoldungsblatt S. 107 verwiesen.

Hiernach ist die Erste Durchführungsverordnung in der Fassung der Zweiten, Dritten, Vierten und Fünften Durchführungsverordnung vom 1. April 1937 ab bis auf weiteres nicht mehr anzuwenden; von diesem Tage an gelten für die Auszahlung der Dienst- usw. Bezüge an die in §§ 1 und 2 der Ersten Durchführungsverordnung genannten Zahlungsempfänger wieder die allgemeinen Vorschriften und Bestimmungen.

Die Länder, Gemeinden und Gemeindeverbände sind berechtigt, entsprechende Anordnungen zu treffen.

Zur näheren Durchführung der Verordnung vom 3. März 1937 ist der Runderlaß des Preuß. Finanzministers vom 10. März 1937 PreußBesBl. S. 37 betr. Auszahlung von Dienst- und Versorgungsbezügen ergangen. Auf diesen Runderlaß, der die Gemeinden und Gemeindeverbände im Abschnitt V ermächtigt, die gleichen Anordnungen wie der Staat zu treffen, wird noch besonders verwiesen.

Nachtrag II.

A. 28. und 29. Änderung des Besoldungsgesetzes.

Das Reichsbesoldungsgesetz vom 16. Dezember 1927 hat Änderungen durch das Gesetz über Änderungen von Vorschriften auf dem Gebiete des Besoldungsrechts (28. Änderung des Besoldungsgesetzes) vom 19. März 1937 RGBl. I S. 339 und durch das Gesetz über die 29. Änderung des Besoldungsgesetzes vom 19. März 1937 RGBl. I S. 342 erfahren.

In der 28. Ergänzung des Besoldungsgesetzes ist beachtlich vor allem der § 2. Dieser lautet:

„§ 2.

(1) Der Reichsminister der Finanzen wird ermächtigt, zum Ausgleich von Härten, die sich bei der Durchführung der Vorschriften des Kapitels VIII des Gesetzes vom 30. Juni 1933

(Reichsgesetzbl. I S. 433) sowie bei der Überführung von Beamten oder nichtbeamteten Gefolgschaftsmitgliedern aus einer noch nicht angeglichenen Besoldungsordnung (Tarif- oder Dienstordnung) in die des Reichs oder in eine bereits angeglichene Besoldungsordnung (Tarif- oder Dienstordnung) eines Landes ergeben, nichtruhegehaltfähige Ausgleichszulagen zuzulassen oder zu gewähren.

(2) Auf die Berechnung der Höhe der Ausgleichszulagen sind die Vorschriften des § 3 des Gesetzes über die 24. Änderung des Besoldungsgesetzes vom 13. Dezember 1935 (Reichsgesetzbl. I S. 1489) entsprechend anzuwenden.

(3) Die Ausgleichszulagen fallen spätestens mit Ablauf des 31. März 1940 fort; sie werden bis dahin in gleichmäßigen Jahresbeträgen gekürzt, soweit sie nicht schon vorher durch Erhöhung der neuen Dienstbezüge beseitigt sind.

(4) Die Vorschriften in den Absätzen 1 bis 3 gelten auch für die Versorgungsbezüge.

(5) Die Vorschriften der Absätze 1 bis 4 gelten entsprechend für die Körperschaften des öffentlichen Rechts. Hierbei tritt an die Stelle des Reichsministers der Finanzen die zuständige Reichs- oder Landesaufsichtsbehörde. Diese kann auch Rückforderungsansprüche für die Vergangenheit ausschließen."

Zur näheren Unterrichtung über die 28. Ergänzung zum Besoldungsgesetz wird auf die Gesetzesbegründung verwiesen, die im Reichs- und Preuß. Staatsanzeiger 1937 Nr. 73 veröffentlicht ist.

Aus dem § 2 des Gesetzes kann nicht gefolgert werden, daß Ausgleichszulagen auch in denjenigen Fällen gewährt werden, in denen die Besoldungsangleichung auf Grund der §§ 40 ff. des Beamtenrechtsänderungsgesetzes — wie es in Preußen überwiegend der Fall ist — bereits durchgeführt ist. Vielmehr wird der § 2 a. a. O. in erster Linie Bedeutung für diejenigen Fälle haben, in denen jetzt noch nachträglich Angleichungsmaßnahmen erfolgen.

Der § 3 der 28. Änderung des Besoldungsgesetzes ist in das Gesetz im Hinblick auf ein Reichsgerichtsurteil aufgenommen worden, das sich mit der thüringischen Sparverordnung befaßte. Soweit sich übersehen läßt, wird der § 3 a. a. O. für die preußischen Gemeinden und Gemeindeverbände wohl kaum praktische Bedeutung haben.

Die 29. Änderung des Besoldungsgesetzes bringt vor allen Dingen eine einheitliche Regelung der Bezüge der Polizeivollzugsbeamten. Zur näheren Durchführung ist der Runderlaß des Reichs- und Preuß. Ministers des Innern vom 24. März 1937 RMBliV. S. 498 ergangen. Für die Gemeinden und Gemeindeverbände ist wichtig, daß der Reichsminister des Innern nach § 12 des Gesetzes bestimmt, von welchem Zeitpunkt ab die Gemeinden und Gemeindeverbände der einzelnen Länder verpflichtet sind, die Vorschriften dieses Gesetzes auf ihre Polizeivollzugsbeamten entsprechend anzuwenden (vgl. im übrigen insbesondere Nr. 16 des erwähnten Runderlasses).

Durch die 29. Änderung des Besoldungsgesetzes hat mit Wirkung vom 1. April 1937 auch eine Neufassung der Anlage 5 (Diätenordnung für außerplanmäßige Beamte) zum Reichsbesoldungsgesetz gebracht. Die Diätenordnung hat mit Wirkung von diesem Zeitpunkt folgenden Wortlaut bekommen:

Diätenordnung für die außerplanmäßigen Beamten.

Beamte, die ihre erste planmäßige Anstellung finden oder bei einer regelmäßig verlaufenden Dienstlaufbahn finden würden, in Besoldungsgruppe	im 1. und 2. Diätendienstjahr, Versorgungsanwärter im 1. Diätendienstjahr RM.	im 3. und 4. Diätendienstjahr, Versorgungsanwärter im 2. und 3. Diätendienstjahr RM.	im 5. Diätendienstjahr, Versorgungsanwärter im 4. Diätendienstjahr RM.
A 2 c 2	3400	3950	4400
A 3 a (A 2 e), A 3 c und aus A 4 c 1 die Kriminalkommissare	2500	2900	3300
A 4 c 2 und A 4 e	2000	2300	2600
A 4 f, A 5, A 7 a und A 7 b	1700	1950	2160
A 7 c und A 8 a	1500	1680	1850
A 8 b	1350	1430	1500
A 9 und A 10	1300	1400	1500
A 11 und A 12	1250	1330	1400

Schließlich ist noch die Neuregelung der Grundgehaltssätze der Besoldungsgruppe A 2 c 2 hervorzuheben (vgl. den Runderlaß des Finanzministers vom 23. März 1937 Preuß. Besoldungsblatt S. 49).

B. Kinderbeihilfen in gesetzlich nicht geregelten Fällen.

Der Runderlaß des Reichsministers der Finanzen vom 9. Februar 1937 Reichsbesoldungsblatt S. 74 — vgl. S. 85 Fußnote 1 dieses Gesetzes — hat durch den Runderlaß des Reichsministers der Finanzen vom 31. März 1937 Reichsbesoldungsblatt S. 125 eine eingehende Erläuterung gefunden.

Poppe, Hans-Joachim. **Reichsjagdgesetz** vom 3. Juli 1934. VIII, 230 Seiten. Preis in Ganzleinen geb. 4,50 RM.

Schaefer, Hans-Ulrich. **Die Gesetze der Reichsautobahnen** nebst einschlägigen Vorschriften mit Verweisungen. 180 Seiten. Preis in Ganzleinen geb. 4,80 RM.

Schulze, R., und Wagner, E. **Reichshaushaltsordnung** vom 31. 12. 22/ 8. 3. 30 / 13. 12. 33 nebst den Wirtschaftsbestimmungen für das Reich. Dritte Auflage. Preis in Ganzleinen geb. 18,— RM.

Schulze, R., und Wagner, E. **Rechnungslegungsordnung für das Reich** vom 3. 7. 29. 2. Auflage in Vorbereitung.

Schulze, R., und Wagner, E. **Reichskassenordnung** vom 6. 8. 27 (RKO.). 666 Seiten. Preis in Ganzleinen geb. 16,20 RM.

Semler, Paul und Senftleben, Otto. **Wehrrecht.** Wehrgesetz vom 21. 5. 35. Textausgabe. 112 Seiten. Preis geh. 1,50 RM.

Semler, Paul und Senftleben, Otto. **Wehrgesetz** vom 21. 5. 35 mit Erläuterungen. 170 Seiten. Preis in Ganzleinen geb. 5.— RM.

Vollmer, Günther. **Reichs-Rechtsanwaltsordnung.** 176 Seiten. Preis in Ganzleinen geb. 5,50 RM.

Beamtenrecht.

Nadler, Max und Wittland, Hermann. **Beamtenrechtliche Gesetze.** Textausgabe. Etwa 560 Seiten. Preis in Ganzleinen geb. etwa 8,50 RM.

Nadler, Max — Ruppert, Kuno — Wittland, Hermann. **Deutsches Beamtengesetz (DBG) vom 26. Januar 1937.** Etwa 960 Seiten. Preis in Ganzleinen geb. etwa 24.— RM.

Wittland, Hermann. **Reichsdienststrafordnung (RDStO) vom 26. Januar 1937.** Etwa 900 Seiten. Preis in Ganzleinen geb. etwa 22,— RM.

Wittland, Hermann. **Die Preußischen Dienststrafordnungen für Beamte und Richter.** VIII und 820 Seiten. Preis in Ganzleinen geb. 19,50 RM. 1935.

Steuerrecht.

Arlt, Hans. **Das Tabaksteuergesetz i. d. F.** des Gesetzes vom 15. 4. 30. 2. neubearbeitete Auflage. Mit Nachtrag. XII, 663 und 80 Seiten. Preis in Ganzleinen geb. 18,90 RM.

Beck, Ernst. **Umsatzsteuergesetz** (U St G) vom 16. 10. 34 nebst Durchführungsbestimmungen (U St D B) vom 17. 10. 34 und Ausgleichsteuerordnung (A St O) in der Fassung vom 17. 10. 34. Preis in Ganzl. geb. 7,— RM.

FSC
www.fsc.org
MIX
Papier | Fördert gute Waldnutzung
FSC® C083411

Kolibri 360 GmbH
Ferdinand-Jühlke-Straße 7
99095 Erfurt, Deutschland
produktsicherheit@kolibri360.de